MAGIE BLANCHE

Formulaire Complet de Haute Sorcellerie

Copyright © 2017 Marc-André Ricard
maricard.com

Éditions Unicursal Publishers
unicursal.ca

ISBN 978-2-98161-362-2 (PB)
ISBN 978-2-89806-209-4 (HC)

Première Édition, Imbolg 2017
2ᵉ Édition révisée, Ostara 2022

Tous droits réservés pour tous les pays.

Aucune partie de ce livre ne peut être reproduite et transmise sous une forme ou par quelque moyen que ce soit, mécanique ou électronique, incluant la photocopie, l'enregistrement ou quelque forme d'entreposage d'information ou de système de récupération, sans la permission écrite de l'éditeur ou de l'auteur.

MAGIE BLANCHE

Formulaire Complet de Haute Sorcellerie

Marc-André Ricard

À Diane,
Le plus bel être d'Amour que j'ai eu la chance de rencontrer ;
Sorcière des temps de jadis dont les paroles
Sont synonymes de sagesse et vertu.
Je remercie la Providence Divine
De t'avoir une fois de plus mis sur ma route.

TABLE DES MATIÈRES

Prologue 17
Introduction 19

PREMIÈRE PARTIE
L'Éveil du Sorcier & de la Sorcière

La Magie Pure & Simple. 23
Faut-il être initié pour devenir un Sorcier ou une Sorcière ? 27
Une Tradition en Harmonie avec la Nature. 31
Basse Magie ou Haute Magie ?. 33
Le Credo des Sorcières & les Principes Fondamentaux. 37
    Les 20 Principes Fondamentaux de la Sorcellerie. 39
Le Karma : Loi des Incarnations & du Triple Retour 43
Comment Formuler Efficacement ses Demandes lors des Rituels . . 47
Acquérir les Pouvoirs Magiques des Sorciers & Sorcières 53
    La Volonté. 54
    La Visualisation 56
    L'Intuition 57
    La Foi 60
    La Méditation 61
    Le Sens du Mystère : le Silence 63
La Puissance du Verbe & des Incantations 67

DEUXIÈME PARTIE
Les Préparations Préliminaires

Choisir son Nom de Sorcier et de Sorcière 73
L'Alphabet des Sorcières. 77
Les Habits Cérémoniels 79
Les Bijoux Personnels des Sorcières. 83
    Le bracelet 84
    Les bagues et anneaux. 84
    Le pendentif. 85
Les Outils Magiques de la Tradition. 87
    L'Autel. 89
    L'Athamé 92
    La Bolline 95
    La Coupe ou Calice 96
    Le Pentacle. 97
    L'Encensoir ou Brûle-Parfums 99
    Le Chaudron. 100
    Les Chandeliers 101
    Le Livre des Ombres et la Plume 102
    La Baguette Magique 105
    L'Épée. 108
    La Clochette. 108
    Les Bols d'Eau et de Sel. 109
    Le Cingulum. 109
Exorcismes & Consécrations des Outils Magiques 111
    Formule de Consécration de l'Eau et du Sel 112
    Formule d'Exorcisme 113
    Formule de Consécration de l'Athamé 114
    Formule de Consécration et de Charge de la Baguette 115
    Formule de Consécration des Autres Outils 117
    Notes à propos de la Consécration des Outils 118
Les Cercles Magiques : Lentilles de Puissance. 119
    Trois Types de Cercles Magiques 121

Tracer les Cercles Magiques 123
Fermer le Cercle Magique et le renvoyer à l'Univers 126

TROISIÈME PARTIE
L'Initiation à la Sorcellerie & aux Vibrations Universelles

L'Invocation du Grand Dieu Cernunnos 131
La Charge de la Déesse 133
L'Initiation Solitaire à la Sorcellerie 135
    Les préparations préliminaires. 136
Le Rituel d'Initiation. 137
Le Secret des Bains Magiques & de la Purification des Corps 141
    Les Immersions Purificatrices. 142
    La Douche Rapide. 143
    Les Immersions Magnétiques 144
    Exemple de Bain Magique Rituel 147
De l'usage de la Lumière & des Lampes Magiques 151
    Les Types de Correspondances Magiques associées aux
    Couleurs. 152
    Les Correspondances Vibratoires 153
    Les Correspondances Psychologiques. 154
    L'utilisation des Chandelles en Sorcellerie 155
    Les Véritables Correspondances Magiques et
    Vibratoires des Couleurs 157
De l'usage Magique des Encens & Fumigations 161
    Les Propriétés Occultes des Encens 162
    Méthode de préparation des Encens 164
    Les Encens de Base 166
    Recettes d'Encens Sabbatiques 169
Compositions Végétales pour Bains Magiques et Encens 171
    Purification et Exorcisme 173
    Protection 175
    Psychisme et Pouvoirs Psychiques 178
    Argent et Abondance Monétaire 180

Travail et Élévation Sociale 182
Amour et Sentiments 184
Santé, Paix et Bien-Être 188
Force et Puissance. 192
Prospérité, Chance et Succès 195

QUATRIÈME PARTIE
S'harmoniser avec les Cycles, le Temps & le Cosmos

Les Jours de Puissance, les Cycles Lunaires & les Saisons 199
   Les Phases et Cycles Lunaires. 200
   Les Influences et Correspondances des Sphères Planétaires . . .205
   Le Calcul des Heures Planétaires 208
Les Sabbats : Festivals des Sorcières. 213
Samhain 216
Yule — Solstice d'Hiver 218
Imbolg 220
Ostara — Équinoxe du Printemps 222
Beltane 224
Litha — Solstice d'Été. 226
Lughnasadh 228
Mabon — Équinoxe d'Automne 230

CINQUIÈME PARTIE
La Conscience Magique

Les Familiers. 235
   Les Familiers du règne Animal 236
   Comment créer ses propres Familiers. 238
   La Fiche Technique du Familier. 242
Rituel du Familier 244
Techniques de Divination 247
   La Divination par le Miroir Magique 249
   La Divination par le Tarot. 250

    Technique Divinatoire par l'Arcane Majeur. 252
    Exemple de divination. 254
    Signification Divinatoire de l'Arcane Majeur 256
Les Rituels en Magie Pratique 259
    La Dynamique des Rituels. .260
    Comment créer les Rituels : les Onze Règles à suivre. 262
    Schéma d'un Rituel en Sorcellerie 269

SIXIÈME PARTIE
Le Grimoire de la Terre

La Pratique Rituelle 273
Rituel de Purification et d'Exorcisme 274
Rituel de Protection 276
Rituel de Psychisme et Pouvoirs Psychiques 279
Rituel d'Argent et d'Abondance Monétaire 282
Rituel de Travail et d'Élévation Sociale 285
Rituel d'Amour et de Sentiments 288
Rituel de Santé, Paix et de Bien-être. 291
Rituel de Force et de Puissance .293
Rituel de Prospérité, de Chance et de Succès 296

Les Vertus des Herbes, Plantes & Huiles Essentielles. 299

Schémas, caractères & symboles

L'Alphabet des Sorcières. 78
Robe Tau. 81
Simple Tabard 81
Disposition de l'Autel 90
Caractères figurant sur le premier côté de l'athamé 93
Caractères figurant sur le second côté de l'athamé 93
Caractères figurant sur la bolline 95
Caractères figurant sur la coupe 96
Pentacle version simple 98
Pentacle version GD. 98
Pentacle version élaborée 99
Caractères figurant sur l'encensoir. 100
Caractères figurant sur les chandeliers. 102
Caractères du Livre des Ombres. 104
Caractères traditionnels figurant sur la baguette. 107
Pentagrammes d'Invocation et de Bannissement 124
L'art d'appliquer les huiles sur les chandelles 156
Les phases lunaires. 201
La Roue de l'Année 215
Familier SPORASS, tel qu'illustré par l'auteur. 243
Disposition en Hexagramme Ouvert 251
Un tirage divinatoire. 254

Note linguistique

Bien que l'on puisse désigner les praticiens de sexe masculin par sorciers et les praticiennes de sexe féminin par sorcières, il est de coutume d'employer le terme 'sorcières' au pluriel afin de désigner ces deux groupes, alors que sorcière est interchangeable pour les hommes. Afin de ne pas alourdir inutilement le texte, lorsque *sorcières* est employé dans ce livre, il s'agit des praticiens des deux sexes.

Prologue

Depuis mes débuts de carrière magique, j'ai eu maintes fois l'occasion de constater combien la magie était une matière fascinante pour une très forte majorité de personnes. Plus encore, comment la magie semblait attirer un nombre sans cesse grandissant de nouveaux adeptes, et ce, année après année. Mais par-dessus tout, je constate également d'un œil abasourdi à quel point, de par cette très forte demande pour des ouvrages traitant d'ésotérisme, d'occultisme, de magie et de sorcellerie, nous avons vu naître de nouveaux auteurs qui nous étaient encore inconnus à ce jour.

Avoir la possibilité de choisir entre tel ou tel livre de magie, cela est excellent. De pouvoir comparer les auteurs, les uns avec les autres afin de se forger notre propre opinion ; à savoir qui dit vrai et qui dit faux, cela est encore mieux. À cet effet, mon expérience m'indique à quel point certains livres de magie peuvent être malheureusement si pauvres tant au point de vue de leur contenu qu'en informations. Il semble, selon ma propre perspective, que beaucoup s'improvisent auteurs dans le seul et unique but de vendre aux personnes insouciantes et profanes que des livres bon marché manquant de profondeur. Je trouve cette façon de faire totalement déplorable car il est de mon humble avis qu'un auteur, quel qu'il soit, a des responsabilités envers ses lecteurs, et, de ce fait, qu'il doit s'assurer de fournir un contenu exemplaire et empli de justesse, au meilleur de ses capacités et de ses connaissances. Car après tout, c'est vous, cher lecteur, qui allez mettre en pratique ces informations et il s'avère donc primordial que vous puissiez détenir des informations véridiques et adéquates. S'il vous plaît, soyez vigilant.

Si vous vous demandez quels sont les motifs qui me poussent à vous partager ces révélations, c'est tout simplement qu'en tant que magicien et auteur d'expérience, j'ai trop souvent vu des personnes naïves s'en remettre à des livres de basse classe en gobant malheureusement tout ce qu'il y était écrit! Voilà donc pourquoi j'ai décidé d'écrire ce formulaire de sorcellerie; afin de corriger une situation qui semble perdurer et pour apporter à la littérature ésotérique un livre qui, je l'espère, saura enfin satisfaire les espérances de tous et chacun, des praticiens débutants aux plus avancés.

Certes, je n'aurai jamais la prétention de dire que cet ouvrage que vous tenez entre les mains est de loin supérieur à tous les autres, non, ce sera à vous d'en juger par vous-même. Mais plutôt, que ce dernier fut écrit avec amour et passion pour la magie et avec cet intime souci de l'exactitude et de l'authenticité pour la masse d'informations qu'il contient. Si ce livre parvient à vous servir de référence et à vous faire découvrir de nouvelles notions, et je suis convaincu qu'il le fera, si ce dernier peut vous enseigner correctement les rudiments de base de la sorcellerie et qu'il puisse vous faire grandir en appliquant les véritables préceptes de la magie blanche naturelle, connue aujourd'hui sous le nom de Wicca, alors mes efforts n'auront pas été vains.

Je souhaite de tout cœur que ce formulaire de sorcellerie ouvrira votre esprit et élargira votre conscience vers de tous nouveaux horizons, et qu'il parvienne à dépoussiérer ce lot de connaissances incomprises depuis que l'intellect humain s'intéresse aux sciences de l'invisible.

Introduction

Vous êtes-vous déjà questionné à savoir ce en quoi consistait la sorcellerie ; Comment on devenait véritablement un sorcier ou une sorcière ; Comment ces praticiens de l'Art Blanc pratiquaient leurs charmes et rituels magiques ; D'où détenaient-ils leurs connaissances et par quels procédés ils l'appliquaient dans leur quotidien ?

Si vous avez répondu oui, ne serait-ce qu'à l'une de ces questions, alors ce livre est tout spécialement pour vous. Car en lisant cet ouvrage de sorcellerie, vous trouverez toutes ces réponses et beaucoup plus encore. Vous désirez devenir un parfait sorcier ou une sorcière ? Alors lisez attentivement ce livre. Il vous apprendra à pratiquer *efficacement* la magie.

Les sorcières peuplent nos contes et légendes depuis des temps immémoriaux. Trop souvent accusées à tort et pointées du doigt dans le passé, de par leur savoir qui dépassait largement la compréhension d'une masse publique inconsciente des différents niveaux d'existence, ces êtres, œuvrant souvent dans la clandestinité et entourés par une aura de mystère, nous ont toujours, somme toute, passablement fascinés.

La sorcellerie, qui est un Art aussi vieux que la Terre, fut longtemps transmise de génération en génération, d'adeptes en adeptes, de sorcières en sorcières. Tradition dont les racines profondément ancrées ont survécu à l'érosion du temps, les enseignements initiatiques de jadis ont largement contribué à former les mages, les herboristes, les clairvoyants, les astrologues et les occultistes d'aujourd'hui. D'aussi loin que nous puissions remonter dans l'histoire, nous retrouvons d'inévitables traces de magie dans tous les continents et au sein de toutes les cultures.

Or, nous voilà rendu à une époque où la connaissance est plus que jamais à portée de main, mais faut-il encore savoir vers qui se tourner pour obtenir ces parcelles de sagesse et d'érudition afin de les admettre dans notre vie. Certains y verront l'occasion de devenir charlatans, alors qu'à l'opposé, une poignée de personnes conscientes faisant preuve de droiture y verront l'occasion de pousser les faux prophètes d'hier pour que le véritable savoir des énergies Universelles puisse faire partie de demain.

Avec la venue de l'ère du Verseau, beaucoup de choses ont heureusement commencé à changer. L'information nous est devenue soudainement beaucoup plus accessible ; les gens semblent, en partie, devenir plus ouverts d'esprit et prêts à accepter de nouvelles vérités, aussi vieilles puissent-elles être ! Les nouveaux adeptes et praticiens se montrent plus facilement sous leur grand jour tandis que d'autres continueront de pratiquer sous le sceau du secret et de l'anonymat. Le voile occultant la magie a peu à peu commencé à se dissiper.

Une chose demeure certaine ; les Dieux, les Grands Anciens, seront toujours et plus que jamais sollicités et en demande...

Marc-André Ricard ~555

PREMIÈRE PARTIE

L'Éveil du Sorcier & de la Sorcière

La Magie Pure & Simple

La magie est une science pure et unique. La magie est UN.

La sorcellerie est une forme populaire de magie pratiquée par les sorciers et les sorcières. Nous désignons souvent cet Art en termes plus simplifiés, soit la Wicca, qui est une philosophie de vie magique en respect de la nature ou, encore, tout bonnement la pratique de la magie blanche. Or est-ce que la magie blanche est la même chose que la sorcellerie ? Oui, cela est identique d'un certain point de vue. Toute forme de magie non égoïste ou nocive pourrait être considérée correctement par 'magie blanche' ou magie bénéfique. Sachez que nous avons malheureusement toujours tendance à étiqueter tout ce qui nous entoure afin de classer et regrouper toute chose en diverses catégories, afin de diviser ce qui est bien de ce qui est mauvais, ce qui est blanc de ce qui est noir.

La magie est un tout, et donc, une science unique mais qui possède à la fois plusieurs disciplines ou plutôt, dirais-je, de nombreux champs d'expertise. D'une manière imagée, imaginez un instant que si la magie était représentée par un arbre, nous pourrions dire que la sorcellerie correspondrait à l'une de ses branches. Or, la sorcellerie n'est pas l'ultime pratique magique, elle fait plutôt partie de l'ensemble qu'est la magie. Sous un autre angle, si la magie était perçue comme un orchestre, la sorcellerie pourrait être le groupe des cordes, violons et violoncelles, la Haute Magie serait les cuivres tandis que la Magie Cérémonielle correspondrait aux percussions et ainsi de suite. Ce qui est important à retenir ici cher lecteur, c'est que la magie englobe toutes les sciences occultes et hermétiques et toutes les traditions ésotériques. La magie est la Science des sciences ; elle est UN.

Par ailleurs, sachez que la magie ne possède pas non plus de 'couleur' à proprement parler, elle n'est ni blanche, ni noire. J'ai pu constater d'un œil quelque peu amusé combien sont nombreuses les personnes qui apposent des étiquettes aux divers aspects pratiques de la science magique. Avec le temps, nous en sommes rendus à avoir la magie blanche, la magie noire, la magie rouge, la verte… et j'en passe ! Mais alors, existe-t-il autant de différents types de magie ? Non. Une fois encore, la magie est une science unique, c'est un ensemble de pratiques et de croyances, de Lois spirituelles et de philosophies de vie ; c'est plusieurs chemins reliés au même centre, plusieurs rayons partant dans diverses directions, mais tous reliés au même soleil central.

Le fait d'associer une couleur spécifique à une discipline magique retient du fait que la plupart des praticiens s'expriment en termes simplifiés. Par exemple, pour plusieurs, le rouge est symbolique d'amour et, donc, voici que naquit la 'magie rouge' pour désigner les pratiques magiques ayant un rapport direct avec l'amour et la vie sentimentale. Afin que vous puissiez bien saisir le sens de mes propos, je vais vous citer une définition fort acceptable de la magie :

> *La magie est l'Art et la Science d'apporter des changements conformément à la volonté, en appliquant les Lois Universelles et Naturelles, pour le bien de soi ou des autres, et cela consciemment ou inconsciemment.*

En se basant sur cette dernière définition, nous comprenons aisément que tout repose entièrement sur la volonté. Or, c'est justement cette dernière qui indiquera la pseudo-couleur d'un acte magique. Si cette volonté est orientée vers le bien et la Lumière, nous pourrions définir un acte magique par magie blanche. À l'opposé, si la volonté est axée sur le mal, les Ténèbres et les mauvaises actions, nous pourrions simplifier notre définition par magie noire.

Ainsi, il vous est possible de simplifier un aspect de la science magique en autant que vous puissiez reconnaître que tout repose sur la volonté et qu'un sorcier ou une sorcière appliquera toujours les mêmes Lois pour n'importe quelle cause, qu'il soit question d'amour, de santé, de spiritualité, etc. Les mêmes Lois Universelles s'appliquent à ce qui est en haut pour ce qui est en bas. Il n'y a pas d'exception à cette règle.

En prenant pour acquis que vous avez assimilé ces indications importantes et pour rendre la lecture de ce livre plus aisée, j'opterai donc à partir de maintenant pour les termes de sorcellerie ou magie blanche.

Ceci étant dit, un voile semble constamment obscurcir certains autres concepts importants de la magie blanche et ces derniers demeurent à être éclaircis afin que vous puissiez être en mesure de bien démêler tout cet amas de croyances populaires qui ternissent la véritable identité de la sorcellerie. La Vie me dicte qu'il est toujours de mon devoir de vous informer correctement au meilleur de mes connaissances et c'est sur cette voie que je vais donc poursuivre.

La sorcellerie n'a aucune connotation péjorative et elle ne rime en rien avec les ténèbres ni la magie noire. La raison qui explique pourquoi tant de personnes ignorantes croient que la sorcellerie est la science des maléfices est due en majeure partie à cause du despotisme psychologique imposé par l'Église catholique au cours des derniers siècles. Dans ces temps-là, tout ce qui ne pouvait être expliqué par les hommes d'Église, autant pour ce qui a trait aux sciences naturelles qu'occultes, devenait tout bonnement de la sorcellerie... ce fameux commerce avec le diable ! Et c'est ainsi que naquirent les bûchers et les chasses aux sorcières.

Si l'on remonte dans le temps, il est facile de remarquer comment le christianisme a tenté par toutes les mesures possibles de supprimer le mouvement des pratiques païennes. Nous dénombrons parmi ces actes de suppression l'érection d'églises et de lieux saints directement aux endroits même où étaient célébrés autrefois les fêtes païennes et les sabbats, endroits sacrés aux sorcières, adroitement choisis en raison de la qualité vibratoire produite par les noyaux de forces telluriques, pour ne nommer que cet exemple.

Par ailleurs, il vous sautera aux yeux que plusieurs fêtes catholiques tombent, *comme par magie,* pratiquement aux mêmes dates que les sabbats toujours célébrés par les sorcières à l'heure actuelle. Ces dernières remarques suffiront pour vous démontrer à quel point la sorcellerie fut, et demeure encore pour plusieurs, totalement méprisée.

Heureusement, les sorciers et les sorcières ne sont plus torturés de nos jours, mais ils demeurent somme toutes encore incompris aux yeux d'une masse publique ignorante de la vie à un autre niveau. Eh oui, hélas, les gens qui ne cadrent pas avec le métro-boulot-dodo seront toujours perçus différemment des autres. Mais voilà aussi ce qui vous démarque du troupeau, vous êtes des êtres uniques et spéciaux et vous pratiquez une discipline mystérieuse, enrichissante et tellement admirable !

Pratiquer la sorcellerie ne signifiera jamais en rien lancer des sortilèges noirs contre tout ce qui bouge et tout ce qui vous semble contraire. Retenez bien que la magie pure et simple est une *FORCE NEUTRE*. *La magie, c'est l'étude et la mise en application des Lois Cosmiques et occultes de la nature.* Cette science est donc quelque chose de tout à fait naturelle et elle devrait même, à mon humble avis, être enseignée dans le plus grand respect pour le bénéfice de tous et chacun.

Certes, alors que nous ne vivons pas dans un conte de fées où tout le monde est joyeux et où la vie est toujours rose, il y aura toujours une contrepartie au bien, une dualité omniprésente. Une fois encore, à ce qui est en haut pour ce qui est en bas...

Voilà pourquoi il y aura constamment des personnes mesquines et malintentionnées pour tenter de s'approprier et utiliser incorrectement ces forces occultes de la nature dans le seul but d'assouvir divers desseins des plus discutables. Par contre, cela ne devrait jamais, en aucun cas, entacher la réputation de la sorcellerie à cause d'une poignée d'individus colériques et inconscients.

Au risque de me répéter, le sorcier ou la sorcière qui pratique (ou pratiquera éventuellement) la magie doit dès cet instant savoir reconnaître la puissance magique comme une force neutre, brute et pure, qui ne demande qu'à être modelée par sa propre volonté. Cette puissance qui sera entre vos mains pourrait être comparée à l'électricité. L'électricité est un bel exemple de force brute. Si elle est maladroitement manipulée, vous risqueriez de vous causer de très graves préjudices et de vous électrocuter. Par contre, si vous savez comment l'employer et canaliser correctement cette puissance, vous serez à même de faire fonctionner des appareils ménagers ou fournir de l'éclairage pour toute une ville entière. Comprenez-vous où je veux en venir ?

Faites toujours le bien et vos pratiques de sorcellerie vous apporteront les fruits de vos durs labeurs. Vous serez même en mesure de concrétiser certains de vos rêves les plus chers. D'un autre côté, tentez ne serait-ce qu'une seule fois de faire le mal, perdez le contrôle des énergies et vous risquerez d'obtenir des flammèches ! La magie est pure, la magie peut être simple, mais le sorcier ou la sorcière que vous deviendrez devra savoir être conscient et responsable de ses actes à tout moment.

Faut-il être initié pour devenir un Sorcier ou une Sorcière ?

MON expérience s'échelonnant au fil de longues années de pratique m'indique que trop nombreuses sont les personnes qui croient à tort que les Arts Magiques ne sont réservés seulement qu'aux initiés et aux personnes élues possédant des dons et des talents occultes innés. Trop souvent même, je me suis fait demander par de futurs praticiens et praticiennes s'il était possible de pratiquer la magie blanche sans avoir été initié au préalable par un maître, une sorcière expérimentée ou par un couvent de sorcières.

Stop ! À savoir s'il faut être initié par un autre praticien pour devenir un sorcier ou une sorcière, ma réponse sera toujours la même, non, cela n'est aucunement nécessaire. À ce jour, je me demande encore où les gens vont trouver de telles indications erronées. Je sais très bien que ceux qui se questionnent à ce propos désirent simplement entamer leur nouvelle carrière magique du bon pied, en posant les bonnes actions. Mais retenez ceci, rien ne sert de se compliquer la vie, faites confiance en votre intuition et cette dernière saura vous guider. Demeurez à l'écoute de votre cœur. Il est vrai qu'autrefois, la tradition Wicca demandait à ce que seule une sorcière puisse en initier une autre. Mais depuis le temps, beaucoup de choses ont heureusement changé et ce principe sévère n'est plus une règle immuable.

La pratique de la magie blanche est avant tout un mode de vie, une façon unique d'entrevoir l'Univers qui nous entoure ; c'est un cheminement personnel et spirituel. Or, sachant que la très forte majorité des sorciers et sorcières d'aujourd'hui pratiquent en solitaire, comment imaginez-vous qu'ils ont été initiés à la sorcellerie ? Eh bien oui, par eux-mêmes.

Il est vrai que les couvents de sorciers et sorcières possèdent tous des degrés d'initiation visant à bien encadrer les adeptes du groupe tout au long de leur apprentissage au sein de cette cellule. Il en est aussi pour tous les ordres magiques et ésotériques qui existent à travers le monde. En sorcellerie, la tradition Wicca possède trois degrés d'initiation. Le premier degré ou rite de passage exprime avant tout que le profane devient dans un premier temps un membre du groupe dont il fait maintenant partie et qu'il a démontré qu'il possède toutes les compétences et les connaissances nécessaires requises par le couvent. Il devient alors un sorcier ou une sorcière en règle. Lorsqu'il est prêt à passer à un niveau supérieur, alors il pourra passer le second rite initiatique et ainsi de suite.

Le second degré initiatique accorde le titre de Grand-Prêtre ou Grande-Prêtresse. Cette étape démontre bien entendu que le sorcier ou la sorcière a largement progressé sur la voie de la sorcellerie. Évidemment, le ou la praticienne du second degré demeurera tout de même toujours sous la tutelle et la présidence du Grand-Prêtre et de la Grande-Prêtresse du couvent. Il ou elle lui sera possible d'initier les autres membres au second degré

Le troisième et dernier degré d'initiation élève le sorcier ou la sorcière au dernier grade qu'il sera possible d'atteindre. Le sorcier ou la sorcière devient parfaitement autonome et répondra directement aux dieux et à sa propre conscience. Il ou elle lui sera possible, à partir de ce niveau, d'initier à son tour les autres sorcières au troisième degré ou même, sous approbation des dirigeants, de quitter le groupe afin de former son propre couvent.

Cependant, retenez bien les mots que j'ai écrits : *un cheminement personnel et spirituel*... Emboîter les pas sur le sentier de la sorcellerie est donc avant tout un choix individuel qui ne regarde que vous. Nul ne peut vous y contraindre et nul ne peut vous obliger en quoi que ce soit. Vous n'avez pas envie de faire partie d'un groupe de sorcières pour le moment, vous avez envie d'y aller comme bon vous semble et faire vos propres expériences en solitaire ? Alors faites-le selon votre intuition ; il n'y a aucune doctrine à suivre ni aucun prérequis sinon la passion pour la magie ! Souvenez-vous du credo des sorcières : *sans faire de mal à autrui, fais ce que voudras*.

Cette brève explication sur les degrés initiatiques des couvents de sorcières ne devrait vous servir qu'à titre indicatif seulement. Dans un contexte moderne, il n'est nul besoin de faire partie d'un groupe pour pratiquer la sorcellerie car les degrés d'initiation servent seulement à ceux qui désirent suivre à la lettre les rudiments de la tradition Wicca. Je vous offre un peu plus loin dans ce livre *le Rituel Solitaire d'Initiation du Sorcier et de la Sorcière*. Ce dernier sera amplement suffisant pour vous initier à la sorcellerie par vous-même, sans avoir recours à personne. Bien entendu, s'il vous vient un jour l'envie de faire partie d'un tel couvent, alors pourquoi pas. Mais entre-temps, savourez la pratique de la magie blanche en solitaire et surtout, essayez d'y trouver de la joie et du plaisir!

Pour reprendre les paroles d'une sage sorcière que j'ai rencontré lorsque j'étais moi-même débutant, paroles de sagesse que j'ai toujours conservées gravées dans ma mémoire, cette femme me dit un jour: '*Si cela semble bon pour toi, alors cela ne peut qu'être bon.*' Autrement dit, faites ce qui vous semble juste et si vous vous sentez confortable avec vos choix, alors cela ne peut qu'être bon pour vous.

Vous ressentez cette attirance pour la magie blanche, alors allez-y tout simplement en douceur et faites vos propres expérimentations. Explorez ce monde fascinant, enchanteur et mystérieux. Vous désirez devenir un sorcier ou une sorcière? Alors étudiez attentivement les enseignements contenus dans cet ouvrage, mettez en pratique les rudiments que je vous dévoilerai et dites simplement... *je le suis!*

Une Tradition en Harmonie avec la Nature

La sorcellerie ou la 'vieille religion' est basée sur la conscience de la nature et des Éléments qui en sont issus. On pourrait dire que l'épicentre de la Wicca est la Terre-Mère, Gaïa, la Terre étant le plateau sur lequel reposent et se rejoignent les forces de l'Univers, du Soleil et de la Lune. Cette ancienne tradition païenne vénère donc tous les aspects de la Terre et de la nature qui se régénère constamment via le cycle ininterrompu des naissances, de la vie et de la mort, pour renaître de nouveau.

Principalement basée sur le respect de la Terre et de l'environnement, la sorcellerie vit l'admiration qu'on lui portait décroître au fil des siècles avec la venue des nouvelles religions et, surtout, à cause du Christianisme. Tout comme la majorité des traditions ésotériques, la sorcellerie est un Art de vivre, celui de coexister dans la plus pure harmonie avec les forces de la nature et les Êtres vivants, des hommes aux animaux, des arbres et de la végétation aux pierres et minéraux. Pour le sorcier et la sorcière, tout ce qui existe a sa raison d'être et chaque chose possède ses propres propriétés spécifiques. Rien n'est inutile et tout ce qui vit a le droit au respect.

À titre informatif, sachez qu'il existe différentes branches ou traditions Wicca. Citons notamment la tradition Gardnérienne et Alexandrienne, chacune possédant ses propres règles d'éthique et codes de conduite. Mais pour peu importe la tradition, toutes se ressemblent car elles prônent les mêmes idéologies et concepts face à l'harmonie de la nature et de la Terre.

Par ailleurs, la Wicca utilise également une approche dualiste de la vie et des forces naturelles qu'elle respecte. En effet, cette tradition reconnaît comme puissance suprême non pas une seule source divine ou un seul dieu maître-de-tout, mais plutôt deux identités (ou Entités) bien définiespersonnifiant les énergies Universelles: le Dieu et la Déesse, le Soleil et la Lune. Depuis toujours les sorciers et sorcières s'en sont donc remis à une double puissance, soit le Dieu possédant tous les attributs du courant masculin et la Déesse pour ses qualités représentant le principe féminin. De cette cosmogonie naquirent entre autres les rites solaires et lunaires et ceux célébrant le passage des saisons; les fêtes sabbatiques, reliées aux nombreuses croyances ainsi qu'à la mythologie métaphorisée des divinités.

Les sorciers et sorcières ne diront jamais que leur tradition (ou religion) est supérieure à une autre. Effectivement, aujourd'hui il est possible d'intégrer les principes de la sorcellerie à votre propre religion, si votre conscience vous le permet. Sorciers et sorcières reconnaissent la puissance suprême du Dieu et de la Déesse dont l'essence se retrouve dans toute création et en toute chose. Mais plus encore, ils reconnaissent aussi l'existence des autres dieux et déesses, de différents panthéons de déités, et ne se priveront jamais de leur faire appel lorsque les besoins l'exigeront.

De plus, on remarquera que la tradition Wicca est organisée de manière hiérarchique; elle ne fait pas exclusion à ce précepte que l'on retrouve pratiquement au sein de tous les ordres magiques. On retrouve en tête comme dirigeants de chaque couvent un Grand-Prêtre et une Grande-Prêtresse, affichant ainsi un juste équilibre des forces en opposition et complémentaires. Toujours, la dualité est une fois de plus exprimée et omniprésente.

En résumé, adhérer à cette tradition fera de vous une personne consciente de son environnement, du petit et du grand Univers, du microcosme et du macrocosme, de la vie qui anime toute chose, des rouages de l'Univers dans toute sa grandeur. Votre approche de la nature se fera de façon plus spirituelle et harmonieuse, en ne faisant qu'un avec tout ce qui vous entoure, tout ce qui vit et respire, tout ce qui existe, autant sur le plan matériel que sur les plans invisibles et spirituels.

Ouvrez grands vos yeux, votre cœur et votre conscience à un niveau supérieur, laissez affluer la Vie en vous et ayez constamment cette soif de connaissances et vous deviendrez un puissant sorcier, une sorcière à toute épreuve qui ne fera qu'un en harmonie avec la nature, le Cosmos et l'Univers.

Basse Magie ou Haute Magie ?

J'AIMERAIS maintenant clarifier un point que je trouve important à ce stade du livre, à savoir ; la sorcellerie ; est-ce de la basse ou de la Haute Magie ?

Étant donné que mon champ d'expertise en magie est majoritairement orienté vers les pratiques de Haute Magie, dont le système Bardonnien[1] et kabbalistique tel que préconisé par l'Ordre Hermétique de la Golden Dawn, il m'était tout à fait normal, sinon de dire qu'il me paraissait évident, de rehausser d'un cran les rudiments de la sorcellerie contenus dans ce livre de magie. Car effectivement, lorsque nous connaissons les techniques magiques avancées en respect des Lois Universelles, il devient facile ensuite de pouvoir pratiquer et mettre en application les techniques de basse magie. Il y va de soi que ceci est aussi valable pour vous que pour moi.

Ainsi, je ne désire guère me mettre à dos certains d'entre vous, quoique cela puisse vous étonner, mais je me dois de vous informer que la sorcellerie, la tradition Wiccanne, du moins pour ce que l'on en retrouve majoritairement aujourd'hui dans les livres, est considérée comme de la *basse magie*. Cela ne signifie en rien que vous vous rabaisserez si vous devenez un sorcier ou une sorcière ! Au contraire, cela signifie simplement que vous allez plutôt œuvrer à partir des principes de base de l'Univers, c'est-à-dire, faire un juste retour aux sources primordiales de l'être humain, soit la nature dans toute sa simplicité et sa magnificence. Il n'y a aucun mal à pratiquer de la basse magie, et qui plus est, dans

---

1 Titre accordé aux enseignements et pratiques du Maître Arion, Franz Bardon.

toute ma carrière magique, je pourrais dire qu'une sorcière consciente et bien formée peut être un adversaire beaucoup plus redoutable qu'un magicien maladroit! Prenez simplement conscience que la sorcellerie ne représente qu'une branche dans l'arbre de la Science Magique; elle n'est qu'un aspect de la véritable magie la plus pure et authentique.

Je me dois d'avouer également que je déplore rigoureusement, sinon de dire que j'éprouve une très forte aversion envers certains auteurs improvisés (et ignorants) qui ont si largement contribué à instruire incorrectement les poursuivants des Arts Magiques et toutes les sorcières en devenir, en leur dévoilant que des aspects très simplifiés de la sorcellerie et de la tradition Wicca, stipulant aux lecteurs que ceci était la forme la plus élevée de la magie qui existe. Il est donc facile de constater pourquoi un bon nombre de sorcières, nouvellement adeptes, puissent s'imaginer que pratiquer la magie n'est nul autre que faire de petits rituels pour obtenir le pouvoir et venir à bout des causes financières, amoureuses, etc.

L'Art magique, comme l'indique la Haute Magie, se vit quotidiennement, jour après jour, c'est une très noble philosophie de vie magique et spirituelle en accord avec les forces Universelles. Ce n'est pas quelque chose que l'on pratique de temps à autre ou pire encore, seulement lorsqu'une situation échappe à notre contrôle. Devenir un magicien, un sorcier ou une sorcière, c'est devenir un Grand-Prêtre, une Grande-Prêtresse des énergies de la nature et du Cosmos.

Bien entendu, la pratique rituelle fera bientôt partie intégrante de votre vie. Vous découvrirez en lisant ce formulaire de sorcellerie comment parvenir à transformer votre quotidien en vous mettant au diapason des forces naturelles et en interagissant avec ces mêmes énergies pour votre profit personnel et celui des autres personnes que vous chérissez. Mais de grâce, ne vous arrêtez pas là. L'Univers, la Vie et la nature sont si vastes qu'ils valent la peine que vous preniez le temps de les contempler et de vous questionner. Celui qui pratique la sorcellerie pratiquera des rituels et des charmes, oui cela ne fait aucun doute, mais le véritable sorcier ou la véritable sorcière saura qu'il existe quelque chose de plus grand que simplement lancer des sortilèges. En suivant maintenant le sentier de la sorcellerie, vous découvrirez incessamment mille et une merveilles.

Par ailleurs, si vous avez déjà consulté certains autres livres disponibles sur la magie blanche, il est fort possible que vous puissiez constater que ce présent ouvrage diffère de ce que vous avez pu lire auparavant. Que ce livre, en comparaison, comporte beaucoup plus d'éléments techniques pour mener à bien vos pratiques magiques ultérieures. En d'autres mots, si vous avez l'impression que par moments mes explications deviennent compliquées, c'est fort probablement que l'on vous a toujours fait miroiter que la magie était facile à pratiquer, à la portée de tous et qu'elle ne nécessitait aucune connaissance. Évidemment, vous en conviendrez, cela est tout à fait faux. Celui qui ne veut pas y mettre d'efforts n'obtiendra jamais rien en retour. Illuminez votre mental et étudiez votre Art, mais plus encore, pratiquez, pratiquez et pratiquez ! Voilà la clé du succès.

Pour en revenir à mes propos sur la basse magie, non seulement je vous offre dans ce livre tous les préceptes de base authentiques de la sorcellerie, mais j'ai aussi décidé, pour bien faire les choses, de vous apporter et transmettre plusieurs notions de Haute Magie, lesquelles se marient parfaitement à la sorcellerie. Elles sont, à mon humble avis, essentielles sinon vitales pour pratiquer efficacement votre Art.

Nous pourrions ainsi dire, à juste titre, que le présent ouvrage est un véritable livre de *Haute Sorcellerie*.

Le Credo des Sorcières & les Principes Fondamentaux

Sans faire de mal à autrui, fais ce que voudras.

Voilà, tout y est. Cette simple phrase résume parfaitement l'attitude des sorciers et sorcières. Le credo des sorcières exprime admirablement bien comment vous devriez vous comporter lorsque vous utiliserez votre puissance magique et toutes vos connaissances occultes. Sans jamais et en aucun cas souhaiter le mal à quiconque, sans jamais tomber dans le piège de la magie noire et sans jamais interférer dans le chemin de vie d'une tierce personne sans son consentement, vous possédez ce que l'on nomme le libre arbitre, et donc de ce fait, le choix intime d'accomplir tout ce que vous désirez faire.

Pour les sorcières, rien n'est impossible. Tout obstacle peut être surmonté avec un peu de volonté et en fournissant les efforts requis. Toutefois, la clé de ce credo réside dans la façon dont vous vous y prendrez pour manifester votre puissante volonté magique. Ne l'oubliez pas, prenez garde à l'effet boomerang de votre magie car vous serez toujours tenu responsable de vos actes en sorcellerie... il n'y a pas d'échappatoire ! Le chapitre suivant traitera du karma et de la Loi du triple retour. Portez-y une attention particulière car c'est cette Loi qui devrait dicter votre conduite tout au long de votre carrière de sorcier ou de sorcière.

Par ailleurs, même si la pratique de la magie blanche est très permissive, permettez-moi de vous souligner que même si vous avez carte blanche pour tenter toutes les expérimentations magiques de votre choix, retenez que vous ne devriez jamais en aucun cas tenter de causer préjudice à autrui. Une sorcière n'œuvre que pour des desseins constructifs, pour le bien et la lumière, jamais pour détruire, ni pour les ténèbres et le malin. Vous retrouverez d'ailleurs cette dernière phrase dans les principes fondamentaux. Si je vous le mentionne ici en ce moment même, c'est qu'elle est très importante à retenir.

Or, le credo est une phrase reconnue par toutes les sorcières qui nous indique également qu'il n'y existe pas, à proprement parler, aucun code de conduite rigoureux chez les praticiens de cet Art Magique, mis à part de ne faire de mal à quiconque, directement ou indirectement. La sorcellerie est donc un mode de vie qui favorise la libre expression et la liberté, tout comme l'est, elle aussi, la nature à laquelle cette tradition est si intimement rattachée. Voilà qui devrait vous enchanter dès cet instant. Car vous êtes un futur sorcier ou une future sorcière est vous voilà déjà aussi libre qu'un oiseau !

Mis à part ce point intéressant, je crois qu'il s'avère maintenant essentiel de vous faire part des principes fondamentaux de la sorcellerie afin que vous puissiez être bien encadré tout au long de vos premiers pas solitaires sur le sentier de la magie blanche. Très cher lecteur, percevez-moi à présent comme un simple guide qui vous ouvre la voie et vous pointe un chemin adéquat.

Au fil des années, j'ai vu un peu partout autour de moi et en discutant avec des sorcières qu'il semblerait exister des lois en sorcellerie, treize pour être plus précis. Je ne veux pas vous paraître comme un vilain corbeau ou pire, un prophète de malheur, mais je suis dans le plus profond regret de vous indiquer que ces lois n'existent tout simplement pas au sein de cette tradition. Elles sont plus que probablement le fruit d'un auteur solitaire qui a décidé d'instaurer de son propre gré ces quelques règles de conduite afin de les adapter à la sorcellerie. Je ne dis pas qu'elles ne sont pas valables, mais simplement que la tradition Wicca ne possède pas ces dites lois. Voyez-vous, chaque sorcier, chaque sorcière devrait plutôt posséder son propre code d'éthique en raison de ses croyances et de ses expériences de vie, le tout en accord avec les Lois Universelles et spirituelles qui nous régissent tous et chacun en ce monde. Chacun devrait alors idéalement être en mesure de forger ses propres règles en les basant sur le bien, la justice et la lumière.

Certes, lorsque nous sommes débutants ou inexpérimentés en sorcellerie, il est possible que nous puissions avoir peine à découvrir, en début de carrière magique, les lignes directrices qui influenceront et doseront de façon juste nos comportements en magie blanche. Ainsi, que vous soyez un sorcier ou une sorcière débutante, voire même plus expérimentée, les principes fondamentaux suivants que j'ai élaborés à votre intention vous seront d'une très grande assistance. Prenez la peine de les lire avec attention et essayez de bien comprendre tout le sens qu'ils dégagent.

Ces principes devraient idéalement être suivis et respectés par toutes les sorcières dignes de ce nom, mais si vous croyez que certains passages pourraient être adaptés selon vos propres convictions, alors faites-le. Une fois encore, je me permets de vous faire la remarque que mon statut de guide en sorcellerie envers vous par l'entremise de ce livre implique donc que je vous enseigne les rudiments de base. Je ne peux par contre vous y contraindre d'aucune manière. Mais suite à quelques lectures répétées, vous remarquerez sans nul doute que ces fondements de la sorcellerie *(et tout aussi le fruit d'un auteur solitaire)* sont tous pourvus de justesse et d'un sens très profond, j'en suis d'ailleurs très convaincu.

Les 20 Principes Fondamentaux de la Sorcellerie

I- Honore le Dieu et la Déesse.

II- Honore la Vie pour sa splendeur et sa perfection.

III- Honore la nature pour sa splendeur et sa perfection.

IV- Honore la Terre-Mère qui t'a été prêtée comme un Être vivant égal à toi-même et respecte la Terre-Mère, elle qui te porte en son sein.

V- Connais-toi toi-même et reconnais tes limites et tes capacités. L'introspection ouvre les voies de la connaissance et de la sagesse.

VI- Admettre son ignorance est le début de la connaissance. Illumine en ce sens ton intellect par l'étude des Lois de la nature, Universelles et Cosmiques.

VII- Applique tes connaissances avec sagesse et discernement et pratique ton Art avec conscience.

VIII- Œuvre seulement pour des desseins constructifs, pour le bien et la lumière, jamais pour détruire, ni pour les ténèbres et le malin.

IX- Dirige tes paroles et tes pensées vers le bien et chasse tes paroles et tes pensées négatives de ta bouche et de ton mental. Les paroles sont créatrices. Les pensées sont créatrices. Parle et pense le bien et tu créeras le bien, parle et pense le mal et tu créeras le mal.

X- Ne divulgue point tes connaissances et ton savoir à ceux qui ne sont pas prêts à l'entendre, car agir ainsi serait identique à prononcer de fausses vérités.

XI- Ne pratique jamais la sorcellerie afin d'intervenir sur le chemin de vie d'autrui sans avoir eu consentement au préalable. Chaque être vivant doit vivre les épreuves que la Vie lui a tracée.

XII- Recherche l'équilibre en suivant l'exemple de la nature et harmonise-toi avec cette dernière et ses cycles de vie.

XIII- Élève-toi spirituellement et accepte la réincarnation comme un cycle te permettant de ne plus commettre les mêmes erreurs qui appartiennent désormais au passé.

XIV- Médite et apprend à écouter dans le silence du cœur. Branche-toi sur la Lumière Cosmique et les énergies Universelles et laisse-les affluer en toi.

XV- Respecte la Création et toutes les créatures vivantes, grandes ou petites. Elles sont toutes égales les unes envers les autres et toutes ont leur raison d'être. Toutes méritent ta reconnaissance.

XVI- Reconnais les différents plans d'existences et les différentes zones de densité. Ces lieux sont habités, tout comme ton monde à un niveau de conscience supérieur ou différent du tien. La vie existe au-delà de la perception de tes yeux.

XVII- Demande de l'aide aux Entités et aux Sphères supérieures, invoque-les souvent. Si tu ne demandes rien, tu ne recevras rien.

XVIII- Maîtrise ton propre Univers personnel si tu aspires un jour à maîtriser l'Univers dans lequel tu interagis.

XIX- Reconnais la Loi du Karma et du Triple Retour et ainsi tu sauras que si tu sèmes le bien tu récolteras le bien. Si tu sèmes le mal tu récolteras le mal. Tout te sera remis un jour ou l'autre, dans cette vie ou dans une autre.

XX- Sans faire de mal à autrui, fais ce que voudras.

Le Karma :
Loi des Incarnations & du Triple Retour

Qui sème le vent récoltera la tempête, qui sème des fleurs récoltera des roses.

Comme il a été vu précédemment, le 19ᵉ principe fondamental de la sorcellerie nous dicte ce qui suit : *Reconnais la Loi du Karma du Triple Retour et ainsi tu sauras que si tu sèmes le bien tu récolteras le bien. Si tu sèmes le mal tu récolteras le mal. Tout te sera remis un jour ou l'autre, dans cette vie ou dans une autre.*

Afin de bien comprendre et interpréter la loi du karma, mais surtout, pour faire en sorte que vous puissiez prendre conscience de son impact dans votre vie de tous les jours, autant dans votre quotidien que lors de vos pratiques magiques, certaines explications s'avèrent des plus nécessaires.

Tous ont déjà au moins une fois, dans leur vie, entendu parler du karma, ne serait-ce qu'à la blague : 'Oh cette personne est tellement malchanceuse, c'est incroyable, cela doit être à cause de son mauvais karma.' Mais le karma, qu'est-ce que c'est exactement ? Pour commencer, le karma est une Loi Universelle très intimement reliée aux cycles des incarnations. Pour bien intégrer ce concept de vie, sachez que vous devez indubitablement croire en la réincarnation et aux cycles de vie renouvelés. Sinon, la loi du triple retour n'aura sur votre conscience aucun impact ni aucun effet visible, mais bien sûr, vous y serez tout de même soumis sans toutefois vous en rendre compte. Souvenez-vous ; *ce n'est pas parce que nous ignorons l'existence d'une Loi que celle-ci n'agit pas...*

Pour employer des termes simplifiés afin de m'assurer que vous pourrez me comprendre aisément, imaginez le karma comme étant une matrice cosmique qui enregistre tous vos faits et gestes, toutes vos pensées et paroles, bref, tous vos comportements. Chaque action que vous porterez y sera donc enregistrée. Mais plus encore, sachez que chacune de vos actions se répercutera tout autour de vous et ces dernières influenceront du même coup tout ce qui vous entoure, autant chez les êtres humains que d'un point de vue purement énergétique.

Le karma sert principalement à l'évolution spirituelle de chaque individu vivant sur la planète, cette chère Terre-Mère. Pourquoi dis-je que cette loi sert à l'évolution spirituelle ? Sachez que le but premier de tout être humain devrait idéalement être celui de se rapprocher de la perfection, apprendre de ses erreurs du passé pour ne plus les répéter dans le futur pour finalement poursuivre son chemin d'évolution spirituelle consciemment afin de passer à un niveau d'existence supérieur.

Le 19e principe de la sorcellerie nous indique également que *tout nous sera remis un jour ou l'autre, dans cette vie ou dans une autre.* Voilà entre autres pourquoi le karma peut tout aussi être considéré comme une loi de causes et d'effets. Les expériences et les souffrances que vous éprouvez dans cette présente vie sont dues en outre à cause de votre karma. Les mauvais choix que vous avez faits et les mauvaises actions de votre passé (autant dans cette vie que lors de vies antérieures) vous apportent aujourd'hui des épreuves et des mises en situation où vous serez une fois de plus confronté aux mêmes choix de jadis. Si vous ne pouvez surmonter ces épreuves et donc, du même coup, épurer votre karma, vous aurez une fois de plus à revenir lors d'une prochaine incarnation afin d'avoir une fois de plus la possibilité de faire le bon choix lorsque le moment se représentera.

La vie en est ainsi. Vous avez des épreuves à surmonter, épreuves qui vous ont été assignées de par vos propres actions (et que vous avez accepté de vivre) avant de vous incarner dans ce corps physique sur le plan terrestre. Elles sont un peu comme des tests que vous devez réussir pour vous élever spirituellement afin de passer à autre chose. Ces épreuves que la vie vous envoie sont dues à votre karma. Pour vous aider à comprendre ces notions complexes, imaginez ce qui suit.

Vous êtes un médium et avez cette facilité pour la clairvoyance. Très rapidement votre réputation vous devance partout où vous allez et tous s'empressent de venir à votre rencontre pour vous demander des conseils.

Les gens ont confiance en vous et en vos capacités de déceler l'avenir et ceux qui demandent consultation s'attendent à ce que vous puissiez leur indiquer la meilleure voie à suivre pour les aider à se sortir de situations des plus diversifiées. Voyant que vous avez une très forte influence sur les gens que vous côtoyez, vous décidez un jour de vous servir de cette force pour faire accomplir aux gens ce qui vous plaît et pour les berner pour votre seul et unique profit. Vous parvenez à soutirer de l'argent à tous et à toutes et votre vie malhonnête s'achève sur cette note. Voilà alors que vous vous incarnez de nouveau et, qu'en raison de votre karma, cette fois-ci vous vivez une vie de misère. Vous êtes méprisé par toutes les personnes que vous croisez ; vous êtes un pauvre et inoffensif va-nu-pieds dont tout le monde se moque.

Que devriez-vous comprendre de cette petite histoire ? Essayez par vous-même et lorsque vous penserez avoir trouvé la raison, poursuivez votre lecture. Notre médium a, pendant toute sa vie malhonnête, profité de la confiance aveugle et de la naïveté de son entourage afin d'amasser beaucoup d'argent à transmettre de fausses vérités. Cette personne fictive a profité de sa grande influence pour se jouer des autres. Ces actes ont été enregistrés et comme tout ce que nous faisons nous sera remis un jour ou l'autre, dans cette vie comme dans une autre, voilà que notre médium se retrouve à vivre une vie de misère où tous le méprisent. Il a donc récolté les fruits de ses semences passées et aujourd'hui il en souffre terriblement. La Vie a-t-elle été injuste envers lui ? Pas du tout, elle lui a fait goûter à sa propre médecine et aujourd'hui sans en être conscient, il devra passer au travers de ces épreuves afin d'épurer son lourd karma. Notre médium avait la confiance de son entourage alors qu'aujourd'hui tout est à reconstruire.

Évidemment cette histoire aurait pu connaître une tout autre conclusion. Notre médium fictif aurait tout aussi bien pu se retrouver dans un même cycle d'incarnation avec les mêmes talents de clairvoyance, dans une situation quasi identique. Par contre, même en reconnaissant ses erreurs passées, même en étant ardemment résolu de faire amende honorable, de se racheter et d'aider honnêtement les autres, peut-être qu'il aurait éprouvé de la difficulté à se faire payer par ses clients, et pire encore, il n'aurait eu aucune clientèle pour ses services ainsi que beaucoup de misère à être reconnu pour son talent. D'une façon comme de l'autre, la Vie se chargera de la suite des événements.

Ceci dit, votre karma peut donc s'alourdir en accumulant des dettes karmiques ou s'alléger peu à peu selon les choix que vous poserez tout au long de votre vie. Il n'en revient qu'à vous et vous seul de faire les choix qui s'imposent pour votre plus grand bien, non seulement en tant que sorcier ou sorcière, mais aussi en tant qu'Être de nature spirituelle. Le secret pour contourner le karma est pourtant si simple ; menez toujours une vie saine, orientez vos pratiques de sorcellerie vers de nobles buts et vous n'aurez à peu près pas cette épée de Damoclès planant au-dessus de votre tête.

En conséquence, la Loi du karma connue également sous le nom de Loi du Triple Retour stipule que ce vous apporterez au sein de cette vie se répercutera par trois fois sur votre quotidien et ce que vous vivrez sera en parfaite analogie avec vos propres actions et pensées. En d'autres termes, pratiquez une sorcellerie nocive, abandonnez-vous à la magie noire et vous récolterez les ennuis par trois fois. À l'opposé, faites le bien lors de vos rituels de magie blanche et vous ferez le bien autour de vous à la puissance trois.

Comment Formuler Efficacement ses Demandes lors des Rituels

Il est cocasse de constater comment certaines personnes réagissent face à la Loi du Karma. En effet, certains praticiens qui tentent volontairement de franchir la ligne mince qui sépare la sorcellerie bénéfique de la sorcellerie nocive disent reconnaître l'efficacité de leur magie négative en ce sens que, peu de temps après avoir pratiqué un rituel, s'ensuit une chaîne ininterrompue de malchances, effets générés par l'effet boomerang du Triple Retour. Il va sans dire que les sorciers et sorcières qui agissent de la sorte sont parfaitement inconscients et que cette attitude devrait être très sévèrement proscrite.

Conséquemment, afin de vous faire éviter les faux pas lors de vos débuts de carrière magique, je vais dès lors expliquer comment vous devrez formuler vos requêtes au cours de pratiques rituelles afin que vous ne puissiez vous endetter karmiquement, ni commettre de graves fautes que vous pourriez, par la suite, devoir payer au prix de l'or.

Le principe de causer du mal à autrui par un acte de sorcellerie peut être défini en termes de préjudices physiques, moraux, psychologiques ou psychiques. Mis à part les répercussions karmiques, les sorcières possèdent une profonde connaissance des Lois Universelles. Ces dernières reconnaissent que tout ce qui existe dans l'Univers est interrelié. Toutes choses sont connectées les unes aux autres. Ainsi, les sorcières savent que toute action portée affectera son environnement et, par conséquent, si nous reconnaissons ce principe, toute action devra nécessairement être orientée vers le bien de tous. Une action magique va créer forcément une puissante énergie, une onde de choc qui affectera tout sur son passage.

C'est dans cette optique que toutes les sorcières qui pratiqueront des rituels et des charmes en sorcellerie devront savoir comment formuler leurs demandes afin que les rituels en question puissent toujours finir par symboliser une action magique qui se résulterait par la phrase suivante : *'Je désire obtenir ceci ou changer cela, en autant que ces changements surviennent sans jamais causer de mal à quiconque.'* Le sorcier ou la sorcière responsable, qui sait répondre de ses actes et qui travaillera en appliquant cette règle, œuvrera toujours avec sagesse, car agir autrement serait devenir un agent du chaos.

À cet effet, il peut parfois s'avérer que même avec les meilleures intentions du monde, vous en veniez à pratiquer, à votre insu, une forme de magie noire. Une magie qui pourrait agir et interférer dans le chemin de vie d'une tierce personne et corrompre son libre arbitre. Retenez qu'un sorcier ou une sorcière peut facilement pratiquer la magie pour son propre bien, pour changer drastiquement sa vie et l'améliorer, mais jamais en aucun cas les effets produits par les rituels magiques ne devraient contraindre une personne ni lui causer du tort d'aucune manière que ce soit. À ce propos, je vous expliquerai plus tard comment pratiquer efficacement la divination afin de connaître quels pourraient être les résultats probables de votre sorcellerie de façon à éviter de telles situations.

Le meilleur exemple que je peux vous fournir, afin d'illustrer tout ce que je viens de vous expliquer, est celui des charmes d'amour. La majorité des gens pensent que l'amour est une bonne chose, qu'elle nous rend heureux, expressif, l'amour nous fait faire mille et une folies en son nom, bref, aimer rime avec bonheur. Celui qui pratique la sorcellerie constate qu'il lui sera très aisé, grâce à certaines techniques magiques, de lancer des charmes d'amour afin de vivre ce bonheur tant convoité. Et voilà où les sorcières inexpérimentées tombent rapidement dans le piège.

La sorcière qui manipule une tierce personne et la contraint à tomber amoureuse signifie automatiquement la déposséder de son droit le plus sacré, soit son propre libre arbitre. Exiger par la magie rituelle qu'une personne vous aime, c'est faire preuve d'insensibilité envers les sentiments de l'autre, c'est exactement comme si vous disiez *'Cela m'est égal si tu ne m'aimes pas, car maintenant grâce à mes pouvoirs magiques, tu vas m'aimer!'*

Est-ce que les sorcières agissent ainsi ? Oui, malheureusement trop souvent ! Évidemment, je disais que l'erreur résidait dans l'état d'inconscience du sorcier ou de la sorcière. Car si à vos yeux l'amour est un sentiment honorable, comment cela pourrait-il nuire à quiconque... l'amour c'est si beau ! Effectivement, cela semble très juste. La majorité d'entre vous ont déjà commis ou commettront cette erreur tôt ou tard et voilà pourquoi je me devais de vous en avertir dès ce moment. Trop souvent, j'ai constaté que la magie d'amour était l'une des plus fortes raisons qui poussait les gens à s'initier à la sorcellerie. Ces personnes vivent des carences affectives et ne savent plus par quel moyen s'attirer cet amour qui les fera chavirer. Elles entendent parler de sorcellerie et qu'il est possible d'obtenir l'amour par la magie, et, vous connaissez la suite...

Comme je vous l'ai mentionné plus tôt, la méthode idéale pour ne pas forcer le libre arbitre de quiconque au cours de vos pratiques de sorcellerie résidera dans la façon dont vous formulerez vos demandes lors des rituels. Il vous sera toujours possible d'obtenir tout ce que votre cœur désire, mais vous devrez faire attention à la manière que vous le demanderez. Un sorcier ou une sorcière est libre d'influencer et de manipuler les énergies de la nature en vue d'accomplir un but très précis, par contre, il ou elle n'a pas le droit de manipuler les gens. Les sorcières croient en la justice et non à la vengeance. Elles savent que ce qui devra se produire se produira inévitablement.

Si vous vous questionnez en ce moment à savoir s'il est possible d'obtenir correctement de l'amour par la sorcellerie sans nuire à personne, ma réponse est affirmative, oui cela est plus que possible. Vous pourrez toujours contourner les situations de manipulation en agissant directement sur vos propres entraves. Par exemple, au lieu de demander à ce qu'untel ou unetelle vous aime, lors d'un rituel, exigez plutôt que tous les obstacles qui bloquent le passage de l'amour dans votre vie puissent vous être retirés ou encore, que la personne qui vous conviendra se manifeste à vous. Peut-être que l'effet du rituel fera en sorte qu'une personne qui vous aime secrètement viendra à bout de combattre sa timidité pour se décider, enfin, à faire les premiers pas ! Au bout du compte vous obtiendrez l'amour, mais vous l'aurez obtenu de la bonne façon, sans faire de mal à autrui.

Comme il n'y a jamais mieux que les expériences personnelles pour comprendre et apprendre, je vais vous donner un second exemple ; comment une fois j'ai moi-même respecté cette loi du libre arbitre et comment j'ai réalisé un rituel en évitant une situation qui m'aurait aussitôt induit à pratiquer de la magie noire contre une personne inconnue.

Il y a de cela plusieurs années, alors que j'étais encore au stade de l'apprentissage magique (et je le serai probablement toujours car il y a tant à apprendre), il y avait une amie que je fréquentais. Nous étions amoureux l'un de l'autre et tout allait pour le mieux. Mais vint un jour où ma bien-aimée me raconta qu'un certain homme lui tournait autour et lui faisait du charme. Au début, cela ne m'affectait guère car j'avais confiance en moi et surtout en ma copine à l'époque. Malheureusement, bien que ma copine ait pris la peine d'indiquer à l'homme en question qu'elle était déjà en couple et qu'elle ne désirait plus être embêtée par ses avances, ce dernier persista rigoureusement et continua son petit jeu. Au bout de deux à trois semaines, voyant selon les dires de ma copine que la situation commençait à s'envenimer et devenir beaucoup plus complexe que je ne l'aurais imaginé et qu'elle ne savait plus comment éviter ce jeune homme qui lui causait tant de tracas et d'inconforts, je décidai alors de prendre les grands moyens et d'agir à distance grâce à mes connaissances en sorcellerie.

La première pensée qui me vint en tête fut que s'il était malade, cloué sur son lit, il devrait donc demeurer à la maison pour se soigner et il ne pourrait plus embêter mon amie. Bien entendu, ce fut une pensée complètement stupide que je chassai immédiatement de mon esprit. Je ne voulais souhaiter de mal à personne et donc j'ai dû trouver une alternative. Finalement, par un bel après-midi ensoleillé, je pratiquai un rituel. Le but du rituel était simplement que cette personne dont je fus en mesure d'obtenir le nom puisse rencontrer la personne qui lui fallait et qu'il puisse trouver l'amour qui lui convenait. Plus tard, au bout d'une semaine environ, mon amie me raconta qu'elle avait une fois de plus croisé le jeune homme et qu'il ne lui avait même pas porté attention comme à son habitude, car lui et une autre femme étaient entrelacés et semblaient être des plus amoureux!

Ainsi, tout en respectant le libre arbitre de mon rival, je suis parvenu à mes fins sans causer de mal à quiconque. Il avait trouvé la personne qui lui convenait et avait réalisé que ma copine n'était pas la personne indiquée à recevoir son amour. La situation fut réglée rapidement sans faire de vagues. Vous voyez, tout est possible. Il suffit de réfléchir un peu et de trouver comment formuler ses demandes lors des rituels pour le plus grand bien de tous.

En résumé, cette règle devra être appliquée pour toutes les demandes que vous effectuerez lors de vos travaux occultes de sorcellerie. Sachez que le Dieu et la Déesse veillent sur vous dès cet instant, ils savent lire dans votre cœur et ils connaissent vos intentions et vos faiblesses. Inévitablement, ils seront en mesure de répondre à vos appels si vous savez les formuler correctement avec conscience.

Acquérir les Pouvoirs Magiques des Sorciers & Sorcières

Puisque vous voilà maintenant sorcier ou sorcière, vous devez sans plus tarder porter une attention délicate à ce présent chapitre. Il traitera des pouvoirs magiques fondamentaux liés à la sorcellerie. Ces pouvoirs, dont je vous expliquerai comment développer et entretenir, sont au nombre de six. Ils seront les six piliers de base sur lesquels reposeront toutes vos actions magiques, soit :

☆ La volonté
☆ La visualisation
☆ L'intuition
☆ La foi
☆ La méditation
☆ Le sens du mystère

Pratiquer la sorcellerie peut s'avérer extrêmement efficace. Mais pour parvenir à la réussite la plus complète qui soit, vous devrez exercer vos nouveaux pouvoirs afin de devenir parfaitement opérationnel lorsque vous voudrez passer à la partie pratique de la magie blanche, c'est-à-dire, pratiquer les rituels et les cérémonies magiques.

Bien que les sorcières Wicca utilisent fréquemment des accessoires de toutes sortes dans leurs pratiques occultes, les vrais mages reconnaissent que la magie est d'abord et avant tout en eux et que tout s'opère à partir de ce pouvoir personnel que tous possèdent. Or, en sorcellerie, vous serez souvent amené à employer des auxiliaires et accessoires diversifiés. Mais souvenez-vous ; la puissance magique ne réside pas dans ces artifices, bien qu'ils puissent posséder de nombreuses propriétés occultes. Non, cette force créatrice de manifestation, **ce véritable pouvoir magique est EN VOUS et nulle part ailleurs.** Puisez dans vos ressources et vous serez en mesure d'accomplir tout ce que votre cœur désire.

À l'heure actuelle, ces pouvoirs, ces talents, dorment en chacun de vous. Ils sont enfouis au plus profond de votre psyché. Avec un peu d'entraînement, vous serez en mesure de les éveiller afin qu'ils deviennent par la suite une seconde nature chez vous. Si dans le passé vous avez déjà essayé de pratiquer la sorcellerie sans succès, peut-être vous manquait-il ce petit quelque chose d'essentiel : la formation de base des sorciers et sorcières. Vous désirez que vos pratiques magiques soient couronnées de réussites, n'est-ce pas ? Alors entraînez-vous avec sérieux et je vous promets que vous atteindrez le succès que vous méritez.

La Volonté

Le premier pouvoir à exercer est celui de la volonté. Il va sans dire que le développement d'une puissante volonté de fer est l'un des buts principaux des praticiens de l'Art Blanc. Le moteur qui alimente le courant magique est la volonté, cette force intense du désir. La volonté signifie 'vouloir' et sans cette ferme conviction de réussir, votre magie ne pourra jamais exister.

Dans le cadre d'opérations magiques, votre volonté ne devra jamais, en aucun temps, défaillir ; elle est la force qui véhiculera les ardeurs enflammées de toutes vos émotions et de votre profond désir que quelque chose de précis se produise, mais surtout, se réalise. Le fondement de toutes les actions magiques que vous effectuerez en magie blanche reposera sur cette attitude que rien ne peut se mettre en travers de votre route. Votre volonté sera toujours à la base de tout. Si vous ne le désirez pas assez ardemment, vous ne l'obtiendrez assurément pas. Une maxime populaire stipule que lorsque l'on veut, on peut. Effectivement, car *vouloir* signifie réellement *pouvoir*.

Pour aiguiser votre pouvoir de volonté, vous pouvez avoir recours à de simples exercices qui seront destinés à développer votre concentration.

Ces derniers vous seront très utiles pour vous aider à forger un sens du désir puissant et infaillible que rien ne pourra compromettre ni entraver. Parmi ces exercices, ils existe bien sûr les disciplines orientales telles que le yoga. Mais si vous n'êtes pas familier avec ce type d'exercice, ne vous en faites pas, je vais vous donner des outils que toutes les sorcières utilisent fréquemment pour développer et tonifier ce pouvoir en toute simplicité.

Le premier exercice consiste à fixer la flamme d'une chandelle dans le calme et le silence. Allumez une chandelle et asseyez-vous confortablement. Tenez-vous à environ un ou deux mètres de celle-ci. Fixez ensuite la flamme scintillante avec attention et ne pensez plus à rien ; faites le vide. Concentrez-vous à ne percevoir que cette flamme pendant une durée d'environ trente minutes. Répétez cet exercice aussi souvent que possible.

La deuxième technique est très similaire. Cependant, au lieu d'utiliser une chandelle, prenez une feuille de papier blanche et tracez un cercle parfait avec de l'encre noire. Finalement faites un point au centre du cercle. Maintenant, collez votre feuille sur l'un des murs de votre pièce de travail et asseyez-vous devant cette dernière. Fixez avec attention le point au centre du cercle sans broncher, et ce, pendant une durée approximative de trente minutes.

Ces deux techniques simplistes, mais très efficaces, vous aideront à forger et entretenir une puissante volonté. En peu de temps, vous constaterez combien votre pouvoir aura considérablement augmenté.

Suite à cela, vous pourrez aussi, au cours de votre vie quotidienne, vous entraîner à soumettre votre volonté sur différents sujets d'expérimentation. Pour débuter, exercez-vous sur des banalités ; il est inutile de vous acharner à vouloir accomplir des exploits qui ne sont pas réalistes. Laissez aux initiés le soin de faire bouger la flamme d'une chandelle par simple action mentale. Tentez plutôt de soumettre votre pouvoir sur de petites choses susceptibles de s'accomplir. Par exemple, si vous marchez en ville, sur un trottoir, essayer de faire en sorte que la personne qui vous devance se tasse sur le côté pour vous laisser passer. Même chose si vous êtes en automobile. Essayez de faire en sorte que l'automobiliste qui vous précède change de voie pour vous céder le passage. Ceux-ci ne sont que de petits exemples inoffensifs ; vous en trouverez bien d'autres. Souvenez-vous par contre de ne pas tenter de manipuler les gens contre leur libre arbitre.

Si vous entretenez cette ambition de devenir un puissant praticien blanc, sans pour autant vous prendre pour un dieu, alors essayez de cultiver votre volonté magique et efforcez-vous de rétrécir le champ de votre attention à une seule et unique chose. Tentez de ce fait de soumettre votre volonté à tout ce qui peut l'être. Vous pourriez être très surpris des résultats.

La Visualisation

La visualisation est incontestablement l'une des plus grandes forces créatrices qui existe. Ce second pouvoir vous permettra de mettre en branle tous les rituels que vous pratiquerez au cours des années à venir. Considérez la visualisation comme votre arme de prédilection pour toutes vos opérations de sorcellerie.

Être en mesure de se représenter visuellement le but d'une action magique précise, comme si elle s'était déjà réalisée, vous permettra de soutenir la puissance de votre pensée. En sachant d'emblée que, tout comme pour la visualisation, la pensée est, elle aussi, créatrice sur un autre plan d'existence et que toute pensée fermement renouvelée et soutenue finira tôt ou tard par se manifester sur le plan physique de la matière, si cette dernière est supportée par une forte imagerie mentale, la puissance de la pensée s'en retrouvera automatiquement décuplée de même que vos chances de réussite lors de vos rituels.

La visualisation est également synonyme d'imagination. Plus les racines de vos visions plongeront à même votre sensibilité et plus ces dernières s'y noueront avec force, plus vos imageries mentales seront pourvues en puissance afin de concrétiser vos rituels et vos charmes. Lorsque vous vous retrouverez à l'intérieur de votre cercle magique, attendez-vous parfois à devoir grincer des dents, à poursuivre des danses rapides ou encore, gesticuler dans tous les sens, voire même entrer en transe. Bref, tous ces gestes pourraient vous venir en aide afin d'appuyer votre pouvoir de visualisation et d'imagination dans le but d'exciter vos visions et déclencher le courant initiateur de votre sorcellerie.

Sachez que la visualisation est employée dans la quasi-totalité des pratiques magiques. Sans celle-ci, peu de choses peuvent être accomplies et c'est la raison pour laquelle vous devrez exercer ce pouvoir du mieux possible, voire même avec acharnement. Allier la pensée à la visualisation fera de vous un puissant praticien de l'Art. Tout le succès que vous espérez obtenir par la sorcellerie dépendra, entre autres, de cette faculté essentielle.

Pour parvenir à développer efficacement votre pouvoir de la visualisation par lequel toutes vos imageries mentales se réaliseront, pratiquez l'exercice suivant aussi souvent que possible, jusqu'à ce que vous puissiez le maîtriser sans aucune difficulté.

Asseyez-vous confortablement et fermez les yeux. Imaginez dans votre esprit un objet ordinaire et simple pour commencer, comme par exemple, une cuillère, un crayon ou même une allumette. Bref, trouvez un sujet de visualisation et représentez-le le plus clairement possible dans votre tête. Maintenez cette imagerie mentale pendant au moins dix minutes sans broncher. Tentez de voir l'objet choisi comme s'il était véritablement et physiquement devant vous. Contemplez-le dans tous ses menus détails. Observez-le ainsi de la même façon que vous le feriez avec vos yeux de chair. Si des pensées diverses ou d'autres images venaient à perturber le cours de cet exercice, chassez-les immédiatement et repoussez-les avec force, puis, poursuivez votre travail de concentration.

Il est possible au début, surtout chez les gens n'ayant jamais pratiqué la visualisation, que vous éprouviez de la difficulté à maintenir une image claire et nette pendant une longue période de temps, voire même quelques secondes. Ne vous en faites pas si tel est le cas. Redoublez d'efforts et continuez cet exercice avec fermeté et la conviction que vous pouvez y arriver. Lorsque vous aurez obtenu du succès, répétez le même exercice mais en conservant cette fois-ci les yeux ouverts. Une fois que vous serez en mesure de visualiser un objet de votre choix, vous verrez comment il vous sera aisé d'imaginer par la suite des scènes complètes et élaborées.

L'Intuition

Pour certaines personnes, l'intuition peut sembler être un concept banal sans grande importance et sans trop d'utilité. Toutefois, les sorciers et sorcières reconnaissent l'intuition comme un véritable pouvoir éminemment puissant qui possède bel et bien sa raison d'être parmi les six piliers fondamentaux de la sorcellerie.

Vous savez tous, à peu près, dans vos propres termes ce que peut être l'intuition. Cette petite voix intérieure qui semble vous indiquer de temps à autre le chemin à suivre et les actions que vous devriez peut-être entreprendre. Cette simple définition est véridique, mais ce pouvoir est légèrement plus complexe que cela. Il m'en revient donc de vous l'expliquer le plus clairement possible.

Trop fréquemment je me suis fait dire que nous avions toutes les réponses enfouies au plus profond de nous-même; que nous n'avions pas à rechercher la vérité ailleurs, car sans en être conscient, nous la portions au plus profond de notre âme. Mais plus souvent encore, j'ai pu constater comment cela était des plus grandes vérités. Celui qui sait être à l'écoute de son esprit et de son soi intérieur découvrira un être imbu de sagesse qui ne demande qu'à prodiguer de justes conseils.

Par ailleurs, les notions d'intuition peuvent être des plus simples jusqu'aux explications davantage compliquées. Sachez premièrement que vous êtes un Être divin et que si cet Être que vous êtes est d'autant plus connecté directement à la nature et à l'Univers et qu'il laisse affluer en lui les énergies Cosmiques, tel que l'indique le 14e principe fondamental de la sorcellerie, comme le sont toutes les sorcières, alors vous possédez un très grand avantage, un pouvoir qui vous est propre et tellement précieux.

Si vous êtes en mesure de vous brancher directement à la Vie et à la Terre-Mère, ces dernières vous communiqueront mille et une choses; plusieurs informations essentielles que vous seul serez en mesure de comprendre et d'interpréter pour votre unique évolution et bien-être.

Ceci dit, il existe malheureusement trop souvent de nos jours des praticiens qui ne travaillent que par le livre, sans se questionner aucunement et sans se fier à leur propre jugement, suivant ainsi à la lettre des modes d'emploi et des recettes sans jamais en déroger. D'un autre côté, certains verront plutôt les rituels magiques comme une sorte de base à partir de laquelle, et selon leur conscience du moment, ils pourront y apporter leurs propres modifications personnelles en suivant leurs instincts. Et l'instinct du sorcier ou de la sorcière se nomme évidemment... l'intuition!

Comment donc fonctionne cette intuition? Sachez premièrement qu'il y a votre subconscient qui essaie constamment de vous envoyer des messages. Ces dits messages, allant de simples images jusqu'aux concepts étranges et mystérieux, sont souvent difficiles à déchiffrer. Ils surviennent la plus grande majorité du temps lorsque vous êtes endormis et que vous rêvez. Eh oui, ce n'est pas pour rien que nous disons que *la nuit porte conseil* car c'est exactement le moment le plus propice pour votre subconscient à vous communiquer certaines informations pertinentes, car lorsque vous êtes endormis, votre conscience se retire et vous devenez dès lors très réceptif.

Deuxièmement, plusieurs praticiens sont en mesure de recevoir des messages en provenance des Sphères élevées de la conscience, c'est-à-dire, des suggestions qui proviennent directement d'Entités et d'Êtres des plans subtils. Certaines Entités bienveillantes tenteront de vous influencer pour votre bien, un peu à la façon d'un guide personnel. Cependant, vous devrez aussi vous méfier des Êtres malveillants qui tenteront de vous influencer dans le seul but de se jouer de vous ou afin de vous voir accomplir des actes pour leurs seuls bénéfices. La prudence et le discernement sont donc de mise.

Finalement, je pourrais aussi vous indiquer qu'il est possible que, d'incarnations en incarnations, la conscience d'un Être puisse parfois éprouver le phénomène de *rappel instantané*. Cela veut simplement dire qu'il peut arriver que, sans en connaître la raison, vous éprouviez subitement une impression de connaître une vérité indéniable sans toutefois pouvoir expliquer comment vous avez ce sentiment d'exactitude. Ce phénomène s'explique comme suit. Au fil de vos incarnations vous avez amassé un impressionnant bagage de connaissances et d'expériences des plus diverses. Or, il est plus que possible qu'un élément déclencheur spécifique vous ait amené à vous *souvenir*, comme si un éclair de connaissance venait d'illuminer instantanément votre conscience avec une connaissance depuis longtemps oubliée et appartenant à un passé très lointain, remontant à une vie antérieure.

D'un point de vue pratique en magie, il est fort probable qu'un jour ou l'autre vous éprouviez une certaine impulsion vous guidant vers un acte quelconque, survenant même au beau milieu d'un rituel. Vous pourriez alors interpréter ce message comme quoi vous devriez agir en ce sens. À savoir si vous devez y donner libre recours, cela ne dépendra uniquement que de votre jugement le moment venu.

Comme vous venez de le constater, il est impressionnant de reconnaître à quel point l'intuition peut être le fruit de plusieurs facteurs différents. Quoi qu'il en soit, peu importe comment vous obtiendrez certaines révélations ou idées, tentez de toujours vous fier à votre intuition. En temps normal, les intuitions sont toujours de bons augures et devraient être écoutées.

La Foi

Le quatrième pouvoir des sorciers et sorcières repose sur la foi. Toute la force véhiculée lors des rituels et toute la puissance magique dont vous pouvez faire preuve dépendront largement d'elle. Peu importe que vous vous livriez à une simple incantation ou à une cérémonie des plus complexes, cela ne fait aucune différence. Une foi inébranlable que rien ni aucune puissance extérieure ne peut affecter est essentielle.

Si la volonté est synonyme de *vouloir*, la foi quant à elle signifie indubitablement *croire*. Retenez bien ceci : grâce à la foi, l'imagination est renforcée, car tout doute quel qu'il soit portera atteinte à sa réalisation. Je ne vous dirai jamais assez souvent que croire en vos capacités est plus qu'important ; cela est vital. Si vous ne pouvez avoir confiance en votre sorcellerie, alors qui le pourra ?

De plus, vous constaterez que la foi est notamment reliée à la visualisation, l'imagination et à la volonté. Car pour être en mesure de vous représenter un but précis lors d'un rituel afin de le concrétiser, vous devrez avant tout autre chose être en mesure de vous le représenter mentalement. Afin d'en être capable, vous devrez aussi vouloir que cette chose se produise, et, pour vouloir qu'un rituel soit efficace, il vous faut y croire de toutes ses forces ; croire en vous et en votre magie ; mais plus encore, croire hors de tout doute que ce que vous désirez obtenir se réalisera car telle est votre volonté.

Si vous ne pouvez avoir une foi à toute épreuve dans vos propres pouvoirs magiques, vous ne parviendrez jamais à atteindre l'état de conscience requis et l'intensité souhaitée pour pratiquer efficacement la sorcellerie. Dans un même ordre d'idées, si vous pratiquez un rituel magique simplement pour voir si cela fonctionne, alors c'est que vous doutez de son efficacité et, évidemment, il ne fonctionnera pas. L'une des plus grandes entraves à la réussite magique est le doute, *car le doute, c'est la faille*. Imprégnez bien ces mots dans votre mémoire, aujourd'hui et pour toujours.

En chassant le doute de votre esprit, en croyant que vous méritez ce que vous désirez obtenir par les pratiques magiques et en faisant preuve d'une foi inébranlable, vous serez alors en mesure de balayer toutes les embûches qui seraient sujettes de nuire à votre succès. Vous pourrez dès lors édifier en vous-même un moment de foi et cultiver cet état d'esprit. Votre foi, alliée à vos autres pouvoirs et compétences magiques, préparera le chemin de la réussite, secret du succès dans toutes les véritables actions de sorcellerie. Il est dit que la foi peut déplacer des montagnes, pensez-y...

La Méditation

La méditation est une technique que tous connaissent. Mais savez-vous exactement ce qui en découle à pratiquer un tel exercice? Il ne s'agit pas ici de simplement s'asseoir en position du lotus, les index contre les pouces pour verbaliser des *aum*. Certes, pour certaines personnes, ceci correspond à peu près à leur façon de faire. Évidemment, il doit exister autant de manières de méditer qu'il existe d'écoles de pensée. Pour ma part, je vais vous enseigner une méthode simple et très efficace en raison des résultats que vous serez bientôt capable d'obtenir avec un peu de pratique sérieuse.

La méditation est le procédé par lequel un praticien peut enter dans un état de passivité réceptive. C'est d'ailleurs l'une des méthodes par excellence pour se brancher sur les énergies Universelles et de la nature afin de les laisser affluer en vous. Les dividendes que vous pourrez escompter par la méditation sont les suivants : il vous sera donc possible de vous connecter sur les énergies Universelles en vous ouvrant tout grand à elles. De plus, en vous branchant sur ces énergies et en demeurant passif, sans forcer votre mental, lequel demeurera au point neutre, il vous sera possible de recevoir des informations ou d'obtenir des visions de toute sorte. Je connais pour ma part certaines personnes qui reçoivent une foule d'informations des plus formidables lorsqu'elles entrent dans un état de semi-transe méditative.

D'autres bénéfices peuvent être également attendus. Notons, par exemple, qu'un praticien de l'Art qui médite fréquemment deviendra beaucoup plus puissant. En effet, en contrôlant ainsi son mental, il ne sera jamais déconcentré lorsqu'il s'adonnera à la pratique rituelle. Son esprit sera pleinement aligné et concentré là où il se doit d'être et pas ailleurs. La méditation renforcera donc du même coup sa capacité de concentration et la puissance de sa volonté.

Cher sorcier ou sorcière, sachez simplement que le fait de méditer régulièrement vous apportera un état de béatitude. Vous serez en mesure de vous soustraire de votre vie de tous les jours et qui plus est, vous serez tout aussi capable d'entrer en contact avec les forces des Sphères supérieures, voire même directement avec le Dieu et la Déesse.

Parmi toutes les techniques de méditation, il en existe une que j'affectionne tout particulièrement et c'est celle-ci que je vais vous expliquer sans plus tarder. La véritable méditation consiste à pouvoir *dompter* son mental à un point tel qu'aucune pensée ne puisse se réaliser dans notre esprit ; il doit y régner que le vide le plus complet. Certes, de prime abord, vous pourriez avoir tendance à dire qu'il est facile de ne penser à rien, mais en fait, c'est un exercice passablement difficile à maîtriser, surtout si vous êtes débutant en la matière.

Si désiré, placez-vous derrière votre autel et allumez une à trois chandelles. Faites brûler un encens de qualité comme la rose ou l'oliban. Je vous invite à vous référer au chapitre traitant des encens et compositions végétales pour savoir quel sera celui que vous pourriez utiliser pour obtenir les meilleurs effets au point de vue du taux vibratoire.

Prenez maintenant une position confortable de manière à pouvoir oublier votre corps physique pour le temps de cette pratique et fermez les yeux. Détendez-vous et essayez de vider votre esprit en totalité et chassez toutes les pensées ou les images mentales que vous pourriez avoir en ce moment. Concentrez-vous sur la noirceur, sur ce sentiment de vide et de silence. Ouvrez votre cœur et votre esprit sur les Sphères supérieures ; branchez-vous sur la magnificence de l'Univers. Demeurez ensuite dans cet état le plus longtemps possible. Ceci consiste en la technique de base de la méditation. Employez-la le plus souvent qu'il vous sera possible de le faire.

Évidemment, vous êtes un sorcier ou une sorcière, et donc, vos possibilités ne s'arrêtent pas là. Si vous désirez utiliser la méditation pour obtenir un effet beaucoup plus précis, comme recevoir des réponses à un sujet donné, lorsque vous serez centré, soit au moment d'ouvrir votre cœur et votre esprit, concentrez-vous sur le sujet ou la question de votre choix pendant quelques minutes, puis laissez aller tout simplement. Vous pourrez ainsi simplement donner le ton à votre méditation pour ensuite laisser le cours des choses s'ensuivre de lui-même. Si vous y mettez de l'implication et du sérieux, vous obtiendrez incessamment les résultats que vous désirez obtenir.

Le Sens du Mystère : le Silence

Le dernier pilier de la sorcellerie, et non le moindre, est le sens du mystère que l'on peut aussi interpréter par le silence ou encore, le secret. Le savoir est synonyme de puissance. Lorsque nous connaissons les fondements d'une certaine chose, dans un champ d'expertise donné, alors nous détenons aussitôt un certain pouvoir sur celle-ci. Or, si la connaissance est synonyme de puissance, partager et informer autrui sur ses actions en magie, c'est en perdre.

Il y a de nombreuses raisons pourquoi vous devriez toujours tenir vos actions magiques sous le sceau du secret et agir plutôt de façon clandestine. Non pas que pratiquer la sorcellerie soit mal, bien au contraire ! Mais à la lumière de ce qui suivra, vous comprendrez facilement mon point de vue à ce propos.

La première raison, comme je viens de vous le mentionner, est que si vous informez votre entourage sur vos pratiques magiques, ces dernières risqueront de perdre de leurs effets ou tout au plus, elles en seront compromises et diminuées. Si quelqu'un apprend que vous allez pratiquer un rituel pour telle ou telle cause, l'idée (l'énergie sur le plan mental) qui a enclenché ce désir d'accomplir le rituel en question commencera à se propager et se disperser tout autour de vous dans l'esprit des personnes à qui vous en aurez parlé. À ce moment précis, la puissance de vos actes de sorcellerie viendra d'être dilapidée inutilement. L'énergie qui se prépare à se manifester sur le plan physique aura été absorbée par toutes les personnes au courant. Quelle en sera la résultante ? Si une personne quelconque, même un ami très proche de vous en qui vous avez confiance (mais qui ne partage pas vos croyances) en vient à être au courant que vous allez prochainement passer à l'action, il pourrait, hélas, être déjà trop tard.

Vous devez également considérer l'action de la pensée. La pensée, comme vous le savez, peut être créatrice tout comme destructrice. La pensée est donc, du point de vue magique, une forme d'énergie qui peut entraîner des résultats qui finiront tôt ou tard par se manifester. C'est alors que si une ou plusieurs personnes connaissent vos actions, si ces dernières décident de s'en mêler, ne serait-ce que de penser : *'Il n'y arrivera pas avec sa magie, cela ne fonctionne pas.'* Une telle pensée orientée directement contre vous, même si cette dernière peut sembler anodine, entraînera un effet contraire qui se répercutera dans l'Univers et qui viendra assurément compromettre vos chances de réussite.

Élaborer un rituel magique demande une certaine dose d'énergie et met aussitôt en mouvement le mécanisme du pouvoir créateur de la pensée, car après tout, pour vous décider à passer à une action de sorcellerie, tout a débuté par une idée, un désir ou une pensée. Vient ensuite le moment de passer à l'acte magique. Le rituel déploiera une forte dose d'énergies occultes qui seront orientées vers le but ultime du rituel. Ensuite, ces énergies mises en branle par votre magie arriveront éventuellement à manifestation. Si dans le déroulement d'une action magique une personne en venait à créer, même à son insu, des pensées contraires à votre désir, et donc, des énergies néfastes qui contribueraient à bloquer ou ralentir momentanément le libre passage votre puissance magique, votre rituel risquerait de ne pas apporter tous les effets souhaités ; l'impact de votre magie en serait diminué. À cet effet, tout est une question d'énergies. Le flot d'énergies déployées par un rituel magique risquerait de perdre des plumes s'il rencontre des énergies contraires en cours de route.

Évidemment, vous avez quand même le droit de parler de vos actions magiques si vous croyez que les personnes à qui vous confierez le secret sont dignes de confiance et qu'elles n'iront pas vous mettre des bâtons dans les roues. Je ne peux que vous recommander la prudence. Il n'en tiendra qu'à vous de voir si vous désirez mettre toutes les chances de votre côté ou non. Par ailleurs, les sorcières disent souvent qu'après avoir pratiqué un rituel, il est préférable de ne plus y penser et de le laisser agir par lui-même. Ma dernière recommandation serait donc d'attendre que vous obteniez le résultat de votre sorcellerie avant de songer à en parler. Une fois l'action obtenue, vous serez à l'abri des pourparlers.

Le 10e principe fondamental de la sorcellerie vous offre également une autre bonne raison de conserver le mystère sur vos faits et gestes. Ce principe indique : *Ne divulgue point tes connaissances et ton savoir à ceux qui ne sont pas prêts à l'entendre, car agir ainsi serait identique à prononcer de fausses vérités.*

Ce que cela veut dire c'est que vous, personnellement, possédez certaines connaissances en magie blanche, et qui plus est, lorsque vous aurez terminé la lecture de cet ouvrage, vous en posséderez combien davantage. Mais comme toute personne est unique, vous devez comprendre que ce n'est pas tout le monde qui partage votre passion pour la magie.

Tous ne font pas preuve d'une ouverture d'esprit pour comprendre et appliquer les Lois Universelles, Cosmiques et spirituelles.

Il est plus que certain que tôt ou tard vous aurez envie de sortir de votre solitude et d'échanger vos opinions sur la sorcellerie avec d'autres. Ne serait-ce que pour chercher des réponses à vos questions ou, mieux encore, trouver des partenaires, des sorciers et sorcières avec qui vous pourriez travailler conjointement. Bref, pour ne pas avoir à vous justifier sans cesse et porter un fardeau tel un sac de briques, évitez donc de transmettre vos connaissances aux personnes que vous ne jugerez prêtes et aptes à recevoir de telles informations. N'essayez pas de convaincre les faibles d'esprit que vous avez raison, vous perdrez inutilement votre temps et vos énergies. Si l'occasion se présente, ne dite mot et sachez reconnaître dans votre for intérieur que tous ne sont pas rendus au même niveau d'évolution spirituelle. Lorsque ces personnes décideront enfin de s'éveiller et de passer, tout comme vous, à un niveau de conscience supérieur, alors ils viendront vers vous, mais pas avant.

La Puissance du Verbe & des Incantations

Pour réussir adroitement une opération de sorcellerie, vous devrez presque toujours pouvoir fondre tous vos pouvoirs de sorcière en un seul éclair que vous projetterez ensuite droit au but. Vous devrez allier votre volonté à votre force créatrice de l'imagination et de la visualisation, le tout étant fortifié par votre volonté et votre foi inébranlable que vous allez réussir à obtenir ce que vous désirez. Il ne vous restera plus qu'à y inclure la puissance de verbe et de l'incantation et votre magie sera complète.

Le verbe utilisé en sorcellerie se nomme l'incantation. Si la pensée est capable de produire des effets admirables et de créer des manifestations, le verbe l'est tout aussi. Reste à comprendre comment employer ce dernier à vos propres fins personnelles. Sachez en premier lieu que verbaliser consciemment une phrase spécifique aura un grand impact dans l'invisible et les plans subtils. C'est pourquoi les sorciers et les sorcières dignes de ce nom savent qu'il ne faut jamais prononcer des impuretés à tort et à travers, car la parole est bel et bien une forme d'énergie et cette énergie peut être créatrice comme destructrice.

Dans la forte majorité des cas, les praticiens et praticiennes de la magie blanche jumelleront à leurs pouvoirs magiques la puissance du verbe faite de mots consacrés qui constitueront l'incantation à prononcer lors des rituels. En appliquant le 9e principe de la sorcellerie, soit le verbe créateur, vous constaterez que vous disposerez de tous les outils nécessaires pour accomplir toutes vos expérimentations occultes et vos charmes magiques.

Lorsqu'une sorcière s'aligne convenablement sur la fréquence propice lors d'un rituel, lorsqu'elle emploie ensuite, par surcroît, la puissance du verbe et de l'incantation afin de construire un vortex d'énergies qui seront associées à la nature même du rituel en question, elle déclenchera un mécanisme délicat qui manifestera sa volonté en faits. Une force occulte sera lancée dans l'Univers et celle-ci n'aura d'autre choix que d'accomplir ce pourquoi elle fut destinée. Cependant, prenez dès lors garde à la Loi du Triple Retour, car si cette force ne rencontre sa cible, elle vous reviendra aussitôt.

Or, les incantations servent à plusieurs effets. Premièrement, comme je viens de vous le démontrer, une incantation est le reflet de votre volonté ; cette dernière peut produire une force subtile très puissante lorsqu'elle est prononcée convenablement et non à la légère. Il faut y croire ! Mais plus encore, psalmodier une phrase spécialement conçue encore et encore, comme un mantra, vous permettra également d'intoxiquer et altérer votre conscience du moment pour vous aligner sur les ondes spécifiques d'une énergie donnée. Si, par exemple, vous pratiquez un rituel pour les causes amoureuses, répéter une incantation sans arrêt vous transportera dans une tout autre atmosphère ; vous serez à même de vous brancher sur les énergies propices à l'amour et, de ce fait, vos pratiques rituelles en seront tout simplement décuplées. Je donne ici un exemple simpliste pour l'amour, mais ce principe est applicable pour toutes les actions de sorcellerie, quelles qu'elles soient.

L'incantation idéale est celle qui détient un certain rythme. La majorité des sorcières trouvent qu'il est essentiel que celle-ci puisse comporter des rimes et c'est pourquoi elles estiment que leurs incantations doivent être construites en appliquant cette nécessité. Effectivement, vous remarquerez qu'en utilisant des vers rythmés, ceux-ci auront un certain impact sur votre psyché car ils seront en mesure d'atteindre la profondeur de votre esprit. En voici un exemple :

> *Je demande la protection Solaire,*
> *Des Chevaliers de Lumière.*
> *Je chasse ainsi toute confusion,*
> *Pour laisser place à la protection.*
> *Les ombres sont choses du passé,*
> *Car il en est de ma volonté.*

Voici un second exemple tiré d'un ouvrage de Papus et rapporté par Eliphas Lévi :

La prière du sel

Sel blanc, sel mouvant, sel amer
Comme l'écume de la mer,
Je te prends et je te conjure
De me conserver sans souillure ;
Sel de sagesse, en toi je crois
Avec la vertu de la croix,
Sel du salut, sel du baptême,
Avec la vertu de Dieu même,
Loups, obéissez à la croix ;

Serpents, fuyez devant la croix ;
Lions d'enfer, lutins et faunes,
Esprits follets, esprits des aulnes,
Démons du soir, démons du bruit
Et Lavandières de la nuit,
Filandières du clair de lune,
Bergers de mauvaise fortune,
Obéissez au sel béni
Par la vertu d'Adonaï.

Amen

Vous voyez, en plus d'être rythmés et efficaces, l'emploi des vers est tout aussi esthétique. Lorsque vous serez amené à composer vos propres incantations rituelles, il est certain que vous aurez à y mettre un peu d'effort, mais ces efforts sauront vous récompenser, car toute énergie que vous déploierez en vue d'un rituel pourra être utilisée afin que celui-ci se manifeste. Effectivement, les énergies que vous accumulerez et lancerez dans l'Univers au moment ultime d'une action de sorcellerie commenceront à être emmagasinée dès vos premières intentions ainsi que lorsque vous construirez vos incantations.

DEUXIÈME PARTIE

Les Préparations Préliminaires

Choisir son Nom de Sorcier et de Sorcière

COMME vous voilà maintenant un sorcier ou une sorcière en devenir, la première étape que vous devrez entreprendre avant d'aller plus loin sera de choisir votre nom magique. En appliquant soigneusement les six règles qui constituent les piliers de la sorcellerie, soit en développant les six pouvoirs des sorcières, le tout jumelé au respect des 20 principes fondamentaux que nous avons vus ensemble précédemment, quelque chose de nouveau a lentement germé en vous. Vous avez commencé à développer votre propre personnalité magique.

Certains diront qu'adopter un nom de sorcier ou de sorcière est futile et non nécessaire. Je suis d'accord avec cela. Il n'est pas totalement exigé d'en posséder un. Par contre, sachez que choisir un nom de sorcier(ère) peut être autant agréable qu'important, d'un point de vue psychologique et occulte. Je m'explique.

Le nom magique a pour but de définir la personnalité occulte du praticien de l'Art. Adopter un nom de sorcier ou de sorcière vous représentera, vous, en tant qu'individu unique pratiquant la magie blanche. En d'autres termes, si vous aviez à vous définir en un seul mot, pour toutes vos qualités et pouvoirs de sorcier ou sorcière, votre *motto* ou nom magique en serait la juste et parfaite définition. L'acte de se baptiser par un nom spécialement choisi pour pratiquer la sorcellerie fera en sorte que vous puissiez plus facilement vous détacher de votre personnalité de tous les jours. Lorsque vous revêtez vos habits cérémoniels et pénétrez dans votre cercle magique, vous n'êtes plus untel ou unetelle, fils ou fille d'untel ou d'unetelle. Non, vous devenez soudainement Apollonius ou Amaethon le sorcier, Inanna ou Mélusine la sorcière !

Dans votre quotidien, vous êtes peut-être une étudiante, un commis de bureau ou un informaticien. Peu importe. Car lorsque viendra le temps de vous adonner à votre Art, vous devrez mettre toutes ces considérations de côté pour vous détacher complètement de la personne que vous êtes et que les autres connaissent. Vous oublierez aussitôt tous vos tracas et obligations quotidiennes en revêtant une tout autre identité ; le sorcier ou la sorcière que vous êtes véritablement.

Votre nouveau nom devra avant toute autre chose exprimer des objectifs ou des qualités que vous recherchez à acquérir en tant que praticien de la magie blanche. Alors, quel nom choisir au juste ? À vous la personnalité, à vous le choix. Je ne vous donnerai pas d'exemples de noms magiques car je tiens absolument à ce que votre choix demeure personnel et que ce dernier ne soit pas influencé par quiconque, ni même par moi. Vous pouvez notamment vous laisser inspirer des mythes et légendes, par l'antiquité ou, encore, par votre signe du zodiaque, votre planète de naissance et les histoires qui les entourent.

Pour vous aider à trouver plus facilement votre nom magique, je mets ici à votre disposition ce petit procédé de numérologie. Vous pourrez par exemple additionner les nombres correspondant aux lettres de votre nom et prénom afin d'obtenir une valeur numérique, laquelle pourra ensuite être attribuée à de nombreuses correspondances. Utilisez le schéma suivant pour faire vos propres essais.

1	2	3	4	5	6	7	8	9
A	B	C	D	E	F	G	H	I
J	K	L	M	N	O	P	Q	R
S	T	U	V	W	X	Y	Z	

Une fois que vous aurez obtenu le nombre total, employez ce que l'on nomme la *réduction théosophique*. Cette technique consiste à réduire le nombre trouvé à sa plus simple expression, et ainsi de suite, jusqu'à ce qu'il soit égal ou inférieur au nombre neuf. Voici un exemple avec mon propre nom dont le résultat sera le chiffre quatre.

MARC		ANDRÉ		RICARD
4+1+9+3	+	1+5+4+9+5	+	9+9+3+1+9+4
(17)		(24)		(35)

$$17 + 24 + 35 = 76$$
$$7 + 6 = 13$$
$$1 + 3 = 4$$

Nombre obtenu après réduction théosophique : **4**

Si nous regardons certaines correspondances astrologiques et kabbalistiques, nous découvrons alors que le nombre quatre correspond à la planète Jupiter et à la Séphira Chesed.

1. Akâsha — Kether
2. Zodiaque — Hochmah
3. Saturne — Binah
4. Jupiter — Chesed
5. Mars — Geburah
6. Soleil — Tipheret
7. Vénus — Netzah
8. Mercure — Hod
9. Lune — Yesod

Il ne restera plus qu'à consulter des ouvrages traitant de kabbale ou d'astrologie et de mythologie afin de trouver des noms correspondant aux associations reliées à cette Séphira ou, encore, reliés à la planète ainsi que tous les noms légendaires qui lui sont attribués. Si cette méthode ne vous convient toujours pas, alors inventez-en un par vous-même ! Oui, effectivement, votre nom magique peut tout aussi bien être le fruit de votre seule imagination. Mais quoi qu'il en soit, retenez qu'il devra toujours évoquer dans votre esprit cette sensation d'inconnu, ce sentiment de puissance magique et de sagesse. Car en fait, le nom magique pourra également être employé en tant que mot de puissance ; votre puissance personnelle en tant que praticien de l'Art Blanc. Il deviendra incessamment l'une des clés de votre psyché profonde lorsque vous l'utiliserez à cette fin. En le prononçant à voix haute ou silencieusement, il vous sera d'une aide appréciable pour mettre en branle votre puissance magique et pour vous aligner sur les ondes propices à un rituel. Ainsi, vous pourrez à votre guise ajuster certains rituels en ajoutant une partie spéciale en conséquence de votre mot de pouvoir afin d'évoquer et stimuler votre propre force personnelle.

On m'a déjà demandé, pour ne pas dire souvent, s'il était possible de changer de nom magique au cours des années, lorsque ce dernier vient à nous sembler désuet. Sachez qu'un nom magique symbolise votre personnalité de praticien et que celle-ci peut effectivement changer. Certains stipulent qu'un nom magique devrait changer aussi souvent qu'un nouveau but magique est atteint. Toutefois, je ne recommande pas de changer de nom car il aura fallu du temps et des efforts pour déterminer et choisir ce dernier, en plus de toute la signification et la force que celui-ci aura emmagasiné en tant que nom de pouvoir. Si par contre vous êtes véritablement résolu à changer votre nom, faites-le mais retenez qu'il vous faudra du temps pour que celui-ci devienne aussi puissant que votre précédent.

Je me dois de vous recommander, avant de clore ce chapitre au sujet des noms magiques, que celui-ci fera partie intégrante de votre personnalité de sorcier ou de sorcière, et donc, en conséquence, que vous ne devriez pas le choisir à la hâte. À partir d'aujourd'hui, prenez tout le temps nécessaire pour réfléchir à votre futur nom. Le jeu en vaut grandement la chandelle.

L'Alphabet des Sorcières

Il existe en magie une multitude de caractères spéciaux et d'alphabets utilisés par de nombreux praticiens dans la mise en application de leur Art. Parmi ceux-ci, nous retrouvons les runes d'Honorius, plus communément désignées sous le nom de l'alphabet thébain. Ce sont ces caractères magiques que vous utiliserez tout au long de vos pratiques de magie blanche.

Une majorité de sorciers et sorcières estiment que ce type d'écriture remonte à plusieurs milliers d'années. D'autres s'entendent pour dire qu'il s'agirait d'une forme de symboles ayant un rapport avec l'écriture énochienne. Pour ma part, je ne partage pas cette dernière opinion, mais, quoi qu'il en soit, cet ancien alphabet remonte à très loin dans un passé oublié. Il est plus que probable qu'il soit un vestige d'une époque très reculée.

Vous utiliserez donc ces runes pour tous vos besoins d'écriture, que ce soit pour transcrire des incantations ou lors de la confection de charmes et talismans, ainsi que pour écrire votre nom magique sur vos outils lorsque vous serez rendu à l'étape de les fabriquer en vue d'un emploi fréquent lors de vos pratiques de sorcellerie.

Par ailleurs, j'aimerais vous faire remarquer qu'il n'est pas nécessaire d'apprendre cet alphabet magique par cœur, sauf que si vous vous donnez la peine de l'étudier et de l'assimiler, vous aurez beaucoup plus envie de retranscrire de longues incantations avec ce type d'écriture. Or, si vous avez un compagnon de magie avec qui vous pouvez vous entraîner, exercez-vous tous deux à vous écrire mutuellement de courtes phrases pour essayer de les lire correctement par la suite, sans avoir recours au tableau suivant. De cette manière, vous ferez des progrès à pas de géant tout en joignant l'utile à l'agréable.

Finalement, entre autres utilités, comme ces runes sont réservées spécifiquement aux sorcières, si jamais, pour une raison quelconque, quelqu'un venait à découvrir votre matériel magique, vous auriez au moins l'assurance que vos écrits ne seront pas compromis et dévoilés au grand jour. À cet égard, vos secrets seront protégés et sauvegardés. Effectivement, vous constaterez combien il est facile de dissimuler et occulter des informations grâce à cet alphabet.

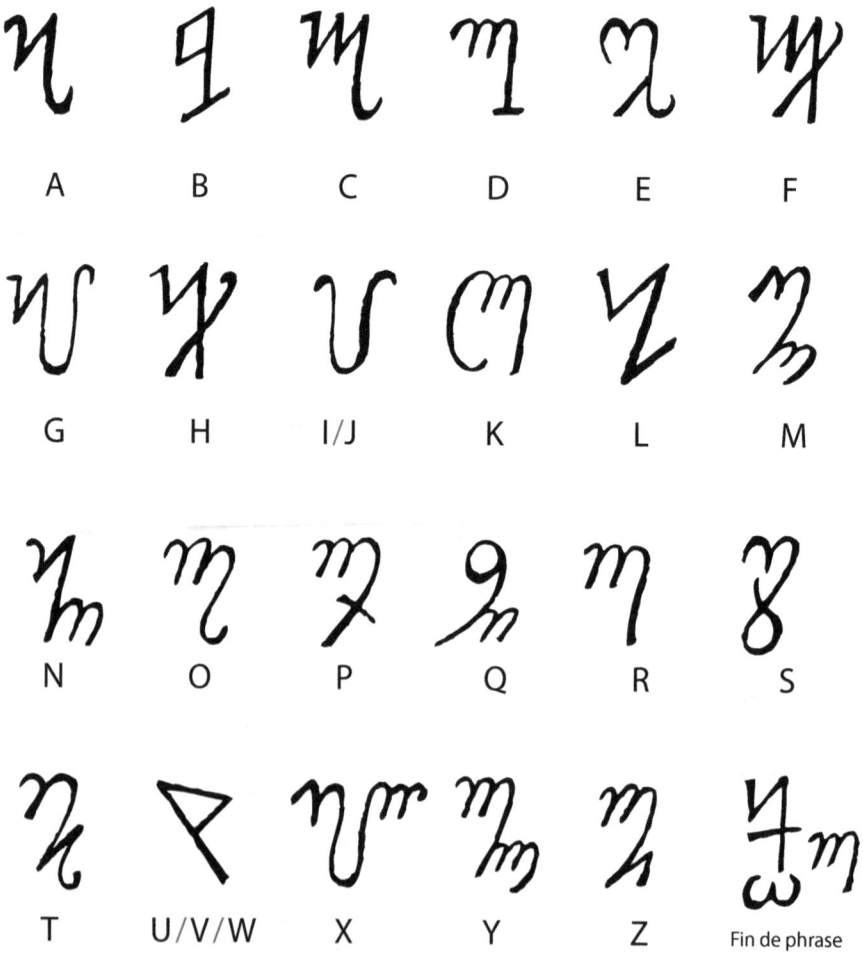

L'Alphabet des Sorcières

Les Habits Cérémoniels

Nous voici maintenant arrivé à l'un des sujets les plus controversés dans le domaine de la sorcellerie. Nombreuses sont les sorcières qui affirment qu'il est essentiel de suivre la tradition à la lettre et d'opérer la magie complètement nu. La raison qui explique cela se trouve dans la pensée qu'un vêtement pourrait contraindre ou même stopper l'émergence des pouvoirs magiques du praticien. Évidemment, vous comprendrez que de réfléchir de la sorte n'a aucun sens. Le pouvoir des sorcières n'est pas tangible, il est invisible et intemporel ; il s'agit d'une force intérieure. Comment alors un vêtement pourrait-il freiner une action magique ? Il ne le peut tout simplement pas. Oui, évidemment, un vêtement inconfortable pourrait cependant venir à bout de vous importuner et de vous déconcentrer.

Mis à part un certain passage dans la *Charge de la Déesse* associant la nudité à la liberté, il y aura, somme toute, une poignée de puristes pour affirmer qu'étant donné que la sorcellerie est un retour aux sources de la nature et des énergies Universelles, le fait d'opérer complètement dénudé symbolise tout simplement l'être humain dans son humble aspect originel le plus simple et le plus pur, tel que la nature l'a conçu. Ce sont les seules raisons qui, à mon avis, pourraient suggérer de pratiquer la magie nu comme un ver.

Quoi qu'il en soit, dans un contexte moderne, la majorité des sorcières se penchent plutôt vers le port de la robe ou du tabard. De confection simple et ample, de façon à ne pas obstruer les mouvements, ils semblent beaucoup plus appropriés. De plus, juste le fait de revêtir votre robe à chaque fois que vous vous apprêterez à procéder à un acte de sorcellerie, celle-ci servira de stimulant psychologique visant à vous plonger dans l'état d'esprit requis pour vos opérations magiques. Voilà la véritable raison d'être de l'habit cérémoniel.

Comme je le mentionnais, certains voudront à tout prix suivre la tradition et se dévêtir. D'autres opteront pour la robe cérémonielle. Finalement, ceux qui restent ne choisiront ni l'une ou l'autre de ces options et conserveront leurs vêtements de tous les jours. De grâce, ne vous empêchez pas de pratiquer la magie blanche parce que vous ne possédez pas encore votre habit cérémoniel. Je me suis fait souvent questionner à ce propos ; à savoir s'il était obligatoire de se confectionner ce type de vêtement magique. Non, la robe ou le tabard est superflu. Sachez que rien n'est, pour ainsi dire, obligatoire en magie. En conséquence, pratiquez toujours la magie blanche avec ce sentiment profond de liberté. Je ne suis pour vous qu'un guide et je vous dévoile les véritables procédés. Il n'en tient qu'à vous de suivre mes conseils ou de faire ce qui vous plaît. Ce qui demeure important c'est que vous soyez confortable avec vos choix personnels. Souvenez-vous des paroles de la sorcière ; si cela vous semble juste, alors cela doit forcément être bon pour vous.

Il serait une bonne idée d'être toujours propre avant d'endosser votre robe magique et de vous présenter devant votre autel sacré. Par propreté, nous comprenons évidemment qu'il est question d'avoir purifié son corps physique et psychique au préalable afin de ne pas entacher votre vêtement rituel par de mauvaises vibrations. À ce sujet, il existe dans certains livres de Magie Cérémonielle, tel que *La Clé du Roi Salomon*, des façons très précises et rituelles pour se préparer de corps et d'esprit avant de revêtir les robes magiques. En ce qui nous concerne, un bain magique ou, à tout le moins, une douche rapide, mais consciente, fera amplement l'affaire. Rapportez-vous au chapitre des bains magiques pour tous les détails quant à ces techniques.

Ayant maintenant clarifié le sujet, il ne vous reste plus qu'à savoir comment confectionner votre robe rituelle. Je ne vous conseille pas de l'acheter, mais plutôt de la fabriquer vous-même. Vous verrez, si vous avez le moindrement de facilité à utiliser une machine à coudre, vous trouverez cela fort agréable en tant que futur projet à réaliser.

Pour ceux et celles qui désirent y aller dans la simplicité, optez alors pour un simple tabard. Sous sa forme la plus rudimentaire, cette robe constitue tout bonnement en une longue pièce de tissu pliée en deux comportant une ouverture pour la tête et les bras, comme un poncho dont les côtés auraient été cousus jusqu'en bas. Si au contraire vous vous sentez d'attaque, allez-y alors pour la robe Tau. Comme son nom l'indique, elle possède la forme d'un 'T' allongé. Cette dernière est la plus couramment portée par les praticiens de l'Art ; autant pour les sorcières que les magiciens pratiquant la Magie Cérémonielle.

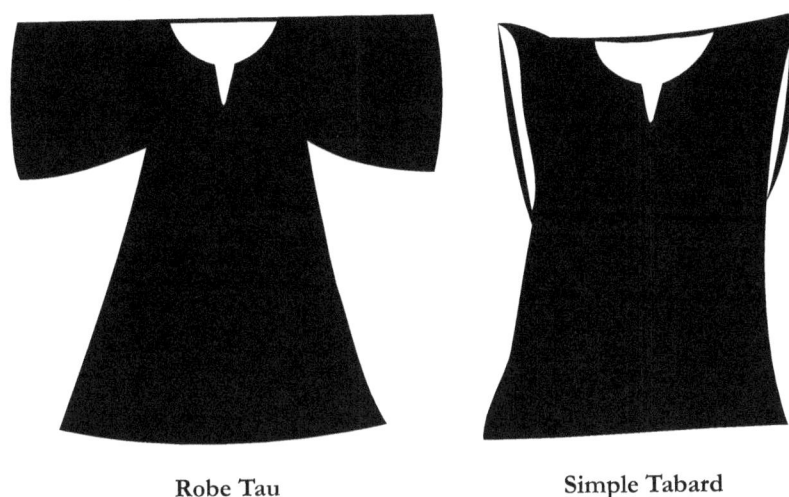

Robe Tau **Simple Tabard**

Plus vous y mettrez du vôtre, plus vous serez satisfait du résultat obtenu. Si désiré, vous pouvez également ajouter un capuchon afin d'obtenir plus d'impersonnalité lors de vos rites. Cela est encore une fois laissé à votre entière discrétion.

En dernier lieu, à savoir de quelle matière votre future robe magique sera confectionnée ou de quelle couleur devrait-elle être, il n'en tiendra qu'à vous. Évidemment, les habits traditionnels seront faits de blanc universel ou de noir ; le choix favori de tous. Si par contre vous avez envie d'y mettre un peu plus de couleurs, alors faites ! Il n'y a aucune règle à suivre dans ce domaine.

Lorsque vous aurez terminé votre robe, vous pourrez alors broder sur l'ourlet ou au niveau de la poitrine votre nom de sorcier ou sorcière, en utilisant l'alphabet thébain. Vous pourrez même y ajouter d'autres symboles magiques de votre choix. Comme ce vêtement vous est des plus personnels ; il convient donc de le décorer à votre image selon votre intuition et vos propres goûts. Lorsque vous porterez votre robe, vous utiliserez la corde que l'on nomme *cingulum* pour cintrer votre taille. Nous y reviendrons bientôt dans le chapitre traitant des outils magiques.

Rangez toujours votre robe ou tabard dans un endroit à l'abri des profanes et évitez, autant que possible, que celle-ci n'entre en contact avec des mains étrangères. Ce vêtement est pour vous, et vous uniquement. Pour terminer, une dernière remarque s'avère nécessaire. Ne portez jamais ce vêtement lors d'activités mondaines. Ne l'endossez seulement que lorsque vous passerez à une action magique et jamais en aucune autre circonstance.

Les Bijoux Personnels des Sorcières

Avant d'aller plus en profondeur, j'aimerais vous mentionner dès le départ que ce chapitre est tout à fait facultatif. Vous n'êtes pas obligé d'aucune manière de suivre les explications suivantes, ni de les appliquer. Par contre, si vous désirez suivre quelque peu la tradition, ce qui suit pourra alors s'avérer intéressant et vous convenir d'une façon quelconque.

Plusieurs sorciers et sorcières estiment qu'il existe des raisons pratiques de porter des bijoux lorsqu'une personne s'adonne à la sorcellerie. Certains accorderont, entre autres, un pouvoir de fascination à leurs joyaux, leur permettant, de ce fait, d'obtenir une certaine influence indicible sur les personnes qu'elles côtoient dans leur quotidien. Par fascination, il faut comprendre un effet de stupéfaction et de charme hypnotique ; fasciner au sens de subjuguer autrui par la complexité et la bizarrerie de ce type d'artifice.

Par ailleurs, la croyance veut également que ces bijoux possèdent des pouvoirs magiques en tant qu'accumulateur de puissance occulte lorsqu'ils sont régulièrement portés en guise d'objets talismaniques, d'amulettes ou de porte-bonheur. Évidemment, cela peut être des plus véridiques si un bijou, notamment une bague, un anneau, un bracelet ou encore un pendentif fut consciemment créé et chargé par une technique spécifique et appropriée.

Quoi qu'il en soit, vous possédez sûrement en ce moment des ornements personnels que vous chérissez grandement et que vous portez régulièrement. Peut-être avez-vous aussi accordé certaines vertus à vos bijoux, comme la chance, la bonne fortune ou la protection. Bref, nous allons maintenant voir ensemble certains articles que portent les sorcières. Ensuite, si le cœur vous en dit, vous pourrez toujours en faire de même.

Le bracelet

Le bracelet est considéré par les sorcières traditionnelles comme un symbole de reconnaissance entre les poursuivants de l'Art Blanc. Par ce moyen simple, elles savent qui sont des leurs et qui partage cette voie magique et spirituelle. Imaginez, si tous les sorciers et sorcières en portaient un, il vous serait tellement facile de savoir qui partage votre idéologie et vos principes sacrés de vie magique. Il vous serait d'autant plus aisé de sortir de l'anonymat et de l'isolement de la voie solitaire dont fait partie la grande majorité des praticiens et praticiennes.

De fabrication simpliste, parfois même grossière, le bracelet est généralement constitué de métal, soit de cuivre ou encore d'argent. En temps normal, les inscriptions que l'on grave dessus sont le nom magique du porteur, le symbole correspondant à la cellule dont il fait partie, soit son couvent ainsi que son grade. Évidemment, comme je sais que vous êtes pour la plupart une sorcière œuvrant en solitaire, votre bracelet pourrait simplement comporter les runes qui constituent votre nom magique, de même que des symboles personnels comme votre signe astrologique, une devise latine ou provenant d'un langage magique tel l'Énochien, par exemple : *Oma Iadnah*, signifiant 'comprendre la connaissance', etc.

Si un jour vous décidez vous-même de former votre propre couvent de sorcières, retenez qu'une certaine uniformité sera souhaitable, autant pour les habits cérémoniels que pour les bracelets.

Les bagues et anneaux

Les bagues et les anneaux sont très communs chez les sorciers et sorcières. Certains apprécieront que ceux-ci soient des plus bizarres ou complexes et autant ornés de pierres précieuses ou semi-précieuses afin d'apporter sur leur personne une aura de mystère et d'inconnu. Tout comme pour le bracelet, une majorité y graveront leur nom magique, tandis que d'autres opteront pour des runes ou tout autre symbole de pouvoir. Les praticiens de l'Art portent également une attention particulière au métal utilisé en raison de ses correspondances et propriétés quant aux influences qu'ils peuvent apporter. Consultez au besoin le chapitre traitant des correspondances pour connaître ces dernières.

Il est dit que les bijoux métalliques freinent la conductivité des forces occultes déployées lors des rituels. À ce propos, plusieurs observeront rigoureusement cette règle et enlèveront tout objet de métal sur leur personne avant de pénétrer dans le cercle magique. Si vous croyez que cela a du sens, alors faites-le. Toutefois, il est de mon avis que ceci ne tient pas debout et personnellement, mes pratiques rituelles n'ont jamais été amenuisées d'aucune façon parce que je portais des bagues ou tout autre ornementation.

Le pendentif

Le pendentif est probablement le plus apprécié de tous les praticiens de l'Art. Généralement il s'agira d'un pentagramme, l'étoile à cinq branches – symbole magique par excellence. Il peut cependant aussi être constitué d'une pierre précieuse ou semi-précieuse enchâssée dans une petite monture métallique. N'hésitez pas à consulter un ouvrage traitant des propriétés des pierres pour déterminer les influences dont vous aimeriez profiter si votre choix s'arrête sur le port d'une pierre en guise de pendentif ou d'amulette.

Tous ces bijoux devraient idéalement être exorcisés puis spécialement consacrés à votre façon lors d'une lune croissante avant que vous puissiez les porter et bénéficier de leurs influences. Vous pouvez procéder à cet acte dédicatoire pour toutes vos ornementations, une à la suite de l'autre.

Les Outils Magiques de la Tradition

Voici venue la partie la plus intéressante de toutes les préparations préliminaires. Afin d'être en mesure de mener à bien toutes vos opérations magiques de sorcellerie, vous devrez tôt ou tard disposer d'un ensemble complet d'outils spécifiquement préparés pour vos pratiques rituelles. Nous verrons quels sont les instruments magiques principaux de la tradition Wicca auxquels vous devrez, dans un premier temps, vous familiariser, et, éventuellement, vous procurer et consacrer dans un avenir prochain.

Ceci dit, en faisant quelques recherches sur la magie, vous constaterez qu'à peu près toutes les disciplines ésotériques font état de tout un arsenal d'instruments. La raison d'être de ces outils magiques s'explique facilement ; ils sont en fait les véritables auxiliaires des sorcières et des magiciens. Ceux-ci servent à emmagasiner, manipuler et diriger plus adéquatement les énergies élémentales et subtiles manifestées lors des rituels et des cérémonies.

On y retrouve, entre autres utilités, des instruments dédiés à représenter et invoquer les forces des quatre Éléments, soit ; la Terre, l'Eau, l'Air et le Feu. À ces derniers, un cinquième pourrait être nommé, l'Élément Esprit ou Akâsha. Ces Éléments ont une place très prisée en magie car ils constituent les forces primordiales de toute forme de vie dans l'Univers et surtout, de la Terre-Mère. Sans l'apport de ces forces élémentales, rien ne pourrait exister. Voilà donc pourquoi les praticiens de la magie blanche les honorent et leur rendent grâce quotidiennement ; ils reconnaissent la fonction et l'importance de ces énergies Cosmiques.

Par ailleurs, il en va de ceux, tout comme moi, qui croient que les outils magiques sont, à proprement parler, facultatifs, en ce sens que la véritable puissance magique ne provient de nulle part ailleurs que de vous-même ! Un mage expérimenté serait donc en mesure de s'en passer s'il le désirait. À ce propos, je me dois de vous formuler la remarque suivante afin de m'assurer qu'elle s'imprègne bien dans votre conscience, aujourd'hui et à jamais :

Les outils magiques sont là pour vous aider et vous assister dans vos tâches à manipuler les forces invisibles de la nature. Bien que ces instruments possèdent des qualités et des propriétés qui leur sont propres, n'oubliez jamais que ce ne sont pas les outils qui produisent les résultats, c'est vous et nul autre que vous-même en appliquant les six pouvoirs magiques des praticiens blancs ;

LA VÉRITABLE PUISSANCE MAGIQUE EST EN VOUS !

Je me devais de vous en faire part, car mon expérience personnelle m'indique qu'une forte majorité de personnes mal informées croient à tort que posséder tous les outils magiques fera d'eux de puissants sorciers ou sorcières, même s'ils ne mettent pas en application les six pouvoirs fondamentaux de la magie blanche. Vous comprendrez évidemment qu'un tel raisonnement ne peut qu'être faux.

Certes, vos outils magiques seront inévitablement de puissants alliés seulement, et à la condition *sine qua non*, que s'ils sont utilisés de concert avec votre propre force personnelle ; cette puissance magique redoutable qui aura été consciencieusement développée en appliquant rigoureusement les pouvoirs des sorcières qui constituent les six piliers de la sorcellerie. Si vous parvenez à intégrer ce précepte dans vos pratiques et tout au long de votre magnifique carrière magique qui s'annonce, alors vos instruments de l'Art sauront vous rendre de très grands services, soyez-en assuré.

D'autre part, il est également possible que ce que vous apprendrez dans ce livre à propos des outils magiques puisse ne pas coïncider exactement avec ce que vous auriez pu voir sur le sujet dans le passé. J'ai tenté de vous fournir les informations les plus justes possibles selon les plus vieilles et lointaines traditions Wicca. Dans un contexte moderne, si vous croyez que certaines indications peuvent ne pas s'avérer nécessaires, notamment en ce qui concerne les runes à peindre sur les outils magiques, alors ne le faites pas. Par contre, ceux qui voudront appliquer la tradition y trouveront tout ce dont ils auront besoin pour agir comme leurs semblables des temps de jadis, les sorciers et sorcières d'autrefois.

Une dernière chose avant d'aller plus loin, n'oubliez jamais que vos outils magiques ne servent qu'à pratiquer la magie blanche et ils seront dédiés uniquement à cette fin. Vous ne devez jamais les utiliser pour des usages mondains sous aucune circonstance. Lorsque vous n'en aurez pas de besoin, rangez-les dans un endroit approprié jusqu'à ce qu'une nouvelle occasion se présente. Finalement, sachez que vous n'avez pas besoin de vous procurer tous ces outils en même temps ! Allez-y un à la fois, selon votre budget, mais surtout, selon vos besoins du moment. Les autres se rajouteront au fur et à mesure que vos pratiques magiques deviendront plus exigeantes.

Voici maintenant, les outils magiques de la tradition. Comme vous le constaterez bien assez tôt, tous possèdent leur utilité.

L'Autel

Je le concède, l'autel n'est pas un outil à proprement parler. Il constitue toutefois la pièce maîtresse, l'épicentre de tous les travaux occultes que vous entreprendrez. L'autel représente le fondement, l'ultime base sacrée de votre magie où se rejoignent toutes les énergies élémentales et Universelles éveillées et invoquées lors des rituels et cérémonies magiques. Il est un lieu de transformations devant lequel vous honorerez le Dieu et la Déesse. Nous pourrions même, en connaissance de cause, ajouter à ce propos qu'il symbolise le centre névralgique de tout acte de sorcellerie.

Il est de coutume que l'autel soit placé au centre du cercle magique, faisant face au soleil levant, orienté face à l'Est. C'est d'ailleurs l'emplacement qu'optent la majorité des sorciers et sorcières d'aujourd'hui. Cependant, d'autres choisiront plutôt de le placer en direction du Nord en raison de l'analogie avec l'Élément Terre. La Wicca étant considérée par tous les praticiens comme la religion de la Terre, cela a donc également beaucoup de sens. Que vous placiez votre autel face à l'Est ou au Nord, cela ne tient encore que de vous. Souvenez-vous que la magie peut être flexible et que ce qui vous semblera adéquat le sera. La seule chose que je peux vous recommander c'est d'essayer tour à tour les deux directions pour découvrir celle qui vous conviendra le mieux.

Une fois que vous serez prêt à utiliser concrètement votre autel en tant que lieu de recueillement et de magie, il ne vous restera plus qu'à déterminer quels seront les articles qui doivent y figurer et que vous aimeriez disposer convenablement. Ne soyez jamais limité par ce que l'on pourrait vous raconter à ce sujet, car techniquement, vous pouvez placer tous les items magiques que vous voudrez, incluant vos outils, des chandelles, des effigies du Dieu et de la Déesse, des fleurs, des pierres et cristaux, d'autres objets sacrés, etc.

Disposition de l'Autel

Votre autel est votre sanctuaire et il vous est donc très personnel. C'est sur cette veine que vous devriez idéalement l'agencer, c'est-à-dire selon vos goûts et de la façon qui vous semblera la plus appropriée. De plus, comme il symbolise également le point ultime où se rejoignent les forces élémentales, les cinq Éléments Cosmiques (Esprit, Feu, Eau, Air et Terre), assurez-vous d'avoir en permanence une représentation physique pour chacun de ces Éléments sur votre autel. Tous doivent y figurer ou pas du tout, sans exclusion. En ce sens que pour éviter un déséquilibre, si certains Éléments n'y étaient pas représentés, alors aucun ne le serait ; jamais ils ne seront dissociés les uns des autres. Dans cette optique, vous aimeriez peut-être aussi placer autant que possible les outils magiques face aux Tours de Guet élémentales qui leur sont propres ; la coupe de l'Eau à l'Ouest, l'encens pour l'Air à l'Est, etc. Pour vous offrir un tremplin de départ, je me permets de vous donner un exemple de la disposition d'un autel que vous pourrez utiliser ou modifier.

Il reste un dernier point fort important que je ne dois absolument pas omettre de vous mentionner. Souvenez-vous, votre autel symbolise un lieu sacré dédié au Dieu et à la Déesse. Il y va de soi qu'il se doit d'être approché et utilisé avec respect et diligence. De grâce, ne vous en servez jamais pour des activités mondaines, comme par exemple l'employer comme table à manger, travailler ou simplement pour vous adosser ou reposer vos pieds ! Je crois que j'ai été assez clair. Un lieu où sont vénérés les Grands Anciens se doit d'être traité de la même façon que les dieux eux-mêmes...

Mode de confection de cet item :
La première considération à prendre : l'espace nécessaire pour être à l'aise. Un bon autel se doit d'être assez grand pour recevoir tous vos outils magiques en plus des décorations ainsi que les autres objets dont vous aurez éventuellement besoin pour pratiquer vos charmes, enchantements et sortilèges.

Il n'y a aucune règle à suivre quant aux dimensions. Cela relève de vos propres goûts, de votre budget et de l'espace dont vous disposez dans votre pièce de travail, car ne l'oubliez pas, vous aurez besoin de circuler librement autour de ce dernier lors des rituels. La taille de l'autel importe peu. Il peut être assez haut pour que vous puissiez vous tenir debout devant lui ou, encore, plus bas, comme dans le cas d'une table de chevet. À ce moment-là, vous aurez probablement à vous agenouiller pour travailler convenablement.

Quant à la matière dont votre table sera composée, la plupart des sorcières optent pour le bois en tant que matière naturelle. Certains estiment qu'un autel ne devrait comporter aucune matière métallique comme des vis ou des clous et que les morceaux ne devraient qu'être collés. Une fois encore, si vous pensez qu'il est futile de vous départir de vos bijoux avant de procéder à un rituel, tel que cela fut démontré dans le chapitre précédent, il n'y a aucune raison pour que votre autel ne puisse comporter de pièces de métal, surtout si ce dernier fut acheté dans une boutique de meubles.

La prochaine étape : le nettoyage. Effectivement, il est recommandé de nettoyer votre table-autel physiquement et psychiquement avant de vous en servir, de même que de temps à autre afin qu'elle demeure toujours propre. Pendant que vous laverez l'autel, visualisez du même coup que toutes les énergies impures contenues dans votre meuble se dissipent. Il n'y a pas quatre moyens de faire cela. Un peu d'eau et du savon, votre visualisation et le tour est joué.

Finalement, si désiré, recouvrez votre autel d'une nappe propre. Plusieurs opteront pour un tissu de couleur blanc sur lequel ils broderont un pentagramme. Si vous préférez, allez-y pour une nappe colorée selon vos propres critères personnels, bleue, rouge, verte ou noire, etc. Ayant suivi ces dernières directives, vous posséderez un véritable et respectueux autel magique.

L'Athamé

L'athamé, communément désigné par couteau à manche noir, est de loin l'outil magique traditionnel le plus populaire auprès de tous les sorciers et sorcières. Il est le symbole personnel de votre Art et du Dieu, et, en conséquence, il mérite d'être soigneusement choisi et traité avec le plus grand soin.

Utilisé principalement pour tracer les cercles magiques, pour percer et pourfendre les énergies négatives et pour procéder à certains actes de consécration, l'athamé est un outil purement rituel, en ce sens qu'il ne sera jamais employé en tant que couteau pour couper ou graver. Il existe à cet effet un autre type de lame pour accomplir ces dernières fonctions : la bolline. Voilà donc pourquoi plusieurs estiment que la lame de l'athamé n'a pas besoin d'être aiguisée, mais seulement pointue.

Traditionnellement, l'athamé possède une lame à doubles tranchants et un manche entièrement noir où y seront peints ou gravés les symboles magiques correspondant à cet outil. Par ailleurs, certaines sorcières préféreront une alternative naturelle en optant pour le symbolisme magique d'un couteau dont le manche sera constitué d'une matière animale telle qu'une patte de cerf ou une corne. À mon avis les deux options sont tout à fait convenables. Cependant, vous comprendrez qu'un tel couteau comprenant une partie animale peut s'avérer très dispendieux. Or, le choix d'un simple athamé sera plus que satisfaisant.

Cet outil rituel symbolise la force masculine. Il est également interchangeable avec l'épée car tous deux possèdent les mêmes qualités et fonctions occultes ainsi que la même attribution élémentale, soit l'Élément Air. Il est à noter que certains estiment plutôt que ces derniers sont associés au Feu et que la baguette magique retient de l'Air. Personnellement, j'associe autant à la Wicca qu'à la Magie Cérémonielle l'athamé ou l'épée à l'Air et la baguette à l'Élément Feu et j'ai toujours obtenu, de par ces attributions, d'excellents résultats. Faites vos propres recherches, fiez-vous à votre intuition et adoptez le symbolisme qui vous conviendra.

Caractères figurant sur le premier côté de l'athamé

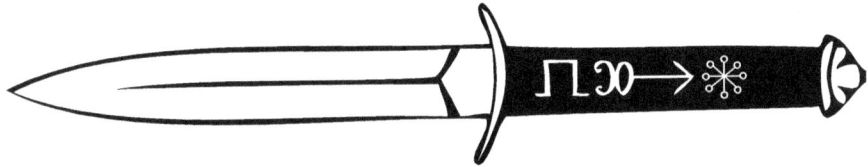

Caractères figurant sur le second côté de l'athamé

Mode de confection de cet item :

Commencez par vous procurer un couteau à manche noir dont la lame sera faite d'acier et à doubles tranchants. Ce dernier doit être neuf et n'avoir jamais servi auparavant. L'idée principale est de trouver un couteau qui vous attire personnellement et qui respecte ces indications. Dans le cas où vous auriez le coup de foudre pour un couteau dont le manche ne serait pas noir, vous pourrez toujours l'acheter. Vous n'aurez alors qu'à sabler délicatement le manche pour l'adoucir et le recouvrir ensuite de peinture noire.

Lorsque vous serez en possession de votre futur athamé, il ne vous restera plus qu'à l'exorciser afin de le dégager entièrement de toute impureté psychique en appliquant la *formule d'exorcisme* et le consacrer selon la *formule de consécration de l'athamé ou de l'épée* que vous retrouverez dans le prochain chapitre. Finalement, une fois ce rituel accompli, peignez avec un pinceau neuf et de la peinture blanche les runes spécifiques à l'athamé de chaque côté du manche. Vous pourrez aussi prévoir un espace libre sur le second côté pour y inscrire votre nom de sorcier ou sorcière en employant l'alphabet magique. Conclure votre travail en appliquant une mince couche de vernis protecteur serait souhaitable afin que les caractères ne puissent s'effacer avec l'usure du temps, après maintes manipulations.

Les caractères de l'athamé signifient ce qui suit:

Le Dieu Cornu; la puissance de la fertilité; la lumière de la moitié de l'année.

L'initiale du nom du Dieu.

Le Baiser et le Fouet (à huit lanières).

La Déesse en tant que Lune croissante et décroissante.

L'initiale des multiples noms de la Déesse en caractère hébraïque.

Signe du Scorpion; symbole de la Mort et de l'Au-delà, la contrepartie du Dieu en tant que Seigneur de l'Autre Monde; la noirceur de la moitié de l'année.

Le couple parfait.

 La puissance qui va toujours de l'avant en provenance du Dieu Cornu ou de la conjonction du Soleil et de la Lune.

Les Huit Occasions Rituelles; les huit Sabbats, etc.

La Bolline

À l'instar de l'athamé, la bolline est, quant à elle, le couteau à manche blanc tout usage des sorciers et sorcières. Elle sert principalement à graver, percer, creuser ou couper. Bref, c'est un couteau utilitaire qui s'emploie comme tout bon couteau devrait l'être. Comme l'athamé ne sera employé que de façon rituelle, vous utiliserez votre bolline pour tous vos menus travaux pratiques ; qu'il soit question de graver des symboles sur des chandelles, de marquer des talismans sur du bois ou du métal ou, encore, pour couper et faire la cueillette de vos précieuses herbes, etc.

Traditionnellement, la bolline ressemble en tous points de vue à l'athamé avec la seule différence que le manche doit être blanc. Évidemment, comme il n'est pas toujours facile de trouver un tel instrument, n'importe quel couteau, qu'il possède une lame simple ou à doubles tranchants fera l'affaire. Certains praticiens utilisent fréquemment un couteau dont la lame possède la forme d'un croissant de lune, comme une serpe. La seule chose qui importe véritablement et dont vous devrez vous conformer, c'est la couleur du manche et rien d'autre.

Caractères figurant sur la bolline

Mode de confection de cet item :

Tout d'abord, procurez-vous un couteau à manche blanc, peu importe ses dimensions et la forme de la lame. Il est fort probable que vous aurez de la difficulté à en trouver un de la bonne couleur. Dans le cas échéant, optez pour tout autre couteau qui vous attirera dont le manche sera facilement modifiable ultérieurement et faites-en l'acquisition. Vous n'aurez alors qu'à sabler délicatement le manche pour l'adoucir et le recouvrir ensuite de peinture blanche. Tout comme pour l'athamé, de même que pour tous vos autres outils, ce dernier doit être neuf et n'avoir jamais servi auparavant. Ayant accompli cela, vous aurez en mains votre future bolline.

Lorsque vous serez prêt à transformer votre nouveau couteau en un outil magique, vous commencerez par l'exorciser, puis, le consacrer convenablement selon la *formule de consécration des autres outils*. Finalement, une fois ce rituel accompli, peignez avec de la peinture noire les caractères spéciaux de votre bolline, tel qu'indiqué sur la figure précédente. Vous pourrez aussi, toujours si désiré, y inscrire votre nom de sorcier ou sorcière sur l'autre surface en utilisant l'alphabet magique.

La Coupe ou Calice

La coupe ou le calice magique représente l'Élément Cosmique de l'Eau. C'est le symbole de la puissance féminine par excellence ; la grande matrice de la nature d'où toutes choses sont issues et où toutes retourneront un jour : la Déesse. La fonction principale de la coupe est de contenir le vin consacré des libations qui sera bu à la fin des cérémonies. Certains l'utiliseront également pour contenir l'eau salée des exorcismes au détriment d'un bol destiné à ce même usage.

Peu importe de quelle façon vous utiliserez cet outil, la coupe est sans contredit la contrepartie de l'athamé, d'où l'union de ces deux instruments magiques compose admirablement bien la complémentarité du principe masculin et féminin, de la force active et passive, le Dieu et la Déesse.

Caractères figurant sur la coupe

Mode de confection de cet item :
Faites l'acquisition d'une coupe neuve n'ayant jamais servi. La matière qui la compose n'a pas d'importance de même que sa taille. Seul l'attrait que vous éprouvez pour votre coupe compte, alors allez-y selon vos goûts et affinités. À cet égard, vous pouvez choisir parmi

une multitude de calices de métal faits d'argent, de cuivre, de laiton ou encore, de bois, de verre, de cristal ou de vermeil. Certains praticiens feront même l'emploi de cornes animales. La seule précaution à prendre, et celle-ci est très importante, sera de vous assurer que, pour peu importe le matériau dont sera constituée votre nouvelle coupe, celui-ci ne soit pas poreux. Mais plus encore, que l'intérieur soit bien émaillé, comme dans le cas des calices métalliques afin qu'ils ne deviennent pas vénéneux en réagissant au contact de certains liquides que vous aurez à boire par la suite. Prenez donc tout votre temps pour trouver la coupe qui vous convient et choisissez-la judicieusement.

Lorsque vous serez prêt à transformer votre vulgaire coupe en un puissant et mystique outil de sorcellerie, vous commencerez par l'exorciser comme à l'habitude afin de la dégager entièrement de ses impuretés psychiques. Par la suite, elle sera convenablement consacrée selon la *formule de consécration des autres outils*. Une fois le rituel accompli, peignez les caractères spéciaux du calice, tel qu'indiqué sur la figure précédente. Vous pourrez également, si le cœur vous en dit, y inscrire votre nom de sorcier ou sorcière sur sa base, toujours en utilisant l'alphabet magique.

Le Pentacle

Le pentacle est de l'Élément Terre. Selon la tradition, il est la pièce centrale de l'autel sur lequel sont placés les objets qui doivent être dûment consacrés, qu'il s'agisse d'outils magiques, des bols contenant l'eau et le sel ou tout autre item que vous aurez à employer lors de vos pratiques rituelles de magie blanche. Cependant, certains le placeront plutôt au Nord de leurs autels, sachant en connaissance de cause que c'est le point cardinal associé à l'Élément terrestre.

L'une de ses fonctions principales, hormis les consécrations, est d'emmagasiner et de rediriger les énergies élémentales de la Terre, tout en étant un agent équilibreur des autres Éléments. L'utilisation du pentacle à lui seul peut servir, entre autres, à vous centrer lorsque vous vous sentez déséquilibré, ainsi qu'à refléter les mauvaises vibrations énergétiques afin de les expulser hors de votre entourage immédiat.

Mode de confection de cet item :

Cet outil magique est généralement fabriqué de cuivre, de céramique ou de bois, mais n'importe quelle matière naturelle provenant de la Terre-Mère sera excellente et parfaitement convenable. Certains praticiens feront usage d'un disque plat, tandis que d'autres en utiliseront un qui sera légèrement concave. Vous pouvez suivre le mode de fabrication selon l'Ordre de la Golden Dawn qui consiste à diviser le disque en quatre parties égales et les peindre noire, olive, rouille et citrine. Il faut ensuite tracer un hexagramme au centre d'un cercle, en blanc, et y inscrire les symboles en noir. Sinon, pour fabriquer un pentacle dans sa plus simple expression, prenez un disque de bois et peignez-le avec de la peinture noire, olive, rouille ou citrine ou, encore, en agençant les quatre couleurs à la fois comme expliqué précédemment. Ensuite, tracez délicatement un pentagramme à l'intérieur d'un cercle avec de la peinture blanche ou dans des tons de terre.

Je vous offre ici, en complément, trois versions différentes de pentacles. Étudiez-les attentivement et choisissez celui qui vous plaira. Ils sont aussi bons l'un que l'autre et auront exactement les mêmes effets.

Pentacle version simple   **Pentacle version GD**

Les caractères du troisième pentacle signifient ce qui suit : au centre, le pentagramme, symbole magique par excellence, symbole de votre Art. À gauche, le symbole du Dieu Cornu, à l'opposé à droite, les croissants de lune (croissant et décroissant) symbole de la Déesse. Au bas, la baiser et le fouet (S avec une barre oblique) représentent les polarités complémen-

taires de la Rigueur et de la Miséricorde. En haut à gauche, le triangle vers le bas signifie le premier grade initiatique, de l'autre côté, le pentagramme inversé est celui du second degré. Finalement, le triangle pointant vers le haut, au-dessus du pentagramme symbolise le troisième degré initiatique de la Wicca.

Pentacle version élaborée

L'Encensoir ou Brûle-Parfums

L'encensoir sert aux fumigations, lorsque vous aurez à brûler les encens lors des pratiques magiques ou pendant les périodes de recueillement et de méditation. Cet outil est associé à l'Élément Cosmique de l'Air et devrait donc, idéalement, être placé à l'Est sur votre autel. L'encensoir peut être pratiquement n'importe quoi, allant d'un simple plat ou réchaud de métal à un plateau surélevé reposant sur un trépied, jusqu'aux brûle-parfums ecclésiastiques montés sur des chaînes.

Bien que certains praticiens choisiront la simplicité, c'est-à-dire seulement un porte-bâtons afin de brûler uniquement que des bâtonnets d'encens, il est de mon humble avis que le meilleur encensoir est celui où l'on fait brûler des pastilles de charbon. Ce dernier sera rempli d'environ deux centimètres de sable, en tant que matière isolante (pour ne pas brûler la surface de l'autel) et les pastilles ardentes y seront déposées dessus. En employant ce type d'encensoir, vous aurez beaucoup plus de choix lorsque viendra le temps de faire votre sélection d'encens à brûler. En effet, sachant que la grande majorité des encens magiques sont composés de résines, d'herbes et d'huiles essentielles, ces derniers devront inévitablement être déposés sur des braises.

Caractères figurant sur l'encensoir

Peu importe pour quel modèle de brûle-parfums vous opterez, faites attention en l'utilisant et surtout, lorsque vous le manipulerez autour de votre cercle magique. Les encensoirs ont tendance à devenir extrêmement chauds !

Mode de confection de cet item :

Faites l'acquisition d'un encensoir neuf. Exorcisez-le comme à l'habitude afin de le dégager entièrement de toutes impuretés psychiques. Consacrez-le ensuite selon la *formule de consécration des autres outils*. Finalement, une fois le rituel accompli, peignez les caractères spéciaux, tel qu'indiqué sur la figure ci-haut. Votre encensoir est maintenant opérationnel et prêt à être employé pour toutes vos pratiques de magie blanche.

Le Chaudron

En tant que tel, le chaudron est une version plus large de la coupe. Il symbolise donc de ce fait le principe féminin. On associe souvent cet outil magique au chaudron de Cerridwen – le Graal de l'immortalité. C'est un symbole de renouveau, de renaissance et, évidemment, d'abondance en tant que matrice féminine. De par son côté pratique, le chaudron sera employé pour de multiples usages. Qu'il soit question de contenir de l'eau, des fleurs, pour y faire brûler de l'encens ou encore certains items lors des rituels, pour préparer des mixtures et des philtres, pour pratiquer la divination en tant que miroir magique, bref, vous apprécierez sans aucun doute cet outil hautement fonctionnel car son emploi sera maintes fois sollicité.

Votre chaudron peut être un simple bol fait d'une matière résistante comme le cuivre, le laiton ou autre, allant jusqu'au très populaire et antique chaudron de fonte à trois pattes, lequel est de loin le plus satisfaisant de tous. Soyez méticuleux dans le choix de votre futur chaudron, car ayant à l'utiliser fréquemment, il se doit d'être à la fois robuste, résistant, apte à contenir une bonne quantité de liquide, et, évidemment, facile à nettoyer.

Mode de confection de cet item :
Le chaudron ne nécessite à peu près aucune préparation spécifique, sinon que l'exorciser et de le consacrer, toujours selon la *formule de consécration des autres outils*. Ceci étant fait, vous pourrez l'employer immédiatement.

Les Chandeliers

Les lampes magiques ou chandeliers sont éminemment importants en raison de leur profond symbolisme en tant que dignes porteurs de Lumière. Cette évidence nous amène donc à les associer directement aux forces Solaires. Les chandeliers sont peut-être l'un des outils magiques auxquels nous accordons le moins d'attention à cause de leur simplicité et discrétion, pourtant ceux-ci vous accompagneront tout au long de votre carrière de sorcier ou sorcière de par leur nécessité et fonctions essentielles.

Effectivement, vous devriez toujours avoir au moins deux chandelles allumées en permanence sur votre autel lorsque vous vous adonnerez à vos pratiques de magie blanche, c'est-à-dire, les chandelles représentant le Dieu et la Déesse. Ensuite, hormis ces dernières, il vous sera possible de bénéficier d'autant de chandeliers pour faire face à tous vos besoins et exigences. Qu'il soit tout bonnement question de profiter d'un éclairage supplémentaire et adéquat pour ne pas œuvrer dans la pénombre ou pour être en mesure de lire parfaitement votre grimoire dans le cas où vous auriez à lire de longues incantations, que vous ayez à disposer des lampes le long de la périphérie de votre cercle magique devant chacune des Tours de Guet élémentales ; les lampes ont assurément un côté pratique non négligeable.

Les lampes magiques sont d'une facture simpliste. Procurez-vous en autant que cela sera nécessaire afin de mener à bien vos rituels et cérémonies. Leur aspect importe peu de même que le matériel qui les compose. Vous pouvez opter pour des chandeliers de métal, tel que le laiton, que l'on retrouve pratiquement partout dans les boutiques. Sinon, vous pourrez vous en procurer fait de fer forgé, de céramique, de bois, peu importe en autant qu'ils vous plaisent et que votre budget le permet. Ma seule recommandation à ce propos serait d'essayer, autant que possible, d'adopter une certaine uniformité lorsque vous ferez votre choix. Ce que je veux dire, c'est qu'à la rigueur, tentez au minimum d'avoir une paire de chandeliers identiques pour ceux qui feront office de supporter les chandelles du Dieu et de la Déesse. Pour le reste, c'est libre à vous.

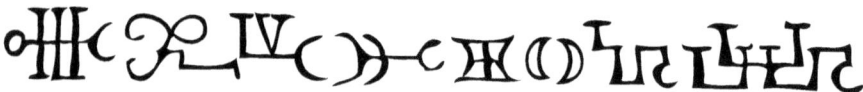

Caractères figurant sur les chandeliers

Mode de confection de cet item :

Commencez par vous procurer vos chandeliers. Il n'est pas nécessaire de tous les acheter en même temps. Vous pourrez toujours en ajouter quelques-uns au fil des mois et des années et les préparer ensuite tel que prescrit lorsque le besoin s'en fera sentir.

Exorcisez ensuite les chandeliers en votre possession, les uns après les autres, en suivant la formule d'exorcisme du prochain chapitre afin de les dégager de toute impureté psychique. Suite à cela, consacrez-les tour à tour selon la *formule de consécration des autres outils*. Finalement, peignez avec votre pinceau neuf les runes spécifiques aux chandeliers. Vos lampes magiques sont maintenant prêtes à vous servir.

Le Livre des Ombres et la Plume

Le grimoire est un véritable manuel de travail que l'on nomme couramment *Livre des Ombres*. Considérez-le comme quelque chose de vivant, car tout comme vous, il grandira au fur et à mesure que vous cheminerez sur le sentier de la magie blanche. C'est là où vous y consignerez tous vos rituels, cérémonies, sabbats, incantations et recettes magiques des plus diverses avant de les entreprendre.

Ce journal de bord est votre livre personnel tout indiqué pour y retranscrire entièrement tout ce qui concerne vos pratiques magiques. *Il n'est conçu exclusivement que pour vos yeux.* Rédigez-le de la manière qui vous semble la plus appropriée. Il n'y a aucune règle à suivre dans ce domaine. Vous pourrez notamment y déposer tous les résultats de vos exercices de développement magique, lorsque vous entraînerez vos six pouvoirs des sorciers et sorcières. De cette manière, il vous sera aisé, avec le temps, de constater à quel rythme vous progressez et en quelles circonstances vous avez obtenu des résultats.

Vous pouvez également concevoir des fiches techniques sur les rituels que vous pratiquerez. Par exemple, écrivez le moment du rituel, soit le jour et l'heure, la durée de ce dernier, la phase lunaire sous laquelle vous avez œuvré, votre condition physique, la température, etc. Inscrivez tous les détails qui vous semblent pertinents et dignes de mention. Ainsi, lorsque vous constaterez que vos rituels ont apporté fruits ou ont échoué, il vous sera facile de faire un rapide retour en arrière pour vérifier en quelle circonstance le rituel en question fut pratiqué. Vous apprendrez beaucoup de vos expériences et voilà pourquoi vous devriez toujours les noter soigneusement.

Or, le journal magique est votre compagnon de route de même qu'un précieux aide-mémoire. Car de temps à autre, il sera possible que vous ne puissiez vous souvenir de vos recettes et de la composition de vos mixtures, de même que certaines parties importantes des rituels que vous pratiquerez ou des longues incantations à verbaliser. Plus vous progresserez magiquement et plus vous aurez de l'expérience, plus votre grimoire sera pourvu en rituels, recettes magiques, notes, expérimentations et remarques personnelles. Ayez toujours votre Livre des Ombres à portée de main sur votre autel ou, si désiré, utilisez un chevalet que vous placerez non loin de vous.

Quant à la plume, elle et le grimoire sont évidemment indissociables ; ils forment la paire. Procurez-vous une plume neuve et utilisez-la toujours que pour écrire dans votre livre magique ou pour vos besoins d'écriture rituelle. Certains praticiens modernes emploieront une plume avec une cartouche d'encre intégrée tandis que ceux qui désirent suivre la tradition, tout comme le faisaient les sorcières d'autrefois, utiliseront une plume simple que l'on doit tremper manuellement dans un encrier. Cette dernière alternative me semble la plus appropriée, malgré le fait qu'elle soit un peu plus fastidieuse à l'emploi. Cependant, vous aurez ainsi l'option d'utiliser à volonté vos propres encres magiques que vous aurez fabriqué vous-même.

Caractères du Livre des Ombres

Mode de confection de cet item :

Procurez-vous un cahier épais à pages blanches comme les cahiers à croquis que nous retrouvons dans la plupart des boutiques de matériel d'artiste. Votre futur grimoire peut être petit et portatif comme très volumineux. L'important c'est qu'il contienne assez de pages pour faire la route avec vous pendant un bon moment. Mais ne vous en faites pas s'il venait à être complété rapidement. En effet, ce n'est pas *sorcier*, le moment venu, achetez-vous un second grimoire et ainsi de suite. Vous pouvez à ce propos posséder plusieurs grimoires, autant que vous le désirez et autant que vos besoins l'exigeront.

Le moment venu, exorcisez votre cahier en suivant la formule d'exorcisme prescrite dans ce livre suivi aussitôt de la *formule de consécration des autres outils*. Finalement, dessinez avec votre plume neuve (exorcisée et consacrée) le pentacle et les runes du grimoire sur le recto de la première page ainsi que sur le verso de la dernière. Il y aura donc deux pentacles en tout, au début et à la fin du livre magique. Inscrivez finalement votre nom de sorcier ou de sorcière au centre. Votre Livre des Ombres est maintenant prêt à être utilisé pour y retranscrire tout ce que vous désirez.

La Baguette Magique

La baguette magique est l'un des instruments les plus importants en magie. Depuis des temps immémoriaux, c'est par celle-ci que tous les mages et les sorciers ont été passablement représentés. Il semble cependant exister une controverse quant à l'Élément associé à cet instrument de l'Art. Je mentionnais précédemment que l'athamé et l'épée étaient associés à l'Élément Air. Par contre, certains diront toutefois que la tradition Wicca accorde ce même Élément à la baguette. C'est alors que pour découvrir quelle est la véritable association, nous devons porter notre attention au symbolisme profond de la baguette magique afin de clarifier ce point avec exactitude.

La baguette symbolise essentiellement la volonté, la force et le pouvoir. Or, en vous rapportant à l'analogie des Éléments Cosmiques, vous constaterez que ces trois qualités sont toutes régies par l'Élément igné. Cela ne fait donc aucun doute que la baguette cérémonielle est bel et bien associée au Feu.

Sachant que cet instrument permettra au praticien de maintenir sous son influence la Sphère énergétique pour laquelle il a été conçu et chargé, vous comprendrez facilement que vous ne posséderez probablement pas qu'une seule baguette magique, mais bien plusieurs, à raison d'une baguette par but poursuivi. Ainsi, il vous sera possible de fabriquer des baguettes pour différentes actions occultes. Par exemple, guérir les maladies et dissoudre les énergies discordantes ou négatives, évoquer les Êtres immatériels, Intelligences ou démons afin que ces derniers se manifestent, soumettre les êtres vivants ou décédés sous votre volonté qu'il s'agisse d'êtres humains ou d'animaux, etc.

Ceci dit, bien que vous puissiez avoir recours à un nombre toujours croissant de baguettes magiques, il vous sera possible d'en fabriquer une qui serait, à proprement parler, tout usage. C'est cette baguette que je vous recommande de construire en premier lieu, avant toutes les autres.

Cette dernière devrait donc être conçue et chargée afin de *manifester votre volonté sur tous les plans et envers toutes choses*. Ainsi, elle pourra vous servir en diverses occasions, car nous le savons tous, la volonté est le moteur et la force derrière chaque action menée à manifestation.

La baguette magique est un véritable réceptacle et condensateur de puissance. Ce que vous devez comprendre, c'est que bien que la tradition Wicca stipule que la branche qui constituera votre baguette devrait avoir été coupée un mercredi à l'heure de Mercure, cela n'a pas d'importance. Ce qui est primordial par contre, c'est que celle-ci soit chargée avec et par votre puissante volonté vers un but spécifique. En tant que condensateur, la baguette absorbera et emmagasinera le pouvoir qui lui aura été conféré. Il est très important que vous reteniez que c'est le processus de charge réitéré qui accordera toute la force à votre nouvelle baguette et non la façon dont elle aura été construite. C'est donc sur cette optique que je vais maintenant poursuivre mes explications.

Votre baguette peut être de confection très simple ou très élaborée, en y incluant des pierres et des cristaux, des fils métalliques, etc. Cependant, retenez que seul un bois spécifique dont la nature est en accord avec le but visé par la baguette doit être choisi. Autrement dit, choisissez un bois qui correspond au travail magique que vous désirez accomplir au moyen de cet instrument de l'Art. À cet effet, on dénombre plusieurs propriétés aux arbres quant à la confection des baguettes magiques.

Voici les bois principaux qui vous serviront dans vos pratiques occultes :

Saule : Le saule sera probablement le choix favori de tous, car il est un excellent agent accumulateur et, de ce fait, il s'avère un condensateur fluidique hors pair. Les baguettes fabriquées à partir de ce bois pourront servir à des buts multiples. Optez donc pour le saule afin de fabriquer votre instrument *tout usage* ; ainsi, elle vous servira en maintes occasions.

Noisetier : On accorde au noisetier la fonction de réaliser les vœux, quels qu'ils soient. Ce type de baguette convient donc lorsque l'on souhaite manifester ses désirs et provoquer des changements en accord avec sa volonté. Le noisetier est également un bois traditionnel utilisé en sorcellerie.

Sureau: Les baguettes fabriquées à partir de ce bois seront excellentes, voire même extrêmement efficaces pour maîtriser les esprits élémentaires et les démons car cet arbre correspond vibratoirement à la Sphère Saturnienne.

Frêne: Les baguettes construites à partir de frêne seront très bonnes pour accomplir des buts divers. Cependant, l'usage recommandé est celui de traiter et guérir les maladies.

Hêtre ou acacia: Le hêtre et l'acacia sont d'excellents arbres pour confectionner des baguettes magiques à buts divers. Vous pourrez vous servir de ces arbres si vous n'êtes pas en mesure de vous procurer les autres bois.

Caractères traditionnels figurant sur la baguette

Mode de confection de cet item :
Construire une baguette magique peut être extrêmement simple et aisé et n'importe qui peut y arriver s'il sait appliquer certaines règles essentielles. Commencez par déterminer l'arbre qui se rapporte le mieux aux buts et fonctions que devra remplir votre baguette magique. Ensuite, lorsque vous aurez trouvé l'arbre en question en vous déplaçant dans la nature, coupez une branche d'environ 1 à 2 centimètres de diamètre et d'une longueur allant de 30 à 50 centimètres, naturellement aussi droite que possible et dans les meilleures des conditions due à la croissance d'une seule année. La tradition estime que la taille idéale serait la longueur entre le majeur et le coude. Cette mesure est tout aussi acceptable.

Traditionnellement, la coupe de la baguette devrait être faite en respectant des périodes astrologiques précises. Il n'est pas tout à fait nécessaire de respecter cela, mais celui ou celle qui détient des connaissances astrologiques quant aux périodes où les planètes seront en force (tel qu'expliqué dans le chapitre traitant du calcul des heures planétaires) devrait appliquer son savoir à cette fin.

Il est important de couper votre branche avec un couteau neuf qui ne sera voué qu'à un usage magique. Vous comprendre évidemment qu'il est question ici de la bolline. Si vous ne l'avez pas encore en possession, vous pourrez toujours acheter un canif neuf pour couper votre baguette. Par contre, ce dernier ne pourra ensuite être utilisé pour un usage profane. Il sera donc enterré si vous désirez vous en départir afin qu'il ne tombe dans d'autres mains.

Toujours avec votre couteau magique, dépouillez maintenant la branche de son écorce et lissez-la convenablement afin qu'elle devienne douce au toucher. Voilà, l'étape préliminaire est complétée. Vous détenez présentement une baguette brute, apte à être chargée par votre pouvoir de visualisation et votre volonté. Pour terminer votre travail, exorcisez votre baguette en appliquant la *formule d'exorcisme*, puis suivi de la *formule de consécration et de charge de la baguette*. Finalement, gravez ou peignez les caractères traditionnels ou tout autre symbole qui sera analogue aux pouvoirs de votre instrument magique.

L'Épée

L'épée est un symbole masculin associé à l'Élément Air. Elle est la semblable de l'athamé, car tous deux sont interchangeable et possèdent les mêmes fonctions et affinités. À ce propos, nous pourrions donc conclure que l'épée est une forme allongée de l'athamé. Cet outil de Magic Cérémonielle possède toutefois un caractère beaucoup plus autoritaire que le couteau à manche noir. Il symbolise entre autres la droiture du praticien qui l'utilise en tant que maître absolu du cercle magique et des Éléments. L'épée magique sera employée de la même façon que l'athamé.

La Clochette

La cloche ou clochette est utilisée lors des cérémonies et rituels afin de marquer le temps, en guise d'ouverture et de fermeture rituelle ; elle annonce le début ou la fin d'un cycle donné. Il est dit, traditionnellement, que la cloche purifie aussi les lieux où se tiennent les cérémonies et aide également à bannir les influences négatives.

Les Bols d'Eau et de Sel

Ces bols figureront en permanence sur votre autel. Ils servent notamment aux exorcismes et à purifier tout objet lors des pratiques de magie blanche. L'eau et le sel sont également utilisés pour consacrer et purifier le cercle magique. Leur facture est très simple ; deux bols de n'importe quelle matière feront l'affaire.

Le Cingulum

La corde ou la ceinture magique est appelée un *cingulum*. Elle cintre votre taille lorsque vous portez votre robe cérémonielle. Elle vous sera également utile pour tracer vos cercles magiques afin d'en mesurer les dimensions. De plus, il vous sera tout aussi possible de vous nouer avec ! Effectivement, il existe des techniques de sorcellerie que l'on désigne par le terme du nouage. C'est une façon de stimuler la psyché profonde du praticien afin de déployer sa force intérieure. Lors des unions de mariage au sein des couvents, on noue également ensemble l'une des mains du couple.

Mode de confection de cet item :
Faites comme la plupart des sorciers et sorcières modernes et achetez-vous un écheveau de ruban, traditionnellement rouge. Mesurez trois longueurs identiques assez longues (au moins 3 mètres) et exorcisez-les. Ensuite, il ne vous restera plus qu'à faire un nœud solide à l'une des extrémités et tresser fermement vos trois rubans ensemble pour obtenir votre corde magique. Complétez le tressage par un second nœud.

Exorcismes & Consécrations des Outils Magiques

Le pouvoir d'exorciser ou de consacrer est inhérent dans chacun de nous. Il n'y a nul besoin d'être un grand sorcier ou une grande sorcière pour y parvenir. Il suffit d'avoir la foi et la conviction que nos actes soient sacrés pour qu'ils le deviennent. Tout réside dans l'état d'esprit au moment où ces actes rituels sont conduits.

Les exorcismes ont un seul et unique but, pur et simple : purifier et dégager entièrement toutes les impuretés psychiques imprégnées dans le matériel de travail de l'officiant. Or, il s'avère donc nécessaire, avant d'utiliser une matière brute, de l'exorciser convenablement afin qu'elle soit apte à devenir un outil magique, un accessoire rituel ou tout autre objet spécifique qui sera employé lors des pratiques de sorcellerie.

Les consécrations, quant à elles, sont la suite logique des exorcismes. Généralement, l'un ne va pas sans l'autre. Le sorcier commence toujours par purifier son matériel pour ensuite le consacrer afin de lui conférer un statut sacré ou spécial, d'un point de vue magique.

Il est à noter que l'acte de consécration comporte deux fonctions bien distinctes. La première est d'ordre psychologique. En consacrant un outil ou un objet qui sera employé dans le cadre d'une action magique, on accordera ainsi une importance spéciale qui fera en sorte que cet objet ne soit plus perçu de la même façon ; ce dernier venant d'être élevé à un niveau supérieur. L'attitude du praticien à cet égard sera modifiée, ce qui renforcera sa volonté, sa créativité et sa confiance envers toutes les expérimentations magiques qu'il entreprendra.

La deuxième fonction consiste à altérer le corps énergétique des objets lors de la consécration. En effet, non seulement les sorciers et sorcières, mais aussi la majorité des praticiens, magiciens et occultistes reconnaissent que tout ce qui existe physiquement possède également une enveloppe invisible ou, un corps énergétique que l'on désigne par la contrepartie astrale. Ainsi, en consacrant un objet quelconque et en lui conférant une utilité et des fonctions bien précises, il est possible d'apporter un changement au niveau du corps énergétique de l'objet ou de l'outil magique en question. À partir de ce moment, ce dernier deviendra personnalisé et vibrera différemment d'auparavant, mais plus encore, il vibrera sur les mêmes ondes choisies par celui ou celle qui l'aura dûment consacré. Voilà donc où réside le secret des consécrations.

Maintenant, lorsque vous aurez en main certains de vos outils magiques, il sera temps de les exorciser puis de les consacrer. Le premier outil que vous devrez consacrer sera bien entendu le pentacle, suivi de l'encensoir et de l'athamé. Évidemment, en lisant les formules suivantes, vous comprendrez que vous aurez besoin du pentacle et de l'athamé pour mener à bien ces actions magiques. Or, lorsqu'il sera stipulé d'utiliser votre couteau à manche noir, faites-le quand même (malgré qu'il ne soit pas encore proprement consacré). De la même façon, lors de l'exorcisme et de la consécration du pentacle, lorsqu'il sera dit de déposer l'outil ou l'objet sur le pentacle lui-même, n'en faites rien et poursuivez avec la formule. Ensuite, vous pourrez employer votre pentacle exorcisé et consacré pour poursuivre avec vos autres outils magiques.

Formule de Consécration de l'Eau et du Sel

Voici la toute première formule qui devrait paraître dans votre Livre des Ombres. Avant de pouvoir utiliser l'eau et le sel pour tous vos besoins d'exorcisme, vous devrez tout d'abord les préparer convenablement en les consacrant selon la méthode prescrite ici.

Le bol d'eau et de sel en place sur votre autel, placez le bol d'eau sur le pentacle et, tenant votre athamé à deux mains, trempez la pointe de la lame dans l'eau et récitez :

'Je t'exorcise, O toi Créature d'Eau, afin que soient retirées de toi toutes les impuretés des esprits du monde du phantasme. Mertalia, Musalia, Dophalia, Onemalia, Zitanseia.'

Retirez le bol d'eau et placez le bol de sel sur le pentacle. Tenant toujours l'athamé à deux mains, plongez la pointe de la lame dans le sel et dites :

'Que la bénédiction soit sur cette Créature de Sel ; que toutes les malignités et impuretés soient retirées de toi, et que tout le bien entre ici. C'est pourquoi je te bénis et t'invoque, afin que tu puisses m'aider.'

Replacez finalement le premier bol sur le pentacle et versez le sel dans l'eau. Visualisez une lumière bleutée qui se dégage du bol au contact du sel sur l'eau. Dites ensuite en plaçant les mains au-dessus du bol :

'Yamenton, Yaron, Tatonon, Zarmesiton, Tileion, Tixmion. L'union de l'Eau et du Sel consacrés purifie tout ce qui est.'

Formule d'Exorcisme

Ayant complété la consécration de vos substances primaires, soit l'eau et le sel, vous pouvez dès lors vous en servir pour exorciser vos outils magiques ou tout autre objet de votre choix par la formule suivante. N'oubliez pas de toujours exorciser de cette façon toute matière que vous emploierez lors de vos pratiques de magie blanche.

Faites brûler dans votre encensoir un encens de qualité comme de l'oliban ou tout autre encens que vous jugerez convenable à cet effet. Ensuite, prenez l'objet ou la substance à exorciser et déposez-la sur votre pentacle. Dites ensuite en l'aspergeant à quelques reprises avec l'eau salée consacrée :

'Matière impure écoute ma volonté, car te voilà maintenant purifiée. Que toute énergie contraire soit chassée, car tes vibrations ont été exorcisées.'

Ajoutez ensuite, en passant l'objet dans la fumée de l'encens :

'Derechef, je t'exorcise, toutes vibrations contraires sont désormais évadées. Matière, obéit à ma volonté, car te voilà maintenant purifiée.'

Tenez l'objet à deux mains et levez-le au-dessus de votre tête. Faites une courte pause, puis, replacez-le sur le pentacle pendant quelques secondes. La formule d'exorcisme est complétée. Répétez la formule pour tous les autres outils ou objets que vous avez à exorciser.

Formule de Consécration de l'Athamé

Bien que la formule de consécration traditionnelle stipule qu'elle doit être pratiquée par un homme et une femme, celle-ci fut légèrement modifiée afin que tout sorcier et sorcière œuvrant en solitaire puisse consacrer son athamé ou son épée sans avoir recours à un assistant ou une assistante. La formule doit être exécutée à l'intérieur d'un cercle magique. Après avoir consacré l'eau et le sel et avoir fait brûler un encens de qualité dans l'encensoir, prenez votre athamé (ou épée) et posez-le sur le pentacle.

Aspergez ensuite l'outil à quelques reprises avec la mixture d'eau et de sel. Puis, récupérez-le et passez-le à quelques reprises dans la fumée de l'encens. Finalement, replacez l'outil magique sur le pentacle. Posez vos mains sur l'athamé en appliquant une légère pression et dites la première conjuration :

'Je te conjure, O Athamé (Épée), par ces Noms, Abrahach, Abrach, Abrahadabra, afin que tu me serves comme puissance et défense dans toutes mes opérations magiques contre tous mes ennemis, visibles et invisibles. Je te conjure derechef par le Saint Nom Aradia et par le Saint Nom Cernunnos ; Je te conjure, O Athamé (Épée), afin que tu me serves de protection contre toutes adversités ; viens-moi en aide maintenant.'

Une fois encore, aspergez l'outil avec la mixture d'eau et de sel et passez-le dans la fumigation d'encens comme précédemment. Reposez l'outil sur le pentacle, posez vos mains dessus et prononcez la seconde conjuration :

'Je te conjure, O Athamé (Épée) d'Acier, par les Grands Dieux et les Délicates Déesses, par la vertu des cieux, des étoiles et par les esprits qui les président, puisses-tu recevoir ces même vertus afin que je puisse obtenir ce que je désire en toutes choses lorsque je t'utiliserai, par la puissance d'Aradia et de Cernunnos.'

Prenez l'outil dans vos mains et pressez-le contre votre poitrine, puis, donnez un baiser sur sa lame. Tenez-le ensuite au-dessus de votre tête pour le présenter au Dieu et à la Déesse. Faites une courte pause. La consécration est complétée.

Note :
Il est dit, selon la méthode de consécration traditionnelle, que l'athamé devra être à proximité du corps nu de l'opérateur pendant une période d'au moins un mois afin que ce dernier puisse s'imprégner de l'aura du praticien. Par exemple, en plaçant l'outil sous l'oreiller pendant la nuit, etc. Si vous désirez vous soumettre à la tradition et agir de la sorte, je vous encourage fortement à le faire, mais ceci n'est pas totalement nécessaire même si cela serait souhaitable.

Formule de Consécration et de Charge de la Baguette

La formule doit être exécutée à l'intérieur d'un cercle magique. Après avoir consacré l'eau et le sel et avoir fait brûler un encens de qualité dans l'encensoir, prenez votre baguette et posez-la sur le pentacle.

Aspergez-la à quelques reprises avec la mixture d'eau et de sel. Puis, passez-la à quelques reprises dans la fumée de l'encens. Finalement, replacez la baguette magique sur le pentacle. Posez vos mains sur l'outil en appliquant une légère pression et prononcez la conjuration suivante :

'Je te conjure, O Baguette, de me servir dans toutes mes entreprises magiques et occultes, par les vertus que je t'inculquerai. Sois pour moi un outil de puissance qui agira en tant que prolongement de ma volonté. Je te conjure derechef par ma force de m'être propice et de ne servir qu'à exprimer et manifester cette même volonté qui est mienne.'

Une fois encore, aspergez l'outil avec la mixture d'eau et de sel et encensez-le par la suite comme précédemment. Reposez l'outil sur le pentacle pendant quelques instants, puis, poursuivez avec la charge de la baguette.

La Charge de la Baguette:

Tenez votre baguette en main et concentrez-vous sur votre volonté. Projetez votre conscience dans votre outil; vous devenez à présent la baguette elle-même. Concentrez-vous de la sorte pendant quelques minutes en visualisant fermement qu'à chaque fois que vous tiendrez cette baguette, celle-ci exprimera aussitôt votre volonté qui entrera en activité et que tout ce que vous voudrez entreprendre et voir se réaliser se réalisera et se manifestera aussitôt. Projetez ainsi votre volonté dans la baguette grâce à la plus haute intensité possible que puisse atteindre votre visualisation.

Afin que votre baguette demeure active en tout temps et même jusqu'après votre mort, vous devrez spécifier lors de votre visualisation que, tant qu'elle existera, son pouvoir continuera de s'accroître de jour en jour et qu'il exprimera et manifestera votre volonté et votre pouvoir en tout temps, à chaque utilisation. Votre baguette pourra donc véritablement demeurer active et fonctionnelle tant qu'elle ne sera pas détruite, si tel est votre désir, en autant que cela soit clairement spécifié dès le départ, lors de la première charge.

Au début, votre baguette sera active sur le plan mental, puis sur le plan astral, et, finalement, sur le plan physique. Bien entendu, pour parvenir à confectionner une baguette opérante jusqu'au plan de la matière, vous devrez réitérer fréquemment le même processus de charge que je viens de vous expliquer en accentuant l'ardeur de votre concentration à chaque fois. Il est évident que pour parvenir à l'obtention d'un aussi puissant outil magique, cela dépendra de votre capacité à projeter votre volonté et du degré de votre visualisation, de même que le but poursuivi par l'emploi de cette baguette. Quoi qu'il en soit, cette technique est authentique et ne pourra vous apporter que d'excellents résultats si vous prenez la peine de bien suivre ces indications et de les appliquer avec conscience et méticulosité.

En suivant ce principe, vous serez en mesure de confectionner autant de baguettes magiques que vous le voudrez, en n'oubliant jamais cependant d'accorder la spécification et la nature de l'action à votre baguette dès le départ, lors de la première charge.

Formule de Consécration des Autres Outils

Cette formule de consécration est utilisée pour tous les outils magiques à l'exception de l'athamé, de l'épée et de la baguette. Elle se doit d'être exécutée à l'intérieur d'un cercle magique. Après avoir consacré l'eau et le sel et avoir fait brûler un encens de qualité dans l'encensoir, prenez l'outil en question et déposez-le sur le pentacle. Posez vos mains sur l'outil magique et dites ensuite :

'Aradia et Cernunnos, veuillez bénir et consacrer cet (nom de l'outil) afin qu'il puisse obtenir la vertu nécessaire à travers vous pour tout acte magique, d'amour et de beauté.'

Aspergez l'outil à quelques reprises avec la mixture d'eau et de sel. Puis, passez-le à quelques reprises dans la fumée de l'encens. Finalement, replacez l'outil magique sur le pentacle. Posez vos mains dessus de nouveau et poursuivez :

'Aradia et Cernunnos, bénissez cet instrument préparé en vote honneur. Puisse-t-il me servir dans mes pratiques magiques, pour le bien et pour votre gloire.'

Aspergez une fois de plus l'outil avec la mixture d'eau et de sel, puis passez-le dans la fumigation d'encens. Prenez l'outil dans vos mains et pressez-le contre votre poitrine, puis, donnez-lui un baiser. Tenez-le ensuite au-dessus de votre tête pour le présenter au Dieu et à la Déesse. Faites une courte pause. La consécration est complétée.

Notes à propos de la Consécration des Outils

La tradition stipule que lorsqu'un outil vient d'être consacré, ce dernier devrait être employé aussitôt. Par exemple, suite à la consécration de l'athamé ou de l'épée, on retracera une fois de plus le cercle magique avec l'outil maintenant consacré. On gravera un objet quelconque suite à la consécration de la bolline, on fera une fumigation après avoir consacré l'encensoir, on exhibera le pentacle ou la baguette face aux quatre Éléments, soit les quatre Tours de Guet élémentales et ainsi de suite.

Il n'est pas obligatoire de vous plier à cette tradition si vous n'en voyez pas la nécessité. Par contre, il serait recommandé de le faire, ne serait-ce que d'une façon purement symbolique. Par ailleurs, il est également indiqué que les outils magiques devraient être rangés à proximité de l'endroit où dort l'officiant et de les manipuler quelque peu avant de vous retirer pour la nuit afin que ceux-ci s'imprègnent de votre aura pour l'espace d'au moins un mois. Une fois encore, les puristes agiront de la sorte, mais il n'en tient qu'à vous à savoir si ces actes ont une importance à votre égard. Si vous me demandez mon humble avis, je vous recommande alors de le faire.

Quoi que vous fassiez de ces indications, une chose demeure bien importante. Une fois que vos outils auront été consacrés, enveloppez-les d'un tissu propre et exorcisé, de préférence dans une pièce de soie blanche, et rangez-les dans un endroit discret, pour ne pas dire secret.

Les Cercles Magiques :
Lentilles de Puissance

Il existe un concept qui revient très souvent au sujet de la magie, sans toutefois en être un précepte. Je me fais poser très fréquemment des questions au sujet des fameux cercles magiques ; comment dois-je tracer le cercle ; est-ce un cercle de protection ; est-ce que les cercles magiques sont importants ou obligatoires, etc.

Ces nombreuses questions trop souvent soulevées, démontrent à quel point le sujet est encore d'actualité et que personne ne semble détenir de véritable réponse. Je vais donc vous révéler sans plus attendre quelles sont les fonctions des cercles magiques et comment un praticien de l'Art peut en faire usage.

Le cercle est avant tout un symbole magique de la plus haute importance. Il signifie un tout, le commencement et la fin en cycles perpétuels, l'Un. Lorsque le sorcier ou la sorcière se tient au centre du cercle, il symbolise qu'il est le maître du microcosme et du macrocosme – le maître de son Univers personnel et du grand Univers dans lequel il interagit. Il se représente comme étant lui-même la puissance Divine. Il devient donc à ce moment-là, la Lumière sur toute chose.

Or, le cercle magique, physiquement et immatériellement parlant, est aussi employé comme un espace de confinement ou une lentille de puissance afin de concentrer avec intensité en un même endroit toutes les forces et les énergies manipulées par l'officiant.

La raison qui explique pourquoi plusieurs personnes le nomment 'cercle de protection', c'est que le cercle vu en tant qu'espace énergétique, je préfère dire lentille de puissance, empêche les forces éveillées de se dissiper au-dehors de cet espace, évidemment si le cercle a été conçu convenablement selon les règles de l'Art. Ainsi, oui, il est vrai de dire que le cercle *protégera* contre les fuites d'énergie.

Évidemment, le cercle possédera aussi son sens protecteur en tant que barrière psychique, empêchant les Entités et esprits d'y pénétrer, toujours, et à la seule condition que ce dernier fut tracé adéquatement, c'est-à-dire non seulement physiquement par la main, mais sur les trois plans d'existence simultanément, physique, psychique et mental. Car effectivement, ériger une barrière physique ne fera jamais plus qu'empêcher les intrus du plan physique. Une Entité vivant sur le plan astral n'étant pas régie par les Lois de la matière pourra aisément pénétrer le cercle magique aussi facilement qu'elle pourra pénétrer dans n'importe quelle demeure. Ainsi, pour se protéger des Entités astrales, le magicien devra construire une défense sur le même plan d'existence que ces dernières.

Ainsi donc, comme je viens de vous le mentionner, le plus important à retenir c'est que le cercle peut être tracé physiquement, avec votre athamé, mais plus encore, mentalement, sans même remuer le petit doigt. À ce propos, il est donc possible de le tracer uniquement par la pensée, en accompagnant votre visualisation d'un geste de la main, en imaginant que vous érigez une puissante barrière psychique et énergétique. Ce dernier devra demeurer constamment visible et présent dans votre esprit. Peu importe la façon que vous choisirez de faire, les deux méthodes sont excellentes.

Pour résumer, nous pourrions définir et simplifier au maximum les fonctions du cercle magique sous deux aspects bien distincts. En magie pratique, le cercle protégera contre les vibrations hostiles en provenance de l'extérieur, tandis que de l'intérieur, le cercle concentrera les énergies évoquées dans cet espace délimité formant ainsi une forte lentille de puissance et un espace de travail sacré pour l'officiant.

En conclusion, le sorcier et la sorcière traceront un cercle magique afin de créer un espace sacré et pur, exempt de toutes vibrations contraires, puis, ensuite, ils évoqueront les énergies de L'Univers qu'ils souhaiteront présentes avec eux, demandant, entre autres, aux Éléments à se joindre à leur cérémonie.

Trois Types de Cercles Magiques

Sachez qu'il existe plusieurs types de cercles magiques. Ceux-ci sont toujours ressemblants, mais il existe de nombreuses façons de les tracer ou plutôt, de les charger. Il y en a des plus simples aux plus complexes. Dans un ancien ouvrage, j'ai écrit qu'il existait au moins trois manières différentes d'élaborer de tels cercles de confinement. Il en existe d'autres, mais ces derniers suffiront à vous donner un bon aperçu des possibilités.

Voici trois types de cercles qui peuvent être construits par analogies.

A) Analogies divines: Le cercle est basé sur les correspondances divines à invoquer.

B) Analogies planétaires: Le cercle est basé sur les correspondances, les couleurs et fumigations associées aux planètes.

C) Analogies élémentaires: Le cercle est basé sur les correspondances, les couleurs et fumigations élémentaires ; cercle de Feu, d'Air, d'Eau et de Terre. C'est d'ailleurs le type de cercle que vous utiliserez couramment en sorcellerie.

Ces types de cercles se caractérisent ainsi :

A) Ce cercle est basé essentiellement sur les représentations divines, en le dédiant principalement aux déités, dieux et déesses. C'est notamment le type de cercle obtenu par la pratique du Rituel Mineur de Bannissement du Pentagramme.

B) Ce cercle est construit selon les correspondances planétaires, en analogie avec la planète dominante dans un rituel spécifique.

C) Ce cercle est construit selon les correspondances élémentaires d'un Élément donné, qu'il s'agisse du Feu, de l'Eau, etc.

Ceci étant démontré, sachez que les cercles magiques ne sont pas toujours requis, du moins en ce qui concerne la Magie Cérémonielle, car un mage reconnaît qu'en pratiquant le Rituel Mineur de Bannissement du Pentagramme, soit le RMBP, son cercle magique de base est déjà et automatiquement tracé. Toutefois, en sorcellerie, la tradition indique (non au sens obligatoire) de toujours en tracer un et que ces derniers sont essentiels à tout moment pour toute action magique quelle qu'elle soit afin de dédier un espace de travail adéquat (au Dieu, à la Déesse et aux Éléments) et de concentrer les énergies mises en branle par les rituels et expérimentations occultes.

Bien qu'il puisse exister autant de variantes que de sorcières dans la façon de tracer les cercles magiques, je vous offre ici une méthode traditionnelle et rituelle pour créer votre espace sacré. L'idée générale que l'on retrouve exprimée chez une majorité de sorcières est que la sorcellerie étant la religion de la Terre, par conséquent, lors du tracé du cercle, ces dernières évoqueront l'Élément Terre et officieront avec leur autel orienté face au Nord. Certes, il s'agit d'une façon de voir les choses. De mon côté, et au risque de me faire critiquer pour mes rituels trop complexes, je vais vous présenter la manière de tracer un cercle aux *analogies élémentaires*, lequel fera emploi des quatre paires de pentagrammes d'invocation et de bannissement. Ainsi, l'autel sera orienté face à l'Orient et les quatre Éléments cosmiques seront invoqués, tour à tour, afin d'obtenir un parfait équilibre. Le praticien attentif remarquera une très grande similitude entre cette technique et le Rituel d'Invocation du Pentagramme pratiqué essentiellement en Magie Cérémonielle. Libre à vous d'employer cette technique ou de la modifier selon vos besoins, comme en employant seulement les pentagrammes de l'Élément Terre.

Retenez finalement que lorsque vous ferez usage d'un cercle magique, le cercle tracé physiquement sur le sol agira uniquement en tant que de support mental. Vous devrez être en mesure de vous le représenter mentalement en tout temps. Effectivement, tout se passe au niveau de la conscience du praticien.

※

Tracer les Cercles Magiques

Ayant pris soin de placer tous vos outils magiques sur votre autel ainsi que tout votre matériel nécessaire pour pratiquer vos rituels, n'ayant rien oublié, vous pouvez dès lors tracer votre cercle magique.

Commencez par allumer les chandelles représentant le Dieu et la Déesse ainsi que celle représentant l'Élément Feu et faites brûler de l'encens. Vous pouvez, si désiré, allumer également une chandelle à chaque point cardinal devant chacune des Tours de Guet élémentales.

Approchez l'autel et agenouillez-vous avec respect et diligence. Ensuite, consacrez l'eau et le sel en suivant la formule de consécration habituelle : *'Je t'exorcise, O toi Créature d'Eau...'*, Etc.

L'eau et le sel étant dûment consacrés, commencez à tracer votre cercle magique avec votre athamé (ou votre épée) en partant de l'Est pour revenir à l'Est (ou du Nord au Nord pour certains autres praticiens), toujours dans le sens du Soleil, soit en marchant dans le sens des aiguilles d'une montre. À mesure que vous tracez le cercle, visualisez des flammes bleues électriques crépiter sur le sol suivant le tracé de votre lame et récitez ce faisant (ou tout juste après) :

'Je te conjure, O Cercle de Puissance, afin que tu puisses être une place d'amour, de joie et de vérité ; un bouclier contre toute forme de malignité et de malin ; une frontière entre le monde des hommes et les royaumes des Grands Anciens ; un rempart et une protection qui préservera et contiendra la puissance que j'accentuerai en toi. Dès lors, je te bénis et te consacre, au nom de Cernunnos et Aradia.'

Retournez à l'autel et déposez votre athamé. Récupérez ensuite le bol d'eau salée et en partant de l'Est, faites le tour du cercle en aspergeant le périmètre. De retour à l'Est, retournez devant votre autel et récupérez l'encensoir. De la même façon, faites le tour du cercle en encensant votre espace de travail. Finalement, prenez la chandelle du Feu et faites un dernier tour du cercle. De retour devant l'autel, déposez la chandelle à sa place, prenez une fois de plus votre athamé et dirigez-vous au bord du cercle face à l'Est.

À l'aide de votre athamé, tracez devant vous, dans les airs, un pentagramme d'Invocation de l'Air. Débutez par la pointe supérieure droite, tel que démontré sur la page suivante.

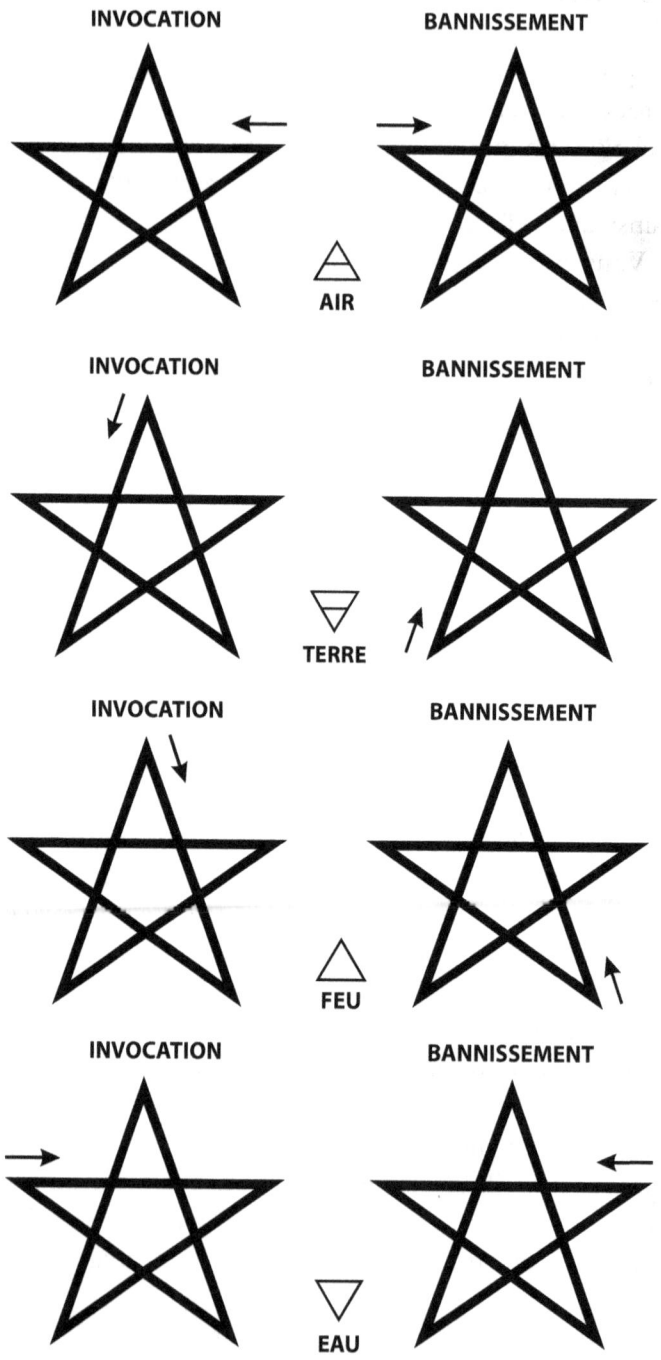

Pentagrammes d'Invocation et de Bannissement

Pour vous aider à tracer le pentagramme de la bonne dimension, utilisez votre corps en guise de repères. Commencez au niveau de votre épaule droite et tracez le premier côté en allant vers votre épaule gauche. Descendez ensuite vers votre hanche droite puis remontez jusqu'au niveau de votre front. De là, descendez jusqu'à votre hanche gauche et complétez le pentagramme en retournant à votre point de départ.

Visualisez au fur et à mesure que vous tracez le pentagramme, une flamme jaillissant de la pointe de lame, tel le feu éclatant d'une torche à souder. Cette lumière doit être visualisée d'un jaune électrique extrêmement brillant. Tout en traçant le pentagramme, dites:

'Seigneurs de la Tour de Guet de l'Est, Seigneurs de l'Air; Je vous appelle et vous convoque, afin d'assister mes rites et de garder ce Cercle.'

Dirigez-vous le long de la périphérie du cercle au Sud, tracez un pentagramme d'Invocation du Feu et visualisez-le d'un rouge très vif. Dites ce faisant:

'Seigneurs de la Tour de Guet du Sud, Seigneurs du Feu; Je vous appelle et vous convoque, afin d'assister mes rites et de garder ce Cercle.'

Dirigez-vous le long de la périphérie du cercle à l'Ouest, tracez un pentagramme d'Invocation de l'Eau de couleur bleu électrique et dites:

'Seigneurs de la Tour de Guet de l'Ouest, Seigneurs de l'Eau; Je vous appelle et vous convoque, afin d'assister mes rites et de garder ce Cercle.'

Dirigez-vous au Nord et concluez en traçant un dernier pentagramme, celui de l'Invocation de la Terre, vert très brillant, en disant:

'Seigneurs de la Tour de Guet du Nord, Seigneurs de la Terre; Je vous appelle et vous convoque, afin d'assister mes rites et de garder ce Cercle.'

Complétez le cercle pour finalement revenir derrière votre autel, toujours en vous déplaçant dans le sens des aiguilles d'une montre. Déposez votre athamé sur l'autel. Votre cercle magique est maintenant tracé. Vous pouvez dès lors poursuivre avec vos travaux de magie blanche ou toute expérimentation occulte que vous désirez entreprendre.

Note sur les sorties de cercle:

Si, pour une raison quelconque, vous aviez besoin de sortir de votre cercle lors d'un rituel ou au cours d'une cérémonie, prenez votre athamé et dirigez-vous au Nord-Est. En partant du sol, à la périphérie du cercle, tracez de gauche à droite une entrée ou un portail assez large et assez haut afin que vous puissiez passer au travers. Dès votre retour, refermez le cercle en traçant un trait sur le sol, de gauche à droite, à l'endroit où était le portail qui vous a permis de sortir du cercle.

Je ne recommande pas d'utiliser abondamment cette technique, mais si vous ne pouvez faire autrement que de sortir, comme dans le cas d'une urgence, alors le portail vous permettra de le faire sans risque de briser le cercle magique et de dissiper les énergies.

Fermer le Cercle Magique et le renvoyer à l'Univers

Lorsque toutes vos opérations magiques seront menées à terme et qu'il sera temps de les conclure, la dernière étape à effectuer sera de fermer convenablement le cercle et de renvoyer (bannir) toutes les énergies d'où elles proviennent, c'est-à-dire, de les retourner à même l'Univers.

Il est très important de ne jamais omettre cette phase finale d'une action magique, sans quoi, les énergies et vibrations invoquées ou évoquées se dissiperont dans tous les sens et demeureront en place même longtemps après que vous aurez quitté votre pièce de travail.

Athamé en main, allez au bord de votre cercle à l'Est. Tracez le pentagramme de Bannissement de l'Air.

Tout en traçant le pentagramme, dites:

'*Seigneurs de la Tour de Guet de l'Est, Seigneurs de l'Air; Je vous remercie d'avoir assisté mes rites; le temps est venu de retourner vers vos royaumes respectifs, je vous rends grâce et vous salue.*'

Dirigez-vous le long de la périphérie du cercle au Sud, tracez un le pentagramme de Bannissement du Feu et dites ce faisant:

'Seigneurs de la Tour de Guet du Sud, Seigneurs du Feu; Je vous remercie d'avoir assisté mes rites; le temps est venu de retourner vers vos royaumes respectifs, je vous rends grâce et vous salue.'

Dirigez-vous ensuite le long de la périphérie du cercle à l'Ouest, tracez un pentagramme de Bannissement de l'Eau et dites :

'Seigneurs de la Tour de Guet de l'Ouest, Seigneurs de l'Eau; Je vous remercie d'avoir assisté mes rites; le temps est venu de retourner vers vos royaumes respectifs, je vous rends grâce et vous salue.'

Dirigez-vous finalement au Nord et tracez un dernier pentagramme de Bannissement de la Terre en disant :

'Seigneurs de la Tour de Guet du Nord, Seigneurs de la Terre; Je vous remercie d'avoir assisté mes rites; le temps est venu de retourner vers vos royaumes respectifs, je vous rends grâce et vous salue.'

Les énergies élémentales ont été convenablement bannies et le cercle est maintenant fermé. Ceci met fin à la pratique rituelle. Éteignez toutes les chandelles à l'aide du pouce et de l'index (sans souffler dessus), nettoyez convenablement votre autel et rangez vos outils et votre robe rituelle jusqu'à la prochaine occasion.

TROISIÈME PARTIE

L'Initiation à la Sorcellerie & aux Vibrations Universelles

L'Invocation du Grand Dieu Cernunnos

Grand Dieu Cernunnos retourne encore à la Terre !
Viens à mon appel et montre-toi aux hommes.
Berger des boucs, sur le chemin de la colline sauvage,
Mène ton troupeau depuis les ténèbres jusqu'au jour.
Oubliés sont les méthodes du sommeil et de la nuit,
Les hommes les recherchent, dont les yeux ont perdu la lumière qui luit.
Ouvre la porte, la porte qui n'a pas de clé,
La porte des rêves, par laquelle les hommes viennent te rencontrer.
Berger des boucs, O réponds-moi, tu es invoqué !
Akhera goiti ! Akhera beiti !

La Charge de la Déesse

Écoutez les mots de la Grande Mère, elle qui depuis les temps anciens fut nommé parmi les hommes Artémis, Astarté, Athéna, Diane, Mélusine, Aphrodite, Cerridwen, Dana, Arianrhod, Isis, Bride, et par plusieurs autres noms.

À toutes les fois que vous aurez besoin de quelque chose, une fois par mois, et mieux encore lorsque la lune est pleine, alors vous devrez vous rassembler dans un certain lieu secret et adorer l'esprit de moi, qui est la Reine de toutes les sorcières. Ici vous vous rassemblerez, vous qui êtes prêts à apprendre toute sorcellerie, cependant n'avez pas encore gagné ses secrets les plus profonds; à cette volonté je vous enseignerai des choses qui sont encore inconnues. Et vous serez libéré de l'esclavage; et comme signe que vous serez réellement libres, vous serez nus dans vos rites; et vous danserez, chanterez, festoierez, ferez de la musique et l'amour, tout à mon éloge. Ce qui est mien est l'extase de l'esprit, et mien est aussi joie sur Terre, car ma loi est amour à tous les êtres. Conservez vos hautes aspirations pures; faites toujours des efforts envers celles-ci; ne laissez vos échecs vous arrêter ou vous tourner de côté. Car mien est la porte secrète qui s'ouvre sur la Terre de la Jeunesse et mien est la coupe de vin de la vie, et le Chaudron de Cerridwen, qui est le Saint Graal de l'immortalité. Je suis la gracieuse Déesse, qui donne le cadeau de la joie dans le cœur des hommes. Sur Terre, je donne la connaissance de l'esprit éternel; et par-delà la mort, je donne la paix et la liberté, et la réunion avec ceux qui ont disparus avant. Ni que je demande sacrifice, car voyez; je suis la Mère de toutes choses et mon amour est versé sur la Terre.

Entendez les mots de la Déesse des Étoiles; elle dans la poussière dont les pieds sont les hôtes des cieux, et dont le corps encercle l'Univers. Je suis la beauté de la Terre verte, et la lune blanche parmi les étoiles, et le mystère des eaux, et le désir du cœur des hommes. J'en appelle à votre âme: Levez-vous et venez vers moi. Car je suis l'âme de la nature, qui confère la vie à l'Univers. De moi, toutes choses sont issues et à moi toutes choses doivent retourner; et devant mon visage, aimé des dieux et des hommes, laissez votre profonde personnalité divine être enveloppée dans le ravissement de l'infini. Laissez mon adoration être dans le cœur de ceux qui se réjouissent; car voyez, tous les actes d'amour et de plaisirs sont mes rituels. Et de ce fait, qu'il y ait beauté et force, puissance et compassion, honneur et humilité, allégresse et révérence en vous. Et ceux qui pensent à me rechercher, sachez que vos recherches et désirs ne vous avantageront pas à moins que vous connaissiez le mystère, que si en vous vous ne trouvez ce que vous recherchez alors vous ne le trouverez jamais sans vous. Car voyez, j'ai été avec vous depuis le début; et je suis ce qui est atteint à l'accomplissement du désir.

L'Initiation Solitaire à la Sorcellerie

Je vous ai mentionné au début de cet ouvrage que dans un contexte moderne, l'initiation de sorcière en sorcière n'était plus nécessaire. À ce propos, vous ne devriez jamais vous buter à cette partie de la tradition, car vous en conviendrez, vous pourriez avoir à patienter fort longtemps avant d'avoir la chance de rencontrer une sorcière prête à faire de vous un nouvel initié aux Arts de la magie blanche.

Les traditions perdurent depuis la nuit des temps et elles continueront de vivre de génération en génération. Toutefois, les mentalités changent et évoluent également. Ce qui autrefois était juste et nécessaire ne l'est peut-être plus aujourd'hui. Ce qui jadis était un secret bien gardé est devenu une vérité acceptée de tous. Quoi qu'il en soit, une règle fondamentale demeure depuis toujours bien enracinée au sein de la sorcellerie : le respect de la liberté. Ayant ce choix et ce libre arbitre, vous pouvez donc choisir d'attendre d'être initié par une sorcière ou le faire par vous-même, sans plus attendre. Les Dieux Anciens ne vous regarderont pas d'un mauvais œil si vous faites le grand saut en solitaire, bien au contraire, ils vous accueilleront à bras grands ouverts.

Les motifs qui vous pousseront à vous initier en solitaire peuvent être très nombreux. Il est fort possible, sinon hors de tout doute, que vous ressentez cette attirance pour la religion de la Terre et ses nobles principes de vie ; que vous avez au plus profond de vous ce désir de vous unir aux forces de la nature et aux énergies Universelles ou, encore, que vous désirez adhérer à un cercle de personnes qui priment le respect de toute création en faisant preuve de croissance intérieure et spirituelle.

Toutes ces raisons sont bonnes et je suis persuadé que vous possédez également les vôtres, lesquelles sont toutes aussi valables.

Or, votre plus grand désir en ce moment est de devenir un sorcier ou une sorcière ? Vous avez envie de pratiquer les rites et les cérémonies d'autrefois et d'honorer les Grands Anciens ? Alors pratiquez le rituel suivant, ce dernier sera amplement suffisant pour vous initier correctement à l'Art Blanc, par vous-même, sans avoir recours à personne.

Ma première recommandation est que vous preniez la peine de lire le rituel à quelques reprises avant de le pratiquer. Je vous demande de faire cela afin que vous puissiez bien comprendre dans quoi vous vous apprêtez à vous engager. Prenez tout le temps nécessaire pour comprendre et assimiler le sens profond de cette initiation, car il s'agit d'un acte très solennel et de la plus haute importance. Si vous ne vous sentez pas prêt, alors attendez le bon moment. Car une fois que vous vous serez initié et que vous aurez prêté serment, il sera trop tard pour revenir en arrière. Les Dieux ne vous percevront plus jamais de la même façon.

Cher praticien en devenir, si vous ressentez qu'il est grand temps de faire jaillir de vous votre vraie personnalité magique, alors allez-y pur de cœur et préparez-vous à vivre l'un des moments les plus importants de votre vie.

Les préparations préliminaires

Préparez votre pièce de travail convenablement et assurez-vous qu'elle soit bien propre. Débranchez la sonnerie du téléphone et fermez les fenêtres, s'il y a lieu, pour vous couper des bruits extérieurs. Placez maintenant tous vos outils magiques et chandelles sur votre autel et orientez celui-ci au centre de votre sanctuaire face au Nord. Effectivement pour ce rituel seulement, l'autel fera face au Nord à cause de l'association avec l'Élément Terre.

Vous aurez également besoin pour ce rituel de votre coupe remplie de vin ainsi que d'une huile, n'importe laquelle fera l'affaire, bien qu'une huile de consécration ou de bénédiction soit encore plus appropriée.

À présent, prenez un bain rituel ou une douche consciente afin de vous purifier de corps et d'esprit (voir le chapitre suivant à propos des bains magiques pour la procédure complète). Revêtez votre habit cérémoniel, si vous en avez un, sinon demeurez tout simplement nu pour la durée du rite initiatique. Approchez ensuite l'autel dans le silence et faites une courte méditation à propos de l'acte solennel que vous vous apprêtez à faire. Lorsque vous serez prêt, entamez le rituel.

Le Rituel d'Initiation

Commencez par allumer les chandelles représentant le Dieu et la Déesse ainsi que celle représentant l'Élément Feu et faites brûler de l'encens. Vous pouvez, si désiré, allumer également une chandelle à chaque point cardinal devant chacune des Tours de Guet élémentales.

À présent, agenouillez-vous devant l'autel avec respect et diligence. Consacrez l'eau et le sel en suivant la formule de consécration habituelle. Tracez ensuite votre cercle magique avec votre athamé en partant du Nord au Nord, toujours dans le sens du Soleil. Après avoir fait le tour du cercle avec (en aspergeant) l'eau salée, l'encensoir et la chandelle, et après avoir tracé les pentagrammes d'Invocation et invoqué les Tours de Guet, or, lorsque le cercle sera convenablement tracé, tel que prescrit dans la deuxième partie, reprenez place devant l'autel face au Nord.

Levez et écartez les bras hauts dans les airs et prononcez :

Je t'invoque et je t'appelle, Grande et Puissante Mère à nous tous, toi qui apportes toute fécondité ; de la semence à la racine, du tronc au bourgeon, de la feuille à la fleur et au fruit, je t'invoque afin que tu bénisses ce rite, et que tu m'admettes dans la compagnie de tes enfants secrets.

Faites une courte pause, puis récitez la *Charge de la Déesse*.

Ensuite, toujours face à l'autel, levez les bras une fois de plus et faites à deux mains le signe du Dieu Cornu (index et auriculaires tendus, pouces et doigts du milieu repliés) et récitez l'*Invocation du Grand Dieu Cernunnos*.

Faites une courte pause dans le silence, puis, poursuivez ainsi :

'Déesse délicate, Dieu puissant ; je suis votre enfant, maintenant et pour toujours. Votre souffle est ma vie. Ta voix, Grande et Puissante Mère, et la tienne Grand et Puissant Père, parlent en moi, comme elles le font en toutes créatures, si nous pouvions seulement l'entendre. C'est alors, ici dans votre Cercle Magique, qui est entre le monde des hommes et le royaume des Grands Anciens, j'ouvre mon cœur à votre bénédiction.'

Méditez aussi longtemps que souhaité sur la présence du Dieu et de la Déesse et sur le sens profond de vos paroles. Vous pouvez vous asseoir sur le sol, si désiré. Ouvrez votre cœur à eux et laissez-vous baigner dans leurs énergies. Après, dirigez-vous au bord du cercle à l'Est et dites :

'Prenez conscience, vous Seigneurs de l'Est et de l'Air, car moi (votre nom magique), je suis dûment apte à devenir un(e) prêtre(tresse) et un(e) sorcier(ière).'

Dirigez-vous au Sud et dites :

'Prenez conscience, vous Seigneurs du Sud et du Feu, car moi (votre nom magique), je suis dûment apte à devenir un(e) prêtre(tresse) et un(e) sorcier(ière).'

Dirigez-vous à l'Ouest et dites :

'Prenez conscience, vous Seigneurs de l'Ouest et de l'Eau, car moi (votre nom magique), je suis dûment apte à devenir un(e) prêtre(tresse) et un(e) sorcier(ière).'

Dirigez-vous au Nord et dites :

'Prenez conscience, vous Seigneurs du Nord et de la Terre, car moi (votre nom magique), je suis dûment apte à devenir un(e) prêtre(tresse) et un(e) sorcier(ière).'

Complétez le cercle et reprenez place devant votre autel. Placez la main droite sur votre cœur et récitez solennellement le serment des sorciers et sorcières avec sincérité :

'Moi, (votre nom magique), sous la présidence des Grands Anciens, de mon propre gré et en toute liberté, je jure solennellement de toujours garder le secret et de ne jamais révéler ces secrets de l'Art qui me seront confiés, sauf exception s'il s'agit d'une personne convenable et dûment préparée à l'intérieur d'un cercle comme dans celui où je me tiens en ce moment ; et que je ne refuserai jamais ces secrets à une telle personne si elle est le garant d'un frère ou d'une sœur de l'Art. Tout cela je le jure par mes souhaits d'une future vie ; et puissent mes outils se retourner contre moi si je brise ceci, mon serment solennel.'

Prosternez-vous devant l'autel, puis, récupérant l'huile, enduisez-le bout de vos doigts et dites :

'Je me signe à présent avec le Triple Signe.
Je me consacre maintenant avec l'huile.'

Enduisez-vous légèrement d'huile au niveau de votre bas-ventre, puis du côté droit de votre poitrine, puis du gauche et, finalement, au niveau du bas-ventre une dernière fois, complétant ainsi le triangle inversé du Premier Degré d'initiation. Enduisez maintenant le bout de vos doigts avec le vin en disant :

'Je me consacre maintenant avec le vin.'

Touchez-vous une fois encore aux mêmes endroits que précédemment. Finalement, donnez un baiser sur le bout de vos doigts en disant :

'Je me consacre maintenant avec mes lèvres.'

Tracez une fois de plus le triangle inversé et touchez-vous de nouveau au niveau de votre bas-ventre, puis du côté droit, et du gauche de votre poitrine, puis au niveau du bas-ventre une dernière fois. Procédez ensuite à la dernière étape.

Dirigez-vous au bord du cercle à l'Est, puis au Sud, à l'Ouest et au Nord et dites, en faisant face à chaque Tour de Guet élémentale :

'Entendez-moi, Grands Anciens de l'Est (Sud, Ouest, Nord) et de l'Air (Feu, Eau, Terre), Moi, (votre nom magique), j'ai été dûment consacré prêtre(tresse), sorcier(ière) et enfant secret de la Déesse.'

Votre initiation sur la voie de la sorcellerie est dûment complétée. Soyez-en fier car ceci est un grand jour ! Je vous offre dès lors toutes mes félicitations, car vous voilà maintenant un véritable sorcier, une véritable sorcière, fils ou fille du Dieu et de la Déesse !

Le Secret des Bains Magiques & de la Purification des Corps

Pratiquer consciemment la magie lorsque l'on adhère à la tradition Wicca, c'est d'abord et avant tout respecter et diriger des flots d'énergies ou des courants psychiques environnants. Pour être en mesure d'appliquer une pression volontaire, donc par le biais de notre volonté, sur les énergies de la nature qui nous entourent, il faut idéalement être soi-même exempt d'énergies négatives, que l'on désigne également en termes de vibrations, afin de ne pas entacher maladroitement les courants énergétiques que l'on manipule au moyen des rituels.

Nous sommes constamment entourés par toutes sortes de vibrations et émissions psychiques. Celles-ci nous imprègnent et déteignent sur nous à notre insu et peuvent même accentuer et influencer notre attitude et tous nos comportements. Pour vous donner une idée claire et imagée de ce concept, imaginez un instant que tout l'air qui vous entoure devient soudainement parfumé. Partout où vous mettez les pieds, vous traversez ces couches subtiles et odorantes. En divers endroits vous retrouverez des vibrations différentes, positives et également négatives ou, comme pour cet exemple, différents parfums. Certains seront agréables et très odorants, tandis que d'autres seront tantôt lourds et denses, voire même insupportables et nauséabonds.

Ce que je veux vous faire comprendre au moyen de cette métaphore, c'est que tout comme un parfum qui adhère à vos vêtements, les vibrations subtiles, quant à elles, imprègnent vos corps psychiques. Ce phénomène existe depuis toujours, mais la majorité des gens n'en sont tout simplement pas conscients.

Ainsi, afin de parvenir à vous libérer des influences psychiques négatives, une purification quotidienne s'avère donc nécessaire, mais plus encore, tout juste avant de revêtir votre tenue cérémonielle en vue d'accomplir un acte magique. En effet, vous ne voulez sûrement pas trimballer avec vous dans votre cercle magique, au beau milieu de votre sanctuaire sacré, des vibrations contraires et malsaines !

Bien qu'il y ait de nombreuses méthodes pour parvenir à se purifier, l'une des plus populaires et efficaces est sans contredit le bain magique. Il est un fait que nous savons tous, prendre un bain est synonyme de détente. Mais qui plus est, il est possible de profiter de ce moment pour se purifier et chasser consciemment toutes les impuretés de nos corps psychiques. Par ces mêmes bains, nous pouvons ensuite entamer un processus inverse, c'est-à-dire attirer une énergie vibratoire qui sera apte à concrétiser tous nos désirs.

Il existe donc deux techniques de bains magiques. La première consiste en une simple *immersion purificatrice*; méthode que vous devriez utiliser abondamment et aussi souvent que possible pour décharger votre psychisme ; cela vous fera un plus grand bien ! La seconde, sert plutôt à imprégner et charger vos corps psychiques d'une influence spécifique afin que celle-ci puisse par la suite se manifester concrètement, à travers vous, sur le plan terrestre. Cette technique se nomme *l'immersion magnétique*.

Je vais donc, sans plus tarder, vous expliquer les deux facettes du secret des bains magiques. Nous commencerons par voir la première technique qui consiste à appliquer les propriétés des bains purificateurs afin que vous puissiez être en mesure de vous décharger des énergies négatives. Puis, nous verrons, dans un deuxième temps, comment vous pourrez charger vos corps subtils d'une influence ou d'une vibration positive et très constructive.

Les Immersions Purificatrices

Ce type de bain magique ne nécessite aucun accessoire et il se pratique en peu de temps. Vous devez tout simplement faire preuve d'une bonne dose de visualisation et de votre foi de magicien blanc pour que le processus s'opère réellement, sans plus.

Afin de vous départir des vibrations et influences psychiques négatives que vous aurez accumulé au fil de votre journée, après une sortie dans un endroit public ou encore, si vous vous apprêtez à pratiquer un rituel, commencez par faire couler un bain. La température de l'eau n'a aucune importance car cette technique ne tient pas compte des propriétés magnétiques de l'élément aqueux.

Prenez ensuite place dans la baignoire, allongez-vous et concentrez-vous sur le fait que non seulement vous lavez votre corps physique avec de l'eau et du savon (si vous désirez vous laver physiquement, ce qui serait une bonne chose), mais que du même coup, vous nettoyez et purifiez aussi vos corps subtils par la même occasion.

Visualisez avec fermeté que tout ce qui est négatif vous quitte dès cet instant. Vous pouvez imaginer, par exemple, que vos corps se purifient en laissant échapper dans l'eau toute cette crasse psychique par tous les pores de votre peau. Lorsque vous serez convaincu d'avoir purifié ainsi votre être tout entier, tirez le bouchon et demeurez dans la baignoire. Visualisez que toutes ces énergies malsaines et discordantes s'écoulent complètement avec l'eau du bain.

Lorsque la baignoire sera vide, sortez du bain et séchez-vous. L'immersion purificatrice est complétée. C'est aussi simple que cela. Vous pouvez être certain que si vous avez clairement visualisé le rejet des vibrations hostiles, la purification fut un succès. Vous pouvez ensuite vaquer à vos occupations quotidiennes ou enfiler votre robe magique pour pratiquer un rituel, sachant que vous êtes maintenant déchargé de toutes influences vibratoires négatives. Cette technique est simple, rapide mais combien efficace.

La Douche Rapide

Ce que j'appelle la douche rapide est ni plus ni moins une variation des immersions purificatrices. Comme ce n'est pas tout le monde qui a le loisir de posséder une baignoire ou parce que parfois le temps nous manque et prendre un bain complet peut être quelque peu fastidieux, selon les circonstances du moment, il est alors possible de se purifier en vitesse sous un jet d'eau courante.

La technique est sensiblement la même que précédemment. Sous la douche, visualisez que toutes les énergies négatives absorbées par vos corps psychiques s'échappent par tous les pores de votre peau. Visualisez ces mauvaises vibrations s'évacuer et être entraînées par l'eau coulant le long de votre corps jusqu'à vos pieds. Concentrez-vous intensément sur cette action purificatrice pendant quelques minutes. Une fois cette action consciente terminée, sortez de la douche et séchez-vous. Vous êtes maintenant exempt de toutes vibrations contraires.

Les Immersions Magnétiques

Contrairement aux immersions purificatrices qui servent uniquement à bannir les vibrations hostiles et négatives, la technique suivante, bien qu'elle puisse également purifier ou exorciser les vibrations malsaines, est utilisée principalement afin de charger et magnétiser l'eau de la baignoire d'une influence ou d'une vibration positive et constructive de façon à en imprégner par la suite vos corps subtils. La première technique *absorbe* les vibrations, tandis que celle-ci les *transmet*.

Ceux d'entre vous qui ont eu l'occasion d'étudier mon livre de Haute Magie initiatique *La Science des Mages* remarqueront que j'ai déjà clairement démontré comment agissent les immersions magnétiques. Or, ayant expliqué adéquatement la technique magique dans cet ouvrage, je vais donc tout simplement reprendre ici les mêmes explications afin de vous en faire bénéficier.

Si vous avez déjà étudié quelque peu l'occultisme, vous êtes sûrement tombé tôt ou tard sur un concept de pratiques ésotériques que l'on désigne par le terme commun de 'bains magiques'. Pour certains, sinon la majorité de la masse populaire, prendre un bain magique signifie faire couler un bon bain chaud et confortable pour y ajouter une poignée d'herbes ou d'essences spécifiquement choisies. On brûle un bâton d'encens, quelques bougies et le tour est joué. Restera ensuite à prendre place dans la baignoire pour profiter des influences des dites herbes aux propriétés spéciales. Si cela correspond à peu près à votre conception des bains magiques, sachez qu'un tel bain rituel ne vaut pas plus que de se baigner dans une énorme tisane! En effet, une telle pratique ne vaut rien du point de vue du magicien expérimenté.

Le secret des bains magiques réside dans les propriétés magnétiques inhérentes à l'Élément aqueux. L'eau, par sa nature, possède des propriétés magnétiques. Plus l'eau sera chaude, plus les propriétés magnétiques de celle-ci seront inexistantes. Lorsque l'eau atteint la température du corps humain, soit 37 degrés Celsius, son pouvoir magnétique devient alors neutralisé. Au-dessus de cette température, l'eau n'est plus du tout magnétique. Voilà ce qui explique pourquoi un bain magique en eau chaude est inopérant, à moins bien sûr de savoir comment charger l'eau différemment par le principe akâshique. Je vais y revenir dans quelques instants.

À l'opposé, plus l'eau sera froide, plus son pouvoir d'absorption magnétique sera élevé. Il sera alors facile pour le magicien de charger cette eau d'un désir ou d'une qualité spécifique, tout comme nous l'avons vu avec l'air. Par la suite, en prenant un bain dans cette eau froide et chargée, il suffira de visualiser intensément, toujours avec force et conviction, que la charge magnétique qui fut imprégnée à l'eau se transmet, par le biais de celle-ci, au corps éthérique et psychique du mage lors de cette immersion.

Ainsi, l'eau sous son dense aspect physique et matériel est considérée en occultisme comme une batterie accumulatrice de charges qui peuvent être transmises au magicien. Je vous mentionnais qu'il était toutefois possible d'employer une eau chaude pour transmettre une certaine charge donnée au corps éthérique et astral. Bien que je vous recommande de toujours employer une eau la plus froide possible, il est normal de comprendre qu'un tel bain entraînerait rapidement des engourdissements et de l'inconfort lorsque nous ne sommes pas habitués. La concentration en serait tout aussi affectée. Mais après seulement quelques réitérations, vous constaterez que cela deviendra facilement supportable.

Aussi, si vous désirez utiliser une eau tempérée ou même assez chaude, vous devrez alors savoir que cette eau *ne sera pas magnétisée*, elle devra au contraire être chargée directement à partir du principe akâshique (Élément Esprit) ; le plan primordial du cinquième Élément. De cette façon, la température de l'eau n'importera guère car la charge de cette dernière pourra produire et apporter les effets escomptés par l'entremise des quatre autres Éléments sous l'action du fluide électromagnétique. Cependant, je n'irai pas vous compliquer les choses davantage à ce stade de votre formation avec des explications encore plus élaborées dans le développement de cette dernière technique. Considérez plutôt celle mentionnée plus haut, laquelle est tout aussi efficace et beaucoup plus facile à réaliser.

Dans le cadre de votre développement magique, je vous conseille donc de faire emploi de ce secret, en eau froide, afin de concrétiser des désirs non égoïstes tel qu'obtenir le succès dans vos pratiques, la santé, la guérison, etc. Vous pourrez donc, en apposant vos mains à la surface de l'eau, allié à une forte visualisation, charger une baignoire entière ou même juste un bol d'eau pour ensuite y tremper tout votre corps ou juste les mains et imaginer que la charge de l'eau se transmet immédiatement à vos corps subtils pour y prendre siège, et finalement, se manifester aussitôt sur le plan physique de la matière.

Évidemment, le degré de manifestation et le temps que cela prendra pour qu'un désir se manifeste sera toujours en conséquence de la nature du désir, de votre niveau de concentration et de votre force de visualisation, laquelle doit être très intense – vous ne devez jamais avoir le moindre doute dans votre esprit. Souvenez-vous de l'un des six pouvoirs des sorcières : la foi.

Une immersion magnétique peut constituer à elle seule un rituel magique complet. Mais mieux encore, et ce que je vous recommande de faire si vous avez le temps, c'est de prendre ce type de bain magique en tant que préliminaire, afin de vous préparer en vue d'un rituel ou d'une cérémonie plus complète que vous pratiquerez ensuite dans votre sanctuaire ou temple magique.

Il est possible et même recommandé d'employer certaines mixtures et compositions végétales afin de rehausser l'action magique, mais surtout vibratoire, lors de la prise d'un bain rituel en eau tiède ou froide (lire magnétique). Bien qu'un niveau élevé de visualisation puisse être amplement suffisant chez les praticiens très expérimentés, si vous désirez avoir recours au support d'herbes (voir le chapitre des *compositions végétales pour bains magiques et encens*) pour les ajouter à votre bain ou pour les faire brûler de concert en guise d'encens, vous êtes alors encouragé à le faire si le cœur vous en dit, tant que leurs correspondances auront été soigneusement analysées avant leur emploi. Vous comprendrez toutefois que celles-ci ne seront que de bons auxiliaires tant et aussi longtemps que l'élément clé et essentiel (l'eau) aura été préalablement chargé et magnétisé de votre volonté.

Connaissant maintenant la technique magique de la charge de l'eau, il vous sera dorénavant aisé de pratiquer efficacement des rituels d'immersions magnétiques ou si vous préférez, de 'bains magiques'. Ceci conclu donc le secret relatif aux immersions magnétiques.

Exemple de Bain Magique Rituel

Afin de m'assurer que vous puissiez bien intégrer la façon de pratiquer une immersion magnétique rituelle, je vais vous donner un exemple de bain magique. Vous n'aurez qu'à suivre cette procédure pour tous les bains que vous entreprendrez, peu importe la nature ou les fonctions qu'ils devront accomplir, car la démarche demeurera essentiellement la même.

Je vais employer la forme personnelle du 'je' afin que vous puissiez me suivre aisément, de la même façon que si je me préparais moi-même un bain magique. Je crois ainsi que l'exemple n'en sera que plus clair pour tous.

Supposons que je désire obtenir le succès général dans ma vie. En regardant les correspondances et influences des Sphères planétaires dans la quatrième partie de ce livre, je constate que le Soleil semble être tout indiqué pour ce genre de rituel.

Ayant déterminé que la Sphère Cosmique Solaire régit le succès que je désire obtenir, je sais qu'à défaut d'employer une véritable lampe magique, les chandelles à utiliser pour mon bain rituel devront être dorées ou, à la rigueur, jaunes ou blanches. Maintenant, sachant que le Soleil est en force le dimanche, je vais calculer les heures planétaires afin de connaître quel est le moment propice de la journée pour œuvrer sous la puissance du Soleil, en m'assurant que le dimanche qui vient sera sous une phase lunaire croissante afin de profiter au maximum de toutes les énergies propices à l'accomplissement de mon action magique. Une fois que tout cela sera établi, je vais choisir ensuite une composition végétale qui me servira d'encens et de mixture pour mon immersion magnétique afin d'augmenter le flux des vibrations occultes. Il me reste donc seulement à patienter que le jour arrive pour pratiquer mon bain magique rituel.

Jusqu'à présent, ce que j'ai vérifié pour parfaire ma pratique de bain magique, ce sont les points suivants :

- La Sphère d'existence ou planétaire correspondant à mon désir
- La phase lunaire
- Le jour planétaire
- L'heure planétaire
- La couleur des lampes à utiliser
- La formule d'encens et de bain magique

Advenant le cas où je ne suis pas en mesure de calculer les heures planétaires, je pourrais toujours me contenter de pratiquer mon rituel au jour Solaire, sans me soucier de l'heure, sachant que l'astre Solaire domine durant toute la journée. Je sais de plus qu'il serait toutefois préférable d'opérer à la bonne heure, mais si cela m'est impossible, il n'y a pas de raison de m'en inquiéter.

Dimanche étant arrivé, le moment est venu de pratiquer mon bain magique. Je prépare ma salle de bain. Je dispose près du bain les chandelles dorées en forme d'hexagramme sur une table de chevet. Je vais utiliser six chandelles car l'étoile à six branches est un symbole Solaire. Au centre de l'étoile, je place une chandelle blanche pour me représenter.

Je place maintenant mon encensoir à proximité, de façon à pouvoir l'alimenter d'encens de temps en temps lorsque je serai allongé dans la baignoire. Je vais maintenant faire couler l'eau du bain ; une eau assez froide car je sais que plus l'eau est froide, meilleures seront ses propriétés magnétiques. Pendant que mon bain se remplit d'eau, j'en profite pour débrancher la sonnerie du téléphone pour m'assurer que je ne serai pas dérangé pendant toute la durée du rituel. Voilà, tout est prêt.

Je commence par charger mentalement mon mélange d'herbes en tenant mon flacon dans mes mains. Je me concentre sur leurs propriétés Solaires qui m'aideront à obtenir le succès. Ensuite, j'allume les chandelles et la pastille de charbon dans mon encensoir. Je dépose une quantité d'encens sur les braises, de même que dans l'eau de la baignoire.

Maintenant, je m'agenouille et, en apposant mes mains à la surface de l'eau, allié à une intense visualisation, je charge l'eau de la baignoire de mon désir de succès. Après plusieurs minutes de concentration intense, je prends place dans le bain.

La partie la plus importante du rituel est arrivée. Je visualise très fortement que la charge de l'eau se transmet immédiatement à mes corps subtils et qu'elle se manifeste aussitôt sur le plan physique de la matière. J'ai foi en ce que je fais et je sais pertinemment que le magnétisme de l'eau se transmet à moi par l'action de ma volonté. J'absorbe constamment cette charge magnétique et je demeure concentré pendant plusieurs minutes en baignant dans ces vibrations Solaires, produites par l'action de ma visualisation, de l'encens, des herbes et des chandelles.

Lorsque ma concentration commencera à faiblir ou après environ une quinzaine de minutes, le rituel de bain magique est complété. Je sors de la baignoire sans me sécher et je laisse les chandelles se consumer entièrement. J'évite de quitter ma demeure pendant que brûleront les chandelles afin de toujours baigner dans ces hautes vibrations Solaires, lesquelles sont encore en activité.

Voilà comment devrait idéalement se dérouler cette pratique. En suivant cet exemple, vous serez en mesure de maîtriser cette technique et d'accomplir toutes vos actions de bains magiques sans aucune difficulté.

De l'usage de la Lumière
& des Lampes Magiques

La lumière tient une place très privilégiée, sinon essentielle, dans une conscience de vie harmonisée avec la nature et les forces de l'Univers. La lumière symbolise avant tout ce qui est le plus pur et le plus élevé du point de vue vibratoire et spirituel : le Divin.

Plus encore, la lumière joue également un rôle d'importance en magie en tant qu'agent et émetteur vibratoire. La lumière produite par une ou plusieurs lampes magiques émet un rayonnement énergétique, une fréquence subtile spécifique, qui selon la couleur de la lumière employée, engendre une vibration particulière qui résonnera en parfaite harmonie avec des Intelligences et des Sphères d'existences données.

Effectivement, la nature des Entités ou des Sphères Célestes s'exprimera, entre autres, par la graduation de l'éclat lumineux ou, si vous préférez, par la couleur. Un praticien ou magicien blanc voulant travailler avec les Entités des Sphères élevées devra comprendre que leurs émanations sont très lumineuses et beaucoup plus brillantes ; elles irradient pratiquement. En conséquence, la couleur à utiliser sera le violet, le doré ou le blanc. En revanche, plus on s'éloigne du raffinement spirituel et que l'on s'approche de la densité et des basses Sphères, plus la couleur de la lumière sera terne, sombre et sale, comme le gris ou le noir.

Généralement, l'authentique lampe magique utilisée par les mages selon les préceptes hermétiques est constituée d'une mèche trempée dans de l'alcool ; une lampe à huile que l'on recouvre de verre teinté ou de cellophane de façon à en colorer l'éclat de la lumière produite. Voilà où réside le secret des lampes. Si vous ne désirez pas faire emploi d'un tel instrument, faites comme la plupart des sorciers et sorcières modernes et optez plutôt pour des chandelles colorées. L'effet obtenu ne sera toutefois pas exactement le même, mais disons que c'est ce qui se rapprochera le plus des véritables lampes magiques.

Par ailleurs, ne pratiquez jamais de rituels sous une lumière électrique. La raison qui explique pourquoi il est fortement proscrit d'opérer sous un éclairage artificiel, c'est que l'électricité, lorsqu'elle est émise sur le plan physique de la matière, brouille et perturbe les vibrations astrales qui sont alors en pleine activité au moment d'un rituel.

Vous voyez maintenant qu'il est nécessaire de comprendre, dans un premier temps, l'action de la lumière avant de l'utiliser pour être en mesure de savoir exactement quelles seront les couleurs propices et analogues aux forces et énergies Cosmiques qui régissent certains aspects des rituels magiques que vous pratiquerez par la suite. En d'autres termes, tout et entièrement tout est interrelié, du plan de la matière jusqu'aux hautes Sphères Célestes. Souvenez-vous-en. Afin que vous puissiez éviter les erreurs dans le choix des couleurs des lampes magiques, je vous ai préparé à la fin de ce chapitre une section traitant des correspondances occultes des couleurs basées sur les fréquences vibratoires des énergies Universelles.

Les Types de Correspondances Magiques associées aux Couleurs

Avant d'aborder la partie pratique et d'utiliser les chandelles quotidiennement dans vos rituels, certaines explications s'avèrent dès maintenant nécessaires afin de corriger un raisonnement erroné depuis trop longtemps en circulation. Il est même possible que vous agissiez vous-même de la sorte sans en être totalement conscient. Sachez qu'il existe, pour ainsi dire, deux façons de déterminer et d'associer les correspondances magiques aux couleurs des lampes magiques ; la bonne et la mauvaise : les associations vibratoires et celles d'ordre psychologique. Il est extrêmement important que vous puissiez reconnaître la différence entre ces méthodes avant d'aller plus loin. Car à défaut de quoi, vous pourriez ne pas obtenir tous les résultats escomptés lors de la pratique de vos rites en raison d'avoir utilisé des couleurs qui ne résonnent aucunement avec une action occulte précise et bien définie.

Les Correspondances Vibratoires

La bonne méthode pour analyser les influences magiques des couleurs se caractérise par l'étude des correspondances vibratoires, qui n'a d'autre but que d'associer scrupuleusement les forces et les fréquences énergétiques qui sont en sympathie les unes envers les autres.

Pour comprendre le dernier énoncé, vous devez avant tout savoir que tout ce qui existe dans l'Univers et les différents plans d'existence est constitué d'énergies. Or, ici-bas, les énergies que nous retrouvons dans la nature vibrent toutes à différents niveaux ou fréquences, lesquelles sont analogues aux champs vibratoires générés par certains corps Célestes. Par ailleurs, *ce que nous retrouvons à l'échelle du plan terrestre n'est qu'une grossière densification des énergies Célestes beaucoup plus élevées, subtiles et raffinées.* Autrement dit, les manifestations physiques ne sont qu'un mince aperçu réduit de ce que recèle l'Univers dans toute sa grandeur.

Faites maintenant une pause. Prenez le temps de relire ce qui vient d'être expliqué si cela vous semble obscur ou quelque peu compliqué. Si vous êtes toujours en mesure de me suivre, alors poursuivons ensemble de ce pas.

Sachant donc que *ce que nous retrouvons sur le plan matériel n'est que le dense reflet à petite échelle de quelque chose de beaucoup plus vaste et plus éthéré,* il est normal que la majorité des gens aient de la difficulté à interpréter les correspondances magiques, car il faut posséder une ouverture d'esprit qui dépasse le niveau de la matière brute.

Ayant démontré les liens vibratoires entre les astres et la matière, tout en étant conscient que la couleur exprime la nature des Entités et Sphères Célestes, il est parfaitement logique de nous tourner vers celles-ci afin de déterminer l'essence exacte des correspondances magiques, lesquelles seront en parfaite analogie avec nos désirs et nos souhaits.

Ainsi, l'utilisation des couleurs en magie doit toujours reposer sur une étude approfondie des correspondances. Ces couleurs ne représenteront pas des idées ou des concepts qui seront le fruit d'une simple déduction. Bien au contraire, le but des lampes magiques (ou la couleur des chandelles) sera d'attirer et reproduire la même fréquence vibratoire d'une Sphère d'existence, laquelle régit un domaine terrestre précis, de façon à ce que cette énergie Cosmique puisse se manifester à l'intérieur même du temple magique.

En intégrant ces notions, vous comprendrez également par la même occasion, pourquoi il est tout aussi favorable de s'aligner parfaitement avec les ondes propices en œuvrant aux jours et heures planétaires. Tout est et demeurera toujours une question d'énergies et de taux vibratoire.

Les Correspondances Psychologiques

Mon expérience m'indique qu'une bonne majorité des ouvrages traitant des correspondances attribuées aux couleurs est plutôt de nature psychologique. Je crois même, pour ne pas dire que je suis presque persuadé, que la plupart des praticiens, sorciers et sorcières optent pour cette méthode d'association des pouvoirs occultes des couleurs sans trop savoir exactement que les teintes utilisées ne sont pas toujours en accord précis avec la nature même de leurs rituels.

Pour illustrer mes propos, je vais vous donner l'exemple le plus commun et, du même coup, l'erreur que font presque tous les praticiens et magiciens qui ne prennent pas la peine de réfléchir et d'étudier consciencieusement leur Art comme il se devrait de l'être avant d'agir.

Si je vous dis que la couleur verte est associée à l'argent, vous allez sûrement me répondre que cela est vrai. Malheureusement, il n'en est pas ainsi. Pourtant, si vous faites des recherches, vous finirez tôt ou tard par trouver dans d'autres livres ou sources diverses que le vert est bel et bien associé à l'argent. Alors, où réside donc cette erreur si populaire? Effectivement, le vert correspond *psychologiquement* à l'argent. Par contre, il ne correspond pas *vibratoirement* à ce dernier.

L'argent, le commerce et les affaires vibrent essentiellement avec la force et les auspices Jupitériens dont la couleur est le *bleu*. Ainsi, l'association correcte serait l'emploi d'une lumière ou plusieurs chandelles bleues pour symboliser l'argent et l'abondance monétaire. Pourquoi alors la majorité des sorcières font usage du vert? Cela est tout simple vous allez voir. De quelle couleur est le dollar américain? Eh oui, il est vert! Ainsi, sachant qu'une bonne partie des ouvrages de sorcellerie proviennent de l'Amérique, il est normal de comprendre comment cette couleur fut vite associée à l'argent. Or, *psychologiquement* parlant, dans l'esprit des auteurs et praticiens occidentaux, le vert symbolise le dollar si convoité.

Voilà donc ce en quoi consistent les associations ou correspondances psychologiques. C'est le simple fait de déduire que telle ou telle chose est en parfaite analogie avec une vibration spécifique simplement car cela semble avoir du sens. Évidemment, agir de la sorte pourrait compromettre le bon déroulement d'une action magique basée sur les influences planétaires et vibratoires.

Vous devez probablement vous demander maintenant si les associations psychologiques sont quand même acceptables dans les pratiques de magie blanche. Bien que l'on dise que ce qui semble bon pour quelqu'un est bon pour lui, il faut comprendre d'abord et avant tout que la magie fait appel aux énergies naturelles, Cosmiques et Universelles. Afin d'attirer les influences propices, vous devez être en mesure de créer un canal de vibrations qui seront de la même fréquence que les buts visés par vos opérations magiques. Ainsi, de ce fait, vous devriez personnellement opter, sans la moindre hésitation, pour les associations vibratoires, lesquelles sont exactes, au détriment des associations psychologiques, quitte à changer une habitude bien enracinée dans votre conception depuis plusieurs années.

Bien évidemment, je ne suis que votre guide. Alors libre à vous de prendre parmi ces bribes d'érudition ce qui vous semble adéquat et de mettre le reste de côté. J'aimerais simplement conclure en vous demandant de prendre quelques instants pour méditer sur ces propos et je suis convaincu qu'à l'avenir vous choisirez les bonnes correspondances magiques selon les règles de l'Art.

L'utilisation des Chandelles en Sorcellerie

Faire brûler une chandelle en se concentrant avec tout le pouvoir de sa volonté en vue d'accomplir une action occulte ou pour parvenir à manifester un désir spécifique est probablement l'un des rituels les plus simplistes qui existe en magie blanche. Cette pratique est d'usage depuis fort longtemps et elle semble ne pas avoir perdu de sa popularité.

Plusieurs estiment qu'il est préférable de fabriquer ses propres chandelles de manière à inclure dans la cire des herbes visant à renforcer le pouvoir magique de ces dernières. Si vous désirez prendre la peine de fabriquer vos propres chandelles, je vous encourage à le faire. Non seulement vous y trouverez du plaisir, mais qui plus est, vous saurez que vous aurez en votre possession un objet magique spécial qui, par le simple fait d'avoir pris votre temps pour le concevoir en vous concentrant sur ses propriétés, vous parviendrez à l'obtention de chandelles plus puissantes que celles que l'on retrouve dans le commerce. Sachez toutefois que cela n'est pas forcément nécessaire, car les chandelles que l'on achète en magasin sont néanmoins largement satisfaisantes.

Bien qu'il soit possible d'utiliser les chandelles de façon coutumière, c'est-à-dire, les allumer tout bonnement sans aucun préparatif au préalable, plusieurs sorcières préfèrent toutefois enduire celles-ci avec des huiles essentielles ou des compositions occultes à base d'huiles afin de les charger de leur volonté et pour rehausser leurs effets vibratoires.

Si vous optez pour cette technique, ce qui me semble être très juste de faire car vous pourrez de cette façon charger les chandelles de votre magnétisme personnel, vous devez alors savoir comment enduire vos chandelles. Effectivement, il ne suffit pas de simplement la tremper dans une mixture ou de la badigeonner du doigt.

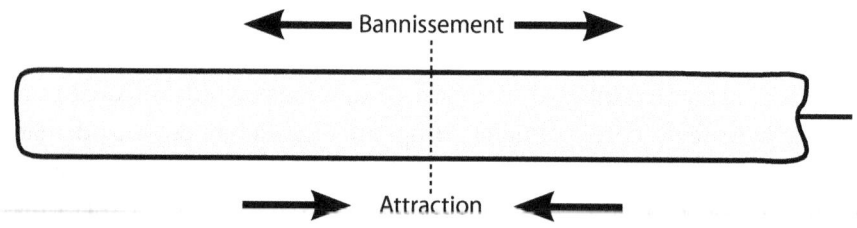

L'art d'appliquer les huiles sur les chandelles

La méthode qu'emploient tous les praticiens blancs, lorsque vient le moment d'appliquer une huile, est d'en enduire l'index de la main droite et d'y aller en partant du centre de la chandelle vers la mèche, puis ensuite, à nouveau du centre vers l'autre extrémité, lorsque celle-ci est employée pour *bannir* les influences. Lorsqu'il s'agit d'*attirer* des vibrations, l'huile est appliquée inversement, c'est-à-dire, à partir des extrémités vers le centre. En vous conformant à cette méthode, enduisez-la complètement en vous concentrant fermement sur les vibrations que doit manifester la ou les chandelles, si vous en utilisez plusieurs.

Dépendant des rituels que vous pratiquerez, parfois vous devrez faire brûler vos chandelles pendant une période de temps déterminée, comme diviser les chandelles en sept sections distinctes pour n'en brûler qu'une seule par jour, dans le cadre de rituels s'échelonnant sur une période de sept jours consécutifs. D'autre part, il sera parfois demandé de laisser les chandelles se consumer entièrement afin que l'action magique se prolonge, même lorsque le rituel sera complété et que le cercle magique sera retourné à l'Univers. D'un côté comme de l'autre, l'emploi sera toujours relatif aux besoins des rituels en question ou plutôt, selon ce que vous jugerez propice de faire. La lumière et les chandelles ont toujours fait partie intégrante de la magie et ce n'est pas demain la veille que nous verrons cesser leur utilisation.

Les Véritables Correspondances Magiques et Vibratoires des Couleurs

L'une des meilleures méthodes pour déterminer quelles sont les correspondances des couleurs les plus courantes, c'est de consulter les auspices planétaires que vous retrouverez dans la quatrième partie de cet ouvrage (voir l'influence des jours de la semaine). Puisque nous savons que toutes les choses existant dans l'Univers sont intimement reliées les unes aux autres, et principalement aux Sphères d'existence, à partir de ces correspondances, nous sommes donc à même d'employer les couleurs des chandelles qui seront vibratoirement analogues aux buts et désirs régis par les Sphères planétaires. Par exemple, le vert pour Vénus et l'amour, le bleu pour Jupiter et l'argent, le rouge pour Mars et le courage, etc.

Or
- Le Soleil et toutes les correspondances Solaires
- Le Dieu
- Les hautes vibrations, les Entités et Sphères Cosmiques élevées
- La spiritualité et le divin
- La guérison, la protection et la purification
- Le succès et la prospérité
- La chance, la victoire et la gloire

Argent
- La Lune et toutes les correspondances Lunaires
- La Déesse
- La clairvoyance et les prophéties
- Les pouvoirs psychiques
- Le voyage astral et le psychisme
- Les rêves

Blanc
- Peut représenter le Soleil ou la Lune et leurs correspondances
- Les hautes vibrations, les Entités et Sphères Cosmiques élevées
- La spiritualité, le divin et la paix
- La pureté et la purification
- La protection et la guérison

Noir et Violet sombre
- Saturne et toutes les correspondances Saturniennes (violet sombre)
- Les bannissements, désenvoûtements et exorcismes
- L'absorption et le renvoi des énergies négatives
- La destruction des sorts et sortilèges
- La nécromancie, la fatalité, la mort, les décédés
- La fin des cycles

Violet clair
- La substance akâshique et l'Élément Esprit
- Les hautes vibrations, les Entités et Sphères Cosmiques élevées
- La spiritualité et l'élévation de l'être
- La sagesse et la maîtrise
- L'ennoblissement du caractère
- La puissance absolue du mage

Orange
- Mercure et toutes les correspondances Mercuriennes
- La divination et les prophéties
- La connaissance et le savoir
- Le mouvement et les voyages
- L'inspiration et l'activité intellectuelle
- La sagesse

Jaune
- Peut représenter également le Soleil et les correspondances Solaires
- L'Élément Air et ses correspondances élémentaires
- La communication et l'éloquence
- Les facultés intellectuelles
- La créativité, l'imagination et l'inspiration
- La persuasion, la joie et les plaisirs
- L'application, l'habileté, la cordialité et l'optimisme

Vert
- Vénus et toutes les correspondances Vénusiennes
- L'Élément Terre et ses correspondances élémentaires
- L'amour et les causes amoureuses
- La guérison, la rémission et la santé
- L'Abondance et la fertilité
- L'estime, la persévérance et la profondeur
- La tempérance, la ponctualité et le sens des responsabilités
- La sexualité féminine

Bleu
- Jupiter et toutes les correspondances Jupitériennes (bleu-roi)
- L'Élément Eau et ses correspondances élémentaires
- Le commerce et l'argent
- La protection
- La patience et la sagesse
- Les sentiments et la délicatesse
- La modestie, la sobriété et la ferveur
- La compassion, la tranquillité, le calme et le pardon

Rouge
- Mars et toutes les correspondances Martiennes
- L'Élément Feu et ses correspondances élémentaires
- L'attaque et la défense
- La volonté et les passions
- L'activité, l'enthousiasme et la résolution
- La force, la vitalité et la puissance
- La hardiesse, le courage et la témérité
- La virilité et sexualité masculine

Rose
- L'amitié, les affections
- Les relations platoniques
- La détente
- La relaxation

Brun
- Les énergies telluriques
- La stabilité
- La mise à terre
- La capacité de se centrer
- Les animaux
- La faune

Gris
- Le Bas Astral
- La destruction des sorts et sortilèges
- L'absorption de la négativité
- La neutralité

De l'usage Magique des Encens & Fumigations

Depuis l'Antiquité la plus reculée, l'encens fut d'usage au sein de toutes les religions et écoles spirituelles. Il était intimement associé à la vénération des dieux et des déités. D'ailleurs, l'encens était utilisé autrefois afin de faire le pont entre le Ciel et la Terre, de façon à établir un contact direct avec cet aspect de la divinité suprême. On disait à ce propos que les fumigations d'encens s'élevant vers le haut avaient comme fonction de transporter les prières jusqu'au Ciel, lieux de résidence des déités, dieux et déesses.

Bien que ces pratiques soient encore courantes de nos jours, nous allons plutôt porter notre attention vers l'usage des encens en magie blanche dont les fonctions, de nature beaucoup plus élaborée, diffèrent de la simple adoration et de la religion.

Nous pourrions citer à cet effet l'emploi des fumigations en Haute Magie lors des évocations magiques et des opérations de nécromancie. Dans le cadre de ces pratiques complexes et réservées essentiellement aux praticiens d'expérience, l'encens joue un rôle très important. Il sert à la densification matérielle des Entités et Esprits, lesquels utilisent les denses particules d'encens afin de se former un corps ou une enveloppe physique leur permettant d'être vus par l'œil de chair et d'interagir sur notre plan d'existence.

Ceux qui s'adonnent à la magie évocatoire comprennent aisément que l'encens est d'une importance capitale. Cependant, comme ce livre ne traitera pas de ce type de magie, cet exemple sera amplement suffisant pour vous donner un simple aperçu de l'usage des fumigations. En effet, si je me devais de traiter de ces pratiques magiques, je ne pourrais résumer ces techniques en quelques pages. J'aurais à écrire un livre tout entier pour traiter le sujet de manière adéquate. Si le temps nécessaire m'est imparti, peut-être que je le ferai pour vous un de ces jours.

D'ici là, sans m'éloigner davantage du sujet qui nous concerne, nous allons maintenant étudier les propriétés des encens auxquelles vous devez vous familiariser car ce sont celles-ci que vous emploierez le plus fréquemment lors de vos pratiques de sorcellerie.

Les Propriétés Occultes des Encens

On dénote au moins deux fonctions principales aux encens. La première consiste à intoxiquer la conscience de l'opérateur afin qu'il puisse tomber dans un état second propre à l'accomplissement d'un rituel, tandis que la deuxième sert à ajuster l'atmosphère vibratoire pour que celle-ci soit en parfaite analogie avec une Sphère d'existence, permettant ainsi à cette dernière de se manifester sur le plan terrestre.

Lorsque je parle d'intoxication, vous comprenez bien entendu qu'il ne s'agit aucunement de faire brûler abondamment des encens jusqu'à en étouffer! Comme je viens tout juste de le mentionner, intoxiquer signifie en magie l'altération de la conscience. C'est-à-dire que les encens agissent sur l'esprit de l'opérateur de façon à élever le niveau de perception et de concentration sur une fréquence plus rapide, altérée et subtile. Cet état second se qualifie parfois en termes de transe. Lorsque la conscience s'élève à un niveau supérieur, il devient alors possible de s'aligner promptement et adéquatement sur les fréquences ou courants occultes. Lors d'un rituel, ces courants ne sont nuls autres que les énergies résonnant avec un aspect de vie, un besoin, une matière terrestre ou Universelle.

Quant à l'atmosphère vibratoire, c'est le grand secret magique des encens. Pour comprendre cette propriété occulte, il faut savoir avant tout que les plantes, les herbes et les arbres sont de véritables réceptacles des forces Cosmiques. Lorsque nous nous appliquons à regrouper leurs propriétés spécifiques sous une même affinité, nous obtenons alors des compositions végétales aux effets tout simplement admirables.

Dans l'Univers, chaque chose, chaque nombre, couleur, son et parfum est unique et recèle d'une vibration très spécifique. En joignant ainsi des fréquences vibratoires intimement reliées les unes aux autres, comme dans le cas de plantes et d'herbes, il est alors possible de provoquer des effets vibratoires qui se répercuteront sur les plans subtils ainsi que sur le plan physique de la matière. Lorsque ces vibrations sont libérées de leurs enveloppes matérielles et éveillées par l'action du feu, en faisant brûler une composition d'encens, il devient alors possible de s'aligner sur ces ondes émettrices car elles ouvrent un canal permettant ici-bas la manifestation d'énergies Célestes propres à une matière donnée ou à un désir d'accomplissement précis.

Or, pour qu'une Sphère d'existence ou une énergie Universelle, en accord avec un but visé, puisse se manifester sur le plan terrestre et donc à l'intérieur du cercle magique lors des rituels, il faut savoir ajuster le taux vibratoire afin que ces dernières puissent s'y exprimer ou rayonner. Tout comme un poisson que l'on retirerait de l'eau et donc de son environnement naturel, afin que ce dernier puisse survivre, il faudrait recréer une atmosphère correspondant à sa sphère d'origine, sans quoi, il ne pourrait exister bien longtemps sans eau. Me suivez-vous ? Comme le poisson de cette allégorie a besoin d'eau pour s'exprimer et vivre, il faut recréer dans le temple magique, à l'aide des fumigations d'encens (de même que pour la lumière), une vibration identique à une Sphère donnée afin que celle-ci puisse se manifester et y vivre.

C'est alors que dépendant des encens utilisés, les effets sur la conscience et l'atmosphère vibratoire seront tout aussi différents. Les encens très denses qui se rapprochent davantage de la nature du bas astral auront une influence de décélération, d'alourdissement et d'engourdissement sur le praticien qui en fait l'emploi. Ces fumigations faciliteront du même coup la création d'un environnement de basses fréquences, permettant les manifestations des décédés et désincarnés autant que d'Esprits peu évolués, grotesques et d'essence presque même bestiale. À l'opposé, les encens de nature Solaire, par exemple, accéléreront et élèveront la conscience et l'atmosphère vibratoire à un degré bien supérieur, permettant également les manifestations d'Intelligences des Sphères raffinées et Célestes.

En sachant cela et en intégrant maintenant ces nouvelles informations très importantes, vous comprendrez que l'encens ne sert aucunement en magie à développer qu'un simple parfum agréable à respirer. Ses implications sont de loin bien plus profondes et techniques, comme cela vient tout juste d'être démontré.

Méthode de préparation des Encens

Il existe deux types d'encens employés en magie ; les combustibles et les non combustibles. Les encens combustibles regroupent tous ceux qui ne requièrent pas de source de chaleur tout au long de leur combustion. Nous retrouvons à cet effet les encens en cônes et en bâtonnets. Il est de mon avis que les effets vibratoires de ces derniers sont beaucoup moins puissants, bien qu'ils tiennent une place favorite chez la plupart des sorciers et sorcières en raison de la simplicité de leur utilisation.

Les encens non combustibles sont les compositions végétales à base d'herbes, d'huiles et de résines qui demandent l'emploi de pastilles de charbon pour être brûlés. Je vous recommande sans hésitation ce dernier type d'encens pour toutes vos pratiques magiques. En effet, comme vous aurez le loisir de préparer vous-même vos propres compositions végétales en fonction de vos besoins rituels, vous serez, de plus, assuré de leur qualité et fraîcheur, sans compter que vous saurez exactement quels sont les ingrédients qu'elles contiennent.

Idéalement, vos mixtures d'encens devraient être préparées aux jours et heures planétaires correspondant à la Sphère qui sera en activité lorsque vous ferez brûler vos encens magiques. Par exemple, le dimanche à l'heure où le Soleil sera en force pour fabriquer les compositions Solaires, le jeudi à l'heure de Jupiter pour les encens Jupitériens et ainsi de suite. Une fois encore, cela n'est pas tout à fait nécessaire, mais hautement recommandé. Dans le pire des cas, œuvrez au moins au jour planétaire. Plus vous agirez en fonction des énergies, au moment où elles seront en action, plus vos compositions d'encens bénéficieront de certains pouvoirs occultes.

Si vous désirez respecter ce précepte magique, alors pour vous éviter de répéter fréquemment tout le processus et d'avoir à attendre à chaque fois le moment propice pour fabriquer vos encens, je vous conseille d'en faire de bonnes quantités, que vous utiliserez plus d'une fois, que vous conserverez dans des bocaux de verre hermétiques. Vous n'aurez alors qu'à les ranger dans un endroit sombre à l'abri de la lumière et de cette façon, vos encens se conserveront longtemps.

Lorsque vous préparerez vos compositions herbales, chargez-les de votre magnétisme et du pouvoir de votre volonté. Insufflez-y votre désir qu'elles accomplissent telles ou telles fonctions magiques afin que vos encens retiennent ces énergies. Certains prononceront des incantations à répétition, comme des mantras, tout au long de ce processus, alors qu'ils broieront les herbes et les résines avec un pilon et mortier. D'autres allumeront des chandelles et prononceront mentalement une phrase qui indique les propriétés que doit receler l'encens ainsi fabriqué.

Voici un schéma de rituel qui vous sera utile en prenant en considération certains points d'importance lors de la préparation des encens magiques :

- Vérifier les correspondances des herbes, huiles et résines
- Respecter la phase lunaire
- Respecter le jour planétaire
- Respecter l'heure planétaire
- Allumer une chandelle de la couleur planétaire analogue à l'encens
- Broyer les herbes et résines au pilon et mortier
- Se centrer sur les propriétés et les effets de l'encens
- Magnétiser la composition végétale par la volonté
- Réciter une phrase ou mantra exprimant la nature magique de l'encens

En bref, il est possible de composer un simple rituel destiné uniquement à la préparation de vos encens magiques. Je ne vous donnerai que cet exemple car vous serez à même, avec un peu de jugement, de trouver la façon qui vous conviendra le mieux pour fabriquer vos encens et les charger convenablement. Ma seule recommandation est la suivante : lorsque vous ferez vos mixtures végétales d'encens, travaillez toujours avec conscience. Soyez concentré sur ce que vous faites et visualisez que vous transmettez puissamment votre énergie aux herbes et résines afin que celles-ci s'imprègnent de votre volonté et de vos vibrations.

Les Encens de Base

Ce que nous désignons par encens de base en magie, ce sont principalement les résines naturelles qui ont été employées depuis des temps immémoriaux pour leurs très grands effets vibratoires éprouvés. Elles possèdent toutes des propriétés magiques admirables, dont la purification et la protection. En vous basant sur leurs correspondances, ces résines pourront être ajoutées à toutes les formules végétales que vous retrouverez dans la section traitant des *compositions végétales pour bains magiques et encens*.

Brûlées à elles seules, elles constituent de remarquables et puissants agents magiques. Lorsqu'elles sont utilisées conjointement avec les formules herbales, elles décupleront les effets vibratoires de ces dernières. Cela est inévitable, les encens de base deviendront assurément vos grands favoris lorsqu'il sera question de fumigations magiques.

Voici une liste des encens les plus couramment utilisés en magie :

Benjoin

De nature Mercurienne, le benjoin favorise, par les vibrations de ses fumigations, la prospérité commerciale et les activités intellectuelles. De plus, il accroît l'inspiration mentale et les idées ainsi que la liberté dans les activités professionnelles. Allié à l'encens pontifical, ce mélange devient un excellent agent pour mener à bien les évocations magiques des 72 génies de la kabbale, connus aussi sous le nom d'Intelligences Mercuriennes.

Camphre

Le camphre est de nature Lunaire. Il favorise la purification du psychisme et en tant qu'agent purificateur, il procure l'assainissement des lieux en rehaussant l'atmosphère vibratoire. Les cristaux de camphre sont donc excellents pour rétablir le psychisme et la guérison en plus d'être tout indiqués lors des exorcismes.

Copal

La résine de copal est un agent purificateur et de protection. Elle apporte des vibrations positives et aide à se centrer. Elle favorise donc également la méditation. Cet encens est brûlé depuis des centaines d'années pour aider et guider les Esprits à retrouver le chemin du retour.

Encens d'Arabie
Cet encens se rapproche de beaucoup à l'oliban. Les effluves de cette résine précipitent la venue des esprits Élémentaux, lesquels répondront promptement à l'action de cet encens.

Encens de Jérusalem
L'encens de Jérusalem est associé à la Sphère Saturnienne. Ses fumigations purificatrices dégagent l'aura et l'atmosphère vibratoire de façon à accorder la grâce et la rémission des impuretés humaines.

Encens de Lourdes
Cet encens agit principalement et avec une grande efficacité sur les vibrations féminines. Sa nature étant magnétique, il recharge le magnétisme qui est en lien avec les ondes électriques et, de ce fait, rétablit les carences électromagnétiques de la personne qui en fait l'emploi. Cet encens sera essentiellement bénéfique chez les praticiennes du sexe féminin.

Encens de Nazareth
Cet encens vibre en accord avec la Sphère Jupitérienne. Étant de nature magnétique, il sera favorablement employé pour attirer les vibrations qui touchent à l'argent et la prospérité financière, les recherches d'emploi, l'élévation sociale, les affaires et les causes juridiques.

Manne
La manne met en contact avec les Esprits de la Terre. Elle favorise ainsi de façon remarquable, pour ne pas dire stupéfiante, la prospérité et les gains d'ordre matériel, qu'il soit question de biens ou d'argent.

Mastic
La résine de mastic, connue aussi sous le nom de gomme lentisque, est généralement mêlée aux autres résines et compositions herbales afin de favoriser les pouvoirs psychiques et les visions.

Myrrhe

La résine de myrrhe est associée à la Sphère Solaire. Elle purifie et exorcise, favorise la concentration, la méditation et la spiritualité. Cet encens de base est excellent pour tous les types de rituels car les vibrations engendrées par les fumigations de myrrhe haussent de façon considérable l'atmosphère vibratoire.

Oliban

Le plus populaire de tous les encens, la résine d'oliban, que l'on nomme aussi encens pur, est d'essence Solaire. C'est un très grand agent purificateur. Il est utilisé presque partout et dans toutes les compositions et formules d'encens. L'oliban engendre de très hautes vibrations, donnant ainsi l'occasion à l'utilisateur d'entrer en résonance avec les Sphères les plus élevées. De plus, cet encens de base est favorable à l'évolution, l'adoration, aux actes dédicatoires, à la protection et aux exorcismes. Il est excellent pour tous les types de rituels.

Pontifical

Cet encens purifie, protège, mais plus encore, transmute les vibrations environnantes à une vitesse extraordinaire. Voilà pourquoi il est si excellent pour tous les rituels. Ajoutez l'encens pontifical aux compositions herbales d'encens afin de rehausser remarquablement tous leurs effets magiques.

Sang-de-Dragon

Le sang-de-dragon est devenu une résine extrêmement populaire en magie. Son parfum est très fort et prononcé. Cet encens est utilisé principalement comme agent antiseptique, afin de purifier, bannir les influences négatives, renverser les sorts et pour exorciser et apporter la protection. Cette résine rouge est largement employée en Magie Draconique.

Trois Mages

La résine des Trois Mages est de nature Vénusienne ignée. Cet encens est excellent pour purifier et chasser les influences néfastes et maléfiques, sert aux rituels de retour d'affection, aide à résoudre les problèmes sentimentaux, favorise les rencontres et les liaisons autant amoureuses qu'amicales et procure l'harmonie.

⁂

Recettes d'Encens Sabbatiques

Les compositions d'encens sabbatiques suivantes ont été conçues et élaborées pour charger adéquatement l'atmosphère vibratoire du temple magique au moment des rituels, lorsque viendra le temps de célébrer les huit festivals des sorcières, les Sabbats. Utilisez ces compositions lors de vos fêtes sabbatiques afin d'honorer le Dieu et la Déesse au cours des différentes phases du cycle de la roue de l'année.

Samhain
3- Oliban
2- Myrrhe
1- Cèdre
1- Genévrier
1- Romarin

Yule
2- Oliban
2- Myrrhe
2- Pin
1- Cèdre
1- Genévrier

Imbolg
3- Oliban
2- Sang-de-dragon
1- Cannelle
½- Santal rouge
Gouttes de vin rouge

Ostara
2- Oliban
1- Benjoin
1- Sang-de-dragon
½- Muscade
½- Orange
½- Rose
½- Violette

Beltane
3- Oliban
2- Santal
1- Aspérule
1- Rose
Gouttes d'huile de jasmin
Gouttes d'huile d'oranger

Litha
3- Oliban
2- Benjoin
1- Sang-de-dragon
1- Romarin
1- Thym
1- Verveine
Gouttes de vin rouge

Lughnasadh
2- Oliban
1- Bruyère
1- Feuilles de mûres
1- Fleurs de pommier
Gouttes d'huile d'ambregris

Mabon
2- Oliban
1- Cyprès
1- Genévrier
1- Pin
1- Santal
1- Chêne

Compositions Végétales pour Bains Magiques et Encens

Au cours de vos pratiques de sorcellerie et pour tous vos besoins rituels, qu'il soit question de bains magiques (immersions magnétiques) ou de fumigations d'encens, vous pourrez utiliser, à ces fins, les formules spéciales contenues dans ce chapitre.

J'ai conçu à votre attention les compositions herbales suivantes.[1] Elles ont été élaborées minutieusement avec un très grand soin, dans le plus pur respect de la tradition des correspondances magiques afin de vous fournir le meilleur des propriétés inhérentes aux plantes et aux herbes dont la Terre-Mère nous a si merveilleusement fait don.

Sachez que ces recettes procurent exactement les mêmes effets et engendrent les mêmes vibrations, peu importe la façon que vous les utiliserez. Effectivement, ces compositions peuvent tout aussi bien être employées en guise d'encens que vous ferez brûler dans votre encensoir ou en tant que mixture que vous incorporerez à l'eau de votre baignoire lors de vos rites d'immersions. Mieux encore, il est même recommandé d'appliquer les deux méthodes simultanément lors des bains magiques.

En dernier lieu, retenez qu'il est également possible, et je vous encourage à agir de la sorte, d'ajouter une résine aux formules végétales présentées ici lorsqu'elles sont employées lors de fumigations. La raison qui explique pourquoi je n'ai pas stipulé le type de résine dans chacune

---

1   Lorsque le nombre de parts à utiliser n'est pas indiqué, toutes les quantités sont égales.

des recettes c'est qu'il n'est pas nécessaire d'en utiliser pour les bains magiques. Vous comprendrez aisément que les résines ne peuvent se dissoudre à l'eau. Rapportez-vous à la section traitant des encens de base et choisissez les résines qui vous sembleront les plus appropriées si vous désirez en faire usage.

Purification et Exorcisme

Les compositions suivantes s'avéreront très efficaces lors des rituels pour tous les besoins de purification, de désenvoûtement et d'exorcisme ; pour assainir et bannir les influences négatives des corps psychiques, de l'esprit et de l'environnement immédiat de l'opérateur.

Formule #1
- Camphre
- Citron
- Fumeterre
- Iris
- Sel

Purification, assainissement, désenvoûtement et exorcisme.

Formule #2
- Céleri
- Cyprès
- Fumeterre
- Trèfle
- Sel

Purification, exorcisme, désenvoûtement, éloigne les épreuves pénibles.

Formule #3
- Anis
- Basilic
- Iris
- Rose
- Santal
- Sel

Purifie admirablement bien et élève le taux vibratoire par l'action d'influences très bénéfiques.

Formule #4
- Absinthe
- Basilic
- Matricaire
- Rose
- Santal
- Sel

Détruis et exorcise les larves, élévation du taux vibratoire par des influences très positives.

Formule #5
- Absinthe
- Achillée
- Basilic
- Lys
- Sel

Détruis les larves, purification, exorcisme et désenvoûtement.

Formule #6
- Alchémille
- Citron
- Iris
- Lavande
- Mélisse
- Sel

Restaure le psychisme perturbé et chasse les angoisses, purification et assainissement.

Formule #7
- Oliban
- Basilic
- Rose
- Sel

Hausse le taux vibratoire de façon exceptionnelle. Amène des influences et vibrations très bénéfiques. Très grand agent purificateur.

Protection

Les formules suivantes seront employées lors des rituels pour tous les besoins de protection, quels qu'ils soient. Elles protégeront l'opérateur à tous les niveaux en manifestant de très hautes vibrations bénéfiques.

Formule #1
- Cèdre
- Chêne
- Eucalyptus
- Gui
- Pin
- Sel

Excellente formule de protection tout usage!

Formule #2
- Absinthe
- Acacia
- Buis
- Hysope
- Laurier
- Sel

Procure une très grande protection et chasse les craintes.

Formule #3
- Buis
- Chêne
- Laurier
- Oranger
- Pin
- Romarin
- Sel

Procure une très grande protection et attire des vibrations très positives.

Formule #4
- Avoine
- Eucalyptus
- Genévrier
- Santal
- Sel

Apporte la protection et l'assainissement.

Formule #5
- Basilic
- Camomille
- Cèdre
- Chicorée
- Gui
- Sel

Procure la protection par des vibrations bénéfiques et écarte les ennemis.

Formule #6
- Basilic
- Moutarde
- Romarin
- Rose
- Sauge
- Sel

Excellente formule de protection qui éloigne les ennemis de l'opérateur.

Formule #7
- Acacia
- Basilic
- Oranger
- Rose
- Sel

Protège et hausse le taux vibratoire et instaure des vibrations extrêmement bénéfiques.

Formule #8
- Citron
- Fraisier
- Framboisier
- Lavande
- Marjolaine
- Sel

Procure une très grande protection du psychisme et du foyer.

Psychisme et Pouvoirs Psychiques

Les compositions végétales suivantes sont excellentes et fortement efficaces lors des rituels pour toutes les causes impliquant le développement des pouvoirs psychiques, la faculté d'intuition et la voyance.

Formule #1
- Acacia
- Armoise
- Basilic
- Euphraise
- Hysope
- Lin

Formule par excellence favorisant le développement de la voyance pure et l'acquisition de hautes facultés psychiques.

Formule #2
- Anis
- Basilic
- Bourse à pasteur
- Guimauve
- Lys

Développe avec efficacité les facultés et la réceptivité psychique.

Formule #3
- Anis
- Angélique
- Basilic
- Euphraise
- Lin
- Théier

Favorise l'activité mentale et le développement de la haute voyance.

Formule #4
- Acacia
- Armoise
- Hysope
- Peuplier

Illumine le mental et l'inspiration et facilite la voyance.

Formule #5
- Bourse à pasteur
- Guimauve
- Iris
- Lotier corniculé
- Lavande

Développe les facultés psychiques et favorise la voyance.

Formule #6
- Armoise
- Basilic
- Cèdre
- Hysope
- Laurier

Formule favorisant l'inspiration et le développement de la voyance élevée.

Formule #7
- Anis
- Bourse à pasteur
- Guimauve
- Marjolaine
- Saule

Formule Lunaire favorisant la réceptivité, les perceptions et la divination. Apaise et ouvre le mental.

Argent et Abondance Monétaire

Les compositions suivantes seront employées pour tous les rituels servant à attirer les influences et les vibrations d'ordre monétaire, l'argent et les richesses ainsi que la prospérité financière.

Formule #1
- Chiendent
- Érable
- Patience
- Salsepareille

Formule Jupitérienne attirant les vibrations de l'argent et de la richesse.

Formule #2
- Gui
- Oranger
- Safran
- Sauge
- Thym

Formule Solaire attirant des vibrations très positives favorisant l'argent et la prospérité financière.

Formule #3
- Bergamote
- Chiendent
- Érable
- Fenouil
- Muguet
- Patience
- Pissenlit
- Rhue
- Salsepareille

Composition très complète favorisant l'argent, les gains et la richesse sur le plan matériel.

Formule #4
- Basilic
- Chardon bénit
- Ortie
- Safran
- Thym

Stimule l'abondance monétaire et protège contre les fuites d'argent.

Formule #5
- Basilic
- Chêne
- Matricaire
- Frêne
- Ginko
- Ginseng

Apporte des influences très bénéfiques et favorise l'argent et la richesse matérielle.

Formule #6
- Bergamote
- Fenouil
- Muguet
- Pissenlit
- Pistachier

Procure la chance sur le plan matériel et attire l'argent.

Formule #7
- Ginko
- Gui
- Matricaire
- Oranger
- Thym

Procure des influences bénéfiques favorisant les entrées d'argent.

Travail et Élévation Sociale

L'usage des recettes d'encens et de bains magiques suivantes permettra à l'opérateur d'attirer et de manifester les vibrations propices pour tous les travaux magiques ayant un lien avec l'emploi, les relations au travail et l'élévation personnelle à l'échelle sociale.

Formule #1
- Chèvrefeuille
- Chiendent
- Fougère
- Gui
- Jacinthe
- Laurier
- Patience
- Safran

Apporte des vibrations très bénéfiques aidant l'opérateur à trouver un emploi ou à améliorer une situation déjà établie.

Formule #2
- Basilic
- Bouleau
- Clou de girofle
- Géranium
- Réglisse

Favorise les relations humaines, apaise les conflits relationnels et procure les sentiments sincères et élevés.

Formule #3
- Oranger
- Safran
- Sauge
- Sceau de Salomon
- Trèfle

Procure la stabilité, la réussite et éloigne les épreuves pénibles.

Formule #4
- Ajonc
- Chicorée
- Fougère
- Gui
- Laurier
- Moutarde
- Safran

Éloigne la concurrence et apporte la gloire et la renommée au travail et dans les relations sociales.

Formule #5
- Chèvrefeuille
- Érable
- Fougère
- Patience
- Pissenlit
- Pistachier
- Safran
- Sauge

Apporte des vibrations très bénéfiques favorisant les recherches d'emploi ou à améliorer une situation déjà établie. Procure également la chance sur le plan matériel.

Formule #6
- Basilic
- Chèvrefeuille
- Chiendent
- Érable
- Fougère
- Oranger
- Sorbier

Engendre des vibrations très bénéfiques favorisant toutes les facettes du domaine du travail et social.

Amour et Sentiments

Les compositions occultes de cette section seront très utiles lors des pratiques magiques reliées aux causes amoureuses et affectives ; qu'il soit question de briser une solitude chronique, de susciter le désir, les passions et les sentiments affectifs ou encore de briser un lien néfaste ou un envoûtement, ces formules combleront la majorité des besoins amoureux.

Formule #1
- Damiana
- Estragon
- Jasmin
- Orchidée
- Primevère
- Violette
- Vanille

Formule à être employée par les praticiennes du sexe féminin afin de susciter le désir sensuel chez l'homme.

Formule #2
- Cumin
- Gingembre
- Pin
- Primevère
- Vanille
- Vétiver

Formule à être employée par les praticiens du sexe masculin afin de susciter le désir sensuel chez la femme.

Formule #3
- Basilic
- Cannelle
- Clou de girofle
- Rose

Favorise la bonne entente, apaise et dissous les conflits d'ordre relationnel et affectif.

Formule #4
- Abricotier
- Ancolie
- Aneth
- Vanille
- Violette

Magnétise l'aura de l'opérateur afin de provoquer de l'attirance sexuelle et allumer les désirs.

Formule #5
- Aneth
- Cannelle
- Gardénia
- Jasmin
- Rose
- Violette

Excellente formule d'attraction. Attire l'amour, l'érotisme et les passions amoureuses.

Formule #6
- Damiana
- Estragon
- Orchidée
- Primevère
- Scabieuse
- Violette

Allume les passions et attire l'amour et l'affection du sexe opposé.

Formule #7
- Aneth
- Damiana
- Orchidée
- Primevère
- Violette

Cette composition aide à provoquer les passions et stimuler les désirs sensuels et érotiques.

Formule #8
- Abricotier
- Ancolie
- Aneth
- Orchidée
- Primevère
- Scabieuse
- Vanillier

Cette composition aide à provoquer les passions et stimuler les désirs sensuels et érotiques.

Formule #9
- Cannelle
- Damiana
- Gui
- Oranger
- Primevère
- Rose
- Santal
- Sureau
- Violette

Composition idéale servant à favoriser et à provoquer un retour d'affection, bien évidemment si la cause est juste et sans forcer autrui.

Formule #10
- Achillée
- Damiana
- Bouleau
- Estragon
- Jasmin
- Oranger
- Primevère
- Rose
- Violette

Cette composition comporte d'excellents effets vibratoires pour contrer la solitude chronique et le manque d'affection.

Formule #11
- Basilic
- Acacia
- Anémone
- Angélique
- Chicorée
- Origan
- Potentille

Composition par excellence pour désenvoûter et briser un lien néfaste, un amour troublant ou un amour qui est le fruit d'un envoûtement magique.

Santé, Paix et Bien-Être

Les compositions suivantes ont été élaborées afin de combler la majorité des besoins touchant la santé, la paix et le bien-être. Pour rétablir la clarté du psychisme, de la pensée et la vitalité physique, apporter le calme, la détente et la guérison, contrer la dépression et la mélancolie, la fatigue, l'absence de joie de vivre, de même que pour venir en aide aux mourants et aux décédés, tout y est.

Formule #1
- Anis
- Arbousier
- Camphre
- Chou
- Lavande
- Tilleul

Cette formule engendre des vibrations très bénéfiques afin de calmer, apaiser et restaurer le psychisme, tout en purifiant fort adéquatement l'opérateur.

Formule #2
- Angélique
- Buis
- Gui
- Laurier
- Safran
- Valériane

Cette composition est un excellent tonic pour le corps et l'esprit. Revivifie l'être en entier et aide à dissoudre toute forme de dépression.

Formule #3
- Amarante
- Cyprès
- Hêtre
- Trèfle

Formule très spéciale pour aider les mourants et les décédés. Appelle également la remise des dettes karmiques et éloigne les dures épreuves.

Formule #4
- Acacia
- Angélique
- Basilic
- Camomille
- Cèdre
- Eucalyptus
- Oranger

Cette composition engendre d'excellentes vibrations favorisant la guérison et la santé.

Formule #5
- Basilic
- Eucalyptus
- Gui
- Laurier
- Lin
- Millepertuis
- Safran
- Sauge

Cette composition engendre d'excellentes vibrations favorisant la guérison et la santé.

Formule #6
- Angélique
- Camomille
- Cèdre
- Gui
- Laurier
- Millepertuis
- Pommier
- Sésame
- Thym
- Valériane

Cette composition engendre d'excellentes vibrations favorisant la guérison, la santé et dissout également les états dépressifs.

Formule #7
- Eucalyptus
- Gui
- Laurier
- Millepertuis
- Sarriette
- Santal

Formule Solaire aux influences bénéfiques apportant la bonne santé et la longévité.

Formule #8
- Alchémille
- Anis
- Arbousier
- Citron
- Lavande
- Marjolaine

Apporte la détente et calme les angoisses.

Formule #9
- Angélique
- Eucalyptus
- Pommier
- Romarin
- Safran
- Santal
- Valériane

Apporte le réconfort et l'harmonie. Amène un état de calme et de paix bienfaitrice.

Formule #10
- Camphre
- Iris
- Marjolaine
- Mauve
- Pensée

Procure un sentiment de détachement et de paix. Purifie les pensées et favorise la détente.

Formule #11
- Angélique
- Basilic
- Cèdre
- Eucalyptus
- Rose
- Santal
- Souci
- Valériane

Apporte le calme complet, la paix régénératrice et l'harmonie.

Formule #12
- Camélia
- Matricaire
- Oranger
- Patience
- Romarin
- Rose
- Tilleul

Composition fort adéquate pour contrer le pessimisme et la mélancolie. Procure le réconfort et restaure la joie de vivre.

Force et Puissance

Les compositions suivantes possèdent toutes la même particularité. Leurs essences sont uniquement en accord avec les vibrations de la planète Mars. Les influences Martiennes ont été éprouvées depuis fort longtemps pour toutes les causes touchant à la force, la puissance, le courage, l'attaque, la défense de même que la virilité masculine. Soyez prudent toutefois en utilisant ces mixtures car elles développent de très forts courants vibratoires.

Formule #1
- Coriandre
- Cumin
- Gingembre
- Piment
- Pin
- Poivrier
- Vétiver

Formule Martienne dont les vibrations engendre la puissance, la force de même que le courage chez la personne qui en fait l'emploi. Stimule également la virilité masculine.

Formule #2
- Ail
- Chicorée
- Coriandre
- Cumin
- Gingembre
- Sang-de-dragon

Cette formule Martienne de défense procurant la puissance au combat et contre toute adversité, peu importe la nature de cette dernière. S'il y a un ou plusieurs adversaires, alors cette formule sera tout indiquée pour obtenir la victoire.

Formule #3
- Coriandre
- Cumin
- Gingembre
- Ortie
- Pin
- Quintefeuille

Formule Martienne favorisant la puissance, la force, le courage ainsi que la puissance au combat et contre l'adversité.

Formule #4
- Caroube
- Chardon bénit
- Ortie
- Piment
- Pin
- Sang-de-dragon

Formule Martienne dont les vibrations engendre la puissance, la force de même que le courage chez la personne qui en fait l'emploi.

Formule #5
- Chicorée
- Moutarde
- Ortie
- Pin
- Poivrier

Formule Martienne par excellence pour la défense afin d'éloigner avec force tous les ennemis de l'opérateur qui en fera usage.

Formule #6
- Agave
- Aneth
- Gingembre
- Ginseng
- Pin
- Vétiver

Formule de Feu dont l'usage favorise grandement la puissance et la virilité sexuelle.

Formule #7
- Aneth
- Gingembre
- Ginseng
- Pin
- Piment
- Poivrier
- Vétiver

Formule essentiellement Martienne (sauf l'aneth) dont les vibrations engendre la puissance, la force de même que le courage chez la personne qui en fait l'emploi. Stimule également la virilité masculine.

Prospérité, Chance et Succès

Dans le cadre de vos pratiques magiques, si vous désirez obtenir la manifestation et la réalisation de vos projets et travaux occultes, cette section consacrée à la prospérité, la chance et au succès vous sera très utile. Les vibrations engendrées par ces formules favoriseront la réussite à plusieurs niveaux en contrant les obstacles, la malchance et les épreuves.

Formule #1
- Ananas
- Basilic
- Fougère
- Matricaire
- Oranger
- Safran
- Sauge

Cette composition engendre d'excellentes vibrations apportant la chance, la gloire et la renommée à tous les niveaux.

Formule #2
- Acacia
- Ananas
- Angélique
- Basilic
- Buis
- Rose

Cette composition est tout indiquée afin d'apporter la splendeur chez la personne pour qui elle sera utilisée.

Formule #3
- Chêne
- Fougère
- Frêne
- Ginko
- Ginseng

Cette formule apporte la prospérité et le succès à tous les niveaux et aussi, surtout, la prospérité sur le plan matériel.

Formule #4
- Basilic
- Fougère
- Gui
- Hysope
- Patience
- Safran
- Salsepareille

Engendre d'excellentes vibrations propices au succès et à la prospérité.

Formule #5
- Genévrier
- Hysope
- Lin
- Millepertuis
- Oranger
- Pommier
- Théier

Excellente formule pour attirer et favoriser la chance.

Formule #6
- Genévrier
- Laurier
- Millepertuis
- Safran
- Sarriette
- Sauge

Excellente formule pour attirer et favoriser la chance.

Formule #7
- Gui
- Laurier
- Origan
- Pissenlit
- Pistachier
- Pommier
- Sauge

Les vibrations engendrées par cette composition attirent la chance sur le plan matériel.

QUATRIÈME PARTIE

S'harmoniser avec les Cycles, le Temps & le Cosmos

Les Jours de Puissance, les Cycles Lunaires & les Saisons

Les praticiens de l'Art sont des êtres conscients qui savent s'harmoniser avec les différentes facettes de la nature et des énergies Universelles. En agissant de la sorte, ces derniers sont en mesure de reconnaître quelles sont les influences et les vertus de certaines périodes propices de l'année, en plus des cycles de vie à observer, afin de recharger leurs batteries, pratiquer plus efficacement la magie et aspirer à de nouveaux courants produits par les marées occultes. Ces moments opportuns se caractérisent ainsi :

- Les phases lunaires
- L'influence quotidienne des planètes que l'on nomme jours et heures planétaires
- Les Sabbats, incluant les solstices et équinoxes

Ces périodes sont principalement marquées par le mouvement des astres et des planètes, mais surtout par les cycles solaires et lunaires à partir desquels les praticiens retrouvent les diverses attributions du Dieu et de la Déesse, du Père et de la Mère de tous les sorciers et sorcières.

Vous apprendrez au sein de ce chapitre à vous harmoniser avec les cycles célestes et les saisons, en plus de découvrir quelles sont les correspondances lunaires ainsi que les auspices planétaires pour tous les jours et heures de la semaine. En assimilant toutes ces nouvelles connaissances, vous pourrez, en outre, vous aligner sur les ondes et courants énergétiques correspondant à la nature même de votre magie, c'est-à-dire, en sachant quand œuvrer, vous réussirez à entrer en contact intime avec les influences et vibrations exprimant les mêmes qualités que vos désirs au moment de passer à l'action lors de vos pratiques magiques.

De ce fait, en agissant notamment aux moments propices, en vous basant sur le cycle des lunaisons et des influences planétaires, vous connaîtrez ainsi quelles sont les périodes les plus favorables pour pratiquer vos rituels afin de baigner dans l'énergie apte à manifester et concrétiser tous vos actes magiques de sorcellerie. Vous mettrez ainsi toutes les chances de votre côté. C'est un peu comme dire qu'œuvrer aux bons moments est identique à se déplacer dans le même sens du vent, tandis que travailler lors des mauvaises périodes occultes se résumerait à ramer à contre-courant ; vous parviendrez probablement à atteindre l'autre rive, mais cela vous sera oh combien plus difficile ! Comme vous le voyez, les sorcières agissent toujours méticuleusement en appliquant toutes les règles de leur savoir.

Les Phases et Cycles Lunaires

La lune, tout comme le soleil, est l'un des calendriers naturels les plus vieux du monde. Nous retrouvons de nombreuses évidences de cet attrait pour l'astre lunaire au sein de diverses cultures et religions tout autour du globe ainsi que dans plusieurs mythes et légendes. Par ailleurs, les croissants de lune sont aussi les symboles sacrés de la Déesse en plus d'être symbolique de magie, de fertilité et des pouvoirs occultes de la nature. Bref, la puissance de la lune fut implorée, mais surtout, dûment expérimentée par les peuples de la Terre depuis la nuit des temps en raison de la puissance énergétique qu'elle a si admirablement bien démontrée au cours des nombreux siècles passés.

Pour baigner dans les énergies propices tendant vers l'accomplissement de toutes vos pratiques magiques, la première considération à prendre sera toujours la phase lunaire. La lune et ses cycles affectent plusieurs aspects de nos vies, autant chez les êtres humains que chez les animaux et la nature et de même en est-il également pour la magie.

Sachant que l'astre lunaire crée des marées occultes que l'on désigne également par les fluctuations au niveau des champs d'énergies psychiques, il est donc évident que ces courants auront une influence directe sur toute la création et, bien entendu, sur les énergies déployées et manifestées lors de rituels ou rites magiques.

Dans les pratiques de sorcellerie, les phases lunaires s'avèrent toujours d'excellents indicateurs de ce que votre magie devrait être ou, encore, vers quels buts vos actes magiques devraient être orientés. Or, retenez qu'il y a exactement treize cycles lunaires complets par année, soit treize pleines lunes à raison d'une par mois. Il y aura cependant un mois au cours de l'année qui comportera deux pleines lunes, la treizième que l'on nomme la *lune bleue*.

Maintenant, d'un côté plus pratique, nous allons regarder dans un premier temps quelles sont toutes les périodes cycliques ou phases lunaires à observer. Bien que nous puissions dénombrer plusieurs périodes et influences différentes dans la course de cet astre autour de la Terre, huit, pour être plus précis, nous allons toutefois, dans un second lieu, rétrécir notre champ de vision aux phases les plus importantes pour pratiquer efficacement la magie blanche.

Les différentes phases lunaires sont les suivantes :

1. Nouvelle lune ou lune noire
2. Premier croissant
3. Premier quartier
4. Première lune gibbeuse
5. Pleine lune
6. Seconde lune gibbeuse
7. Dernier quartier
8. Dernier croissant

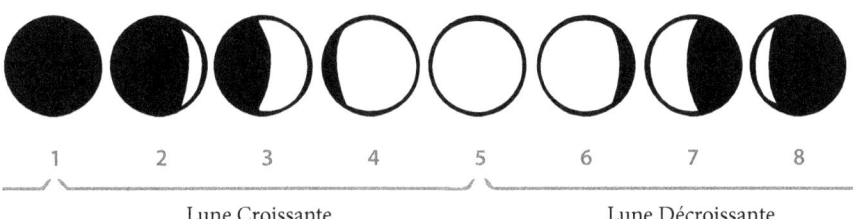

Les phases lunaires

Nouvelle Lune ou Lune Noire

Cette phase lunaire comporte deux attributions bien distinctes. Premièrement, la nouvelle lune ou lune noire marque à la fois, la fin du cycle des lunaisons, de même que son perpétuel recommencement. C'est l'axe sur lequel se chevauchent l'aboutissement, la conclusion et le renouveau ou la renaissance du cycle lunaire. D'un côté, la lune noire symbolise le temps idéal pour semer de nouvelles idées ; c'est le moment propice pour donner naissance à de nouveaux projets ou entamer un rituel de longue haleine qui s'échelonnera pendant toute la durée de la croissance lunaire.

D'un autre côté, la lune noire, vue en tant que conclusion du cycle lunaire, comporte encore une partie de son aspect négatif. C'est le moment rêvé pour les sorciers et praticiens malintentionnés de donner libre cours à leurs pratiques néfastes et moralement discutables. Quoi qu'il en soit, en ce qui vous concerne, œuvrez toujours pour le bien et aspirez seulement à de nobles buts.

Premier Croissant

Le premier croissant représente le temps de préparer concrètement le terrain de la fertilité, le moment de mettre en œuvre les idées et projets qui ont germé lors de la nouvelle lune. On commence dès lors à attirer vers soi tout ce qui est de nature positive, que ce soit matériellement, émotionnellement ou spirituellement. C'est le moment de passer à l'action et de mettre en mouvement toutes les œuvres de lumière et de pratiquer tous les rituels de magie bénéfique et constructive.

Premier Quartier

Le premier quartier, tout comme pour le premier croissant, est toujours un moment bénéfique pour attirer vers soi les influences positives. Cette période, qui est à mi-chemin entre la nouvelle et la pleine lune, est le prolongement et la continuité de la phase lunaire croissante.

Première Lune Gibbeuse

Les influences de la pleine lune commencent déjà à se faire ressentir ; l'ultime moment de la lunaison approche rapidement. L'énergie émise par l'astre lunaire devient de plus en plus intense. On dit généralement que les influences de la pleine lune débutent trois jours avant qu'elle atteigne sa pleine croissance, soit dès la première lune gibbeuse, et se prolonge trois jours ensuite jusqu'à la seconde lune gibbeuse. Cette phase est un moment constructif et très positif qui recèle d'une forte puissance énergétique.

Pleine Lune

La pleine lune est le point culminant de toutes les lunaisons. C'est le moment précis où l'énergie lunaire atteint son paroxysme. L'influence énergétique y est à son plus haut niveau d'intensité ; c'est un temps de puissance ultime et privilégié pour tous les rituels magiques bénéfiques et constructifs. Il n'est pas difficile de comprendre pourquoi la lune en pleine croissance est le moment de prédilection de tous les sorciers et sorcières. La pleine lune signifie également que le temps est venu de faire la récolte, car tout ce qui aura été semé rituellement au cours de la phase croissante devra maintenant être mené à terme.

Seconde Lune Gibbeuse

Bien que la lune ait maintenant entamé son cycle de décroissance, la seconde lune gibbeuse bénéficie encore des fortes influences de la pleine lune nouvellement passée. Les retardataires pourront œuvrer sous cette phase lunaire comme s'il s'agissait de la pleine lune elle-même, mais sans en abuser. En effet, comme c'est le temps de la décroissance, les pratiques magiques devraient plutôt maintenant être orientées de sorte de bannir de soi toutes les influences non désirées, négatives ou destructrices.

Dernier Quartier

Le dernier quartier est toujours un moment propice pour repousser et exorciser les énergies négatives à tous les niveaux. Cette période à mi-chemin entre la pleine et la nouvelle lune est le prolongement et la continuité de la phase lunaire décroissante.

Dernier Croissant

Voici venu le temps de finaliser les actes d'exorcismes et de bannissements. La lune noire approchant à grands pas indique que tous les travaux magiques servant à chasser les énergies destructrices et négatives tirent à leur fin.

Comme on peut l'apercevoir, certaines phases lunaires se ressemblent beaucoup en raison de la similarité de leurs effets énergétiques. Il n'est pas essentiel de se souvenir de tous ces cycles car les phases lunaires les plus importantes à retenir peuvent se résumer ainsi :

- Nouvelle lune
- Lune croissante *(premier croissant, premier quartier et première lune gibbeuse)*
- Pleine lune
- Lune décroissante *(seconde lune gibbeuse, dernier quartier et dernier croissant)*

À partir de ces quatre repères seulement vous serez en mesure de pratiquer efficacement tous vos rituels et rites magiques, vos charmes et sortilèges. D'une manière générale, nous pourrions donc dire, en guise de complément aux explications précédentes, que la lune noire marquera la fin d'un cycle et le commencement d'un autre : la mort et la naissance. Quant à la pleine lune, point culminant en termes d'énergies psychiques, c'est le moment idéal pour parvenir à l'accomplissement et œuvrer en force dans n'importe quel domaine, quel qu'il soit.

Finalement, lors de la lune croissante, vos entreprises magiques emprunteront le même mouvement et *croîtront*. La période lunaire croissante ou la lune de lumière possède une force d'attraction que nous pourrions déterminer par *effets magnétiques* ; c'est-à-dire que tout comme un aimant, c'est le moment opportun pour attirer vers vous tout ce qui est de nature bénéfique, qu'il soit question de causes financières, amoureuses, personnelles, spirituelles, bref, tout ce qui possède un caractère positif.

À l'opposé, lors d'une lune décroissante ou lune d'ombre, cette période se qualifie en termes d'*effets répulsifs*. Comme l'autre pôle de l'aimant, vous profiterez de ce temps pour exorciser, chasser et vous départir des influences négatives et hostiles ou, si vous préférez, vous débarrasser de ce qui vous importune. Par exemple, bannir les énergies négatives à la maison ou au travail, chasser les idées noires et les intentions malsaines de même que les mauvaises habitudes. En d'autres mots, entièrement tout ce qui possède un caractère négatif.

En conclusion, vous verrez que travailler de concert avec les phases lunaires décuplera la puissance de vos rituels. Je ne dis pas qu'il est obligatoire de suivre ces cycles, sans compter les jours et heures planétaires dont les explications suivront tout de suite après, mais que si vous désirez obtenir le meilleur de vos actions magiques, fort probablement que vous porterez attention à ces notions essentielles afin d'agir sous l'influence des courants énergétiques les plus favorables.

Les Influences et Correspondances des Sphères Planétaires

Les planètes influencent tour à tour chaque moment de la semaine ainsi que chaque heure de la journée. Elles déversent ainsi subtilement sur la Terre un flot d'énergies qui nous affectent tous dans divers domaines, sans que toutefois nous nous en rendions compte. Cependant, ceux qui connaissent les secrets de la magie sont au courant de la nature des vibrations provoquées par ces corps célestes et ils les appliqueront quotidiennement dans les rites et cérémonies afin d'en rehausser leurs effets. Nous dénombrons en tout sept planètes principales, chacune étant associée à une journée du calendrier. En partant du dimanche au samedi, ces astres sont respectivement le Soleil, la Lune, Mars, Mercure, Jupiter, Vénus et Saturne.

Depuis fort longtemps, les anciens, qu'il soit question d'occultistes, de magiciens, de kabbalistes ou encore de sorcières, ont remarqué et attribué de multiples correspondances et propriétés aux planètes. Chacune possède des influences et des auspices dont vous pourrez vous servir afin d'augmenter la puissance de vos rituels. Ces mêmes anciens stipulent que *chaque chose veut être faite sous sa propre planète*, et c'est exactement ce que je vous recommande de faire si vous aspirez à l'obtention des meilleurs résultats possibles.

En pratiquant un rituel au jour et à l'heure planétaire correspondant à la nature de votre action magique, vous mettrez ainsi toutes les chances de votre côté pour parvenir à vos fins. Dites-vous bien que tant qu'à faire quelque chose, aussi bien que cette chose soit bien faite. Citons notamment en guise d'exemple que les charmes d'amour devraient donc être pratiqués au jour et à l'heure de Vénus, tandis que ceux qui ressentiront un besoin de protection pourront agir lorsque Mars sera en force, de même que le jeudi en ce qui concerne les causes financières, etc.

Voici maintenant les influences, vibrations et auspices planétaires pour les sept jours de la semaine. À partir de ces correspondances, il vous sera facile de déterminer à quel moment vous devriez pratiquer vos rituels de façon à vous aligner sur les ondes analogues à vos désirs. Retenez que plus vous agirez de la sorte, meilleurs seront vos espoirs de réussite.

Soleil — Dimanche

☉

Les auspices solaires sont propices à la santé, la guérison, la protection, la spiritualité, l'obtention de la gloire et des honneurs, la chance, le succès, l'harmonie, la paix, la confiance personnelle, les amitiés, la prévention des disputes et des guerres, la jeunesse éternelle, l'illumination, la puissance Divine.

Lune — Lundi

☽

Les auspices lunaires sont propices à la fertilité féminine, la réceptivité et les prophéties, les rêves, le sommeil, la guérison, la fertilité en général, l'agriculture, la mer, les médecines naturelles, les changements, les naissances, les habiletés, le foyer et la famille, prévenir les guerres, les réconciliations, le psychisme et les pouvoirs psychiques.

Mars — Mardi

♂

Les auspices martiens sont propices à l'attaque et à la défense, les agressions, la guerre et les conflits, le désir sexuel, sensuel et la force sexuelle chez l'homme, le courage, la force physique, la puissance, la garde protectrice, la rupture des sorts, la prison, les armes, les matières militaires, les débats, la compétition et la domination.

Mercure — Mercredi

Les auspices mercuriens sont propices à la divination, les prédictions, les pouvoirs mentaux, la pensée, l'intellect, influencer autrui, la sagesse, l'apprentissage et le gain de connaissances, l'inspiration, le savoir, les communications, les voyages, le mouvement, les écoles, l'enseignement, les études, les succès commerciaux et la clientèle, les examens, l'écriture et les auteurs.

Jupiter — Jeudi

♃

Les auspices jupitériens sont propices aux causes monétaires, aux finances et à l'argent, la prospérité, la chance et la bonne fortune ou la pauvreté, les jeux de hasard, le leadership, les matières légales, le matérialisme, l'élévation sociale, l'emploi, le commerce, les richesses, l'abondance, le succès en carrière et les ambitions.

Vénus — Vendredi

♀

Les auspices vénusiens sont propices aux causes amoureuses, à la romance, aux affections, les relations, l'amitié, la beauté, la fidélité, les plaisirs et la jeunesse, les activités artistiques et les arts, la musique, les fêtes et la luxure, les amitiés rapprochées, les aphrodisiaques, le désir sexuel, sensuel et la force sexuelle chez la femme.

Saturne — Samedi

♄

Les auspices saturniens sont propices à la nécromancie, le karma, la réincarnation, contrer et repousser les vibrations négatives, les sciences, les changements, la politique, les responsabilités, les dettes, acquérir le plan astral, la mort, les funérailles, la fin des cycles, les exorcismes et la purification, les désenvoûtements, la rupture des sorts et les attaques psychiques, l'obtention des secrets ésotériques.

Le Calcul des Heures Planétaires

Sachant qu'il est possible de décupler la puissance de vos rituels en œuvrant lorsque les planètes analogues à vos désirs seront en force, vous devrez aussi déterminer comment calculer les heures planétaires afin de profiter au maximum de ces influences magiques.

Si vous travaillez seulement sous la planète du jour, cela est déjà bon, mais si vous jumelez à cela l'heure à laquelle cette même planète sera dominante, meilleurs encore seront les effets obtenus. Effectivement, vous savez maintenant que les planètes dominent tour à tour une journée de la semaine, mais plus encore, pendant une même journée, ces planètes se relaieront en rotation à chaque heure du jour. Voilà pourquoi il est important de comprendre comment calculer les heures planétaires.

À chaque jour, les planètes régissent quelques heures de la journée de même que certaines heures de la nuit. Vous devez comprendre que les heures d'une journée planétaire ne sont pas calculées selon nos horloges. Non, en fait, les heures de jour sont calculées selon le temps d'ensoleillement et les nuits selon le temps que dure la période de noirceur. Vous comprendrez évidemment à la lueur de ces explications que les jours planétaires, pendant l'hiver, seront donc beaucoup plus courts que pendant l'été.

Une journée planétaire comportera toujours 12 heures de jour et 12 heures de nuit. Or, ce que vous devez commencer par déterminer, c'est le nombre d'heures d'ensoleillement pour une journée donnée. En trouvant ce nombre d'heures, vous obtiendrez automatiquement du même coup les heures de nuit.

Comme je sais que certains d'entre vous se diront : *'Eh! Un instant. Je n'y comprends rien!'* Je vais donc vous offrir un exemple pour éclaircir le tout afin que vous puissiez bien me suivre dans mes explications. Vous verrez, c'est bien moins compliqué que cela puisse paraître.

Disons par exemple qu'aujourd'hui, le soleil s'est levé à 6h00 du matin et qu'il se couchera à 21h00. La durée totale d'ensoleillement déterminera les heures de jour. Ici, la durée de la journée sera donc de 15 heures. Maintenant, sachant que les journées planétaires comportent toutes 12 heures de jour et 12 heures de nuit, on divisera le nombre d'heures d'ensoleillement par 12 pour déterminer la durée de chaque heure du jour planétaire. Or, 15 heures d'ensoleillement équivalent à 900 minutes, le tout divisé par 12 nous donne donc un total de 75 minutes. Voilà, les heures planétaires d'aujourd'hui auront une durée de 75 minutes chacune.

Maintenant pour déterminer la durée des heures de nuit, on fera pratiquement le même calcul. Sachant qu'une journée dure 24 heures, moins les 15 heures d'ensoleillement, il nous reste donc un total de 9 heures de nuit ou 540 minutes. Il nous reste plus qu'à diviser 540 minutes par 12, pour les douze heures de la nuit, ce qui nous fait un total de 45 minutes. En résumé, pour cet exemple, les heures de jour auront une durée de 75 minutes et les heures de nuit, une durée de 45 minutes. C'est aussi simple que cela.

Finalement, pour parfaire mes explications et conclure avec cet exemple, si le jour se lève donc à 6h00 et que chaque heure planétaire de jour possède une durée 75 minutes, nous pourrions donc établir ce qui suit :

Heures Planétaires de Jour (durée de 75 minutes)	De	À
1ᵉ heure planétaire	6h00	7h15
2ᵉ heure planétaire	7h15	8h30
3ᵉ heure planétaire	8h30	9h45
Etc.		

De la même façon, on calculera à partir de la 13e heure le début des heures de nuit en sachant que le coucher du soleil aura lieu à 21h00.

Heures Planétaires de Nuit (durée de 45 minutes)	De	À
13ᵉ heure planétaire	21h00	21h45
14ᵉ heure planétaire	21h45	22h30
15ᵉ heure planétaire	22h30	23h15
Etc.		

En ce qui a trait à comment trouver à quelle heure se lèvera et se couchera le soleil, consultez simplement un journal local. On retrouve généralement toutes ces informations à la page de la météo.

Alors que vous possédez ces notions, vous devez maintenant connaître à quel moment la planète de votre choix sera en force durant la journée ou la nuit. Sachez avant tout que la première, la huitième, la quinzième et la vingt-deuxième heure sera toujours gouvernée par la planète qui régit la journée. Lorsque vous aurez à pratiquer un rituel ou toute expérimentation occulte à l'heure planétaire de tel ou tel astre, vous n'aurez qu'à faire le calcul que je vous ai expliqué, puis, consulter le tableau suivant et choisir l'heure planétaire de jour ou de nuit qui vous conviendra le mieux.

Heures Planétaires	☉ Dimanche	☽ Lundi	♂ Mardi	☿ Mercredi	♃ Jeudi	♀ Vendredi	♄ Samedi
Heures de Jour							
1	Soleil	Lune	Mars	Mercure	Jupiter	Vénus	Saturne
2	Vénus	Saturne	Soleil	Lune	Mars	Mercure	Jupiter
3	Mercure	Jupiter	Vénus	Saturne	Soleil	Lune	Mars
4	Lune	Mars	Mercure	Jupiter	Vénus	Saturne	Soleil
5	Saturne	Soleil	Lune	Mars	Mercure	Jupiter	Vénus
6	Jupiter	Vénus	Saturne	Soleil	Lune	Mars	Mercure
7	Mars	Mercure	Jupiter	Vénus	Saturne	Soleil	Lune
8	Soleil	Lune	Mars	Mercure	Jupiter	Vénus	Saturne
9	Vénus	Saturne	Soleil	Lune	Mars	Mercure	Jupiter
10	Mercure	Jupiter	Vénus	Saturne	Soleil	Lune	Mars
11	Lune	Mars	Mercure	Jupiter	Vénus	Saturne	Soleil
12	Saturne	Soleil	Lune	Mars	Mercure	Jupiter	Vénus
Heures de Nuit							
13	Jupiter	Vénus	Saturne	Soleil	Lune	Mars	Mercure
14	Mars	Mercure	Jupiter	Vénus	Saturne	Soleil	Lune
15	Soleil	Lune	Mars	Mercure	Jupiter	Vénus	Saturne
16	Vénus	Saturne	Soleil	Lune	Mars	Mercure	Jupiter
17	Mercure	Jupiter	Vénus	Saturne	Soleil	Lune	Mars
18	Lune	Mars	Mercure	Jupiter	Vénus	Saturne	Soleil
19	Saturne	Soleil	Lune	Mars	Mercure	Jupiter	Vénus
20	Jupiter	Vénus	Saturne	Soleil	Lune	Mars	Mercure
21	Mars	Mercure	Jupiter	Vénus	Saturne	Soleil	Lune
22	Soleil	Lune	Mars	Mercure	Jupiter	Vénus	Saturne
23	Vénus	Saturne	Soleil	Lune	Mars	Mercure	Jupiter
24	Mercure	Jupiter	Vénus	Saturne	Soleil	Lune	Mars

Les Sabbats : Festivals des Sorcières

Le Soleil et la Lune constituent ce que l'on pourrait désigner comme étant les aiguilles cosmiques d'une grande horloge Terrestre. Depuis toujours, les anciens ont observé ces astres et se sont harmonisés avec leurs mouvements et leurs cycles.

Les Sabbats sont tous de nature solaire ; ils représentent le passage des saisons marquées par la course du Soleil sur la Terre. Ces étapes annuelles, honorées et célébrées par toutes les sorcières, font partie intégrante du mode de vie et de la spiritualité païenne. Comme celles-ci passent et reviennent perpétuellement, la tradition nomme l'ensemble de ces périodes cycliques la *Roue de l'Année*.

Il y a en tout huit Sabbats célébrés par les praticiens de la Wicca. Ces festivals sont divisés en deux groupes ; nous retrouvons les quatre Grands Sabbats ou Sabbats Majeurs, soit les festivals du feu Samhain, Imbolg, Beltane et Lughnasadh, ainsi que quatre autres fêtes solaires celtiques couramment nommées les Sabbats Mineurs, lesquels correspondent aux solstices et équinoxes. Ces huit occasions privilégiées chez les praticiens de l'Art Blanc, nommez-les Sabbats, fêtes ou festivals, cela revient au même, reflètent donc deux thèmes bien distincts et indissociables : le thème solaire et celui de la fertilité de la nature.

Ces concepts symbolisent différents aspects du Dieu-Soleil et de la Déesse-Lune. La Déesse, toujours présente dans tous les Sabbats, change simplement d'aspect allant de la Terre-Mère et ses cycles de fécondité à la Reine Céleste et ses cycles lunaires. Quant au Dieu, de son côté, il se caractérise par la mort et la résurrection ; il meurt et renaît de nouveau.

Le premier thème correspond au Dieu-Soleil dominant les Sabbats Mineurs. Il meurt et renaît à Yule au moment du Solstice d'Hiver ; il devient mature et en imprègne la Terre-Mère à Ostara lors de l'Équinoxe du Printemps ; il brille de tous ses feux et atteint le sommet de sa gloire lors de Litha, au Solstice d'Été ; se résigne à la puissance et aux influences décroissantes de la Terre-Mère à Mabon, lors de l'Équinoxe d'Automne et finalement, le cycle se termine avec la marée de Yule où il meurt et renaît de nouveau.

Le second thème de la fertilité de la nature est légèrement plus complexe car il implique deux figures du Dieu ; le Dieu de l'Année Croissante, *le Roi Chêne*, ainsi que le Dieu de l'Année Décroissante, *le Roi Houx*. Ceux-ci sont constamment en opposition car ils représentent respectivement la lumière et la noirceur. Ce sont les jumeaux en perpétuelle rivalité qui se conquièrent et succèdent tout à tour leur règne. Ils sont en éternelle compétition afin d'obtenir les faveurs de la Grande Mère, et chacun leur tour, au moment où ils atteignent leur apogée, ils s'accouplent sacrificiellement avec la Déesse et meurent dans son étreinte pour éventuellement ressusciter une fois encore lorsque le moment sera venu. Ici, lumière et noirceur s'expliquent en termes de complémentarité et non au sens de bien et de mal. Ce sont les phases naturelles du cycle de l'année à partir desquelles la vie est constamment en perpétuelle régénération.

Ceci étant dit, nous allons maintenant étudier chacun des Sabbats en détail de même que leur signification et certaines de leurs correspondances qui pourraient s'avérer très utiles dans le cadre de vos célébrations personnelles.

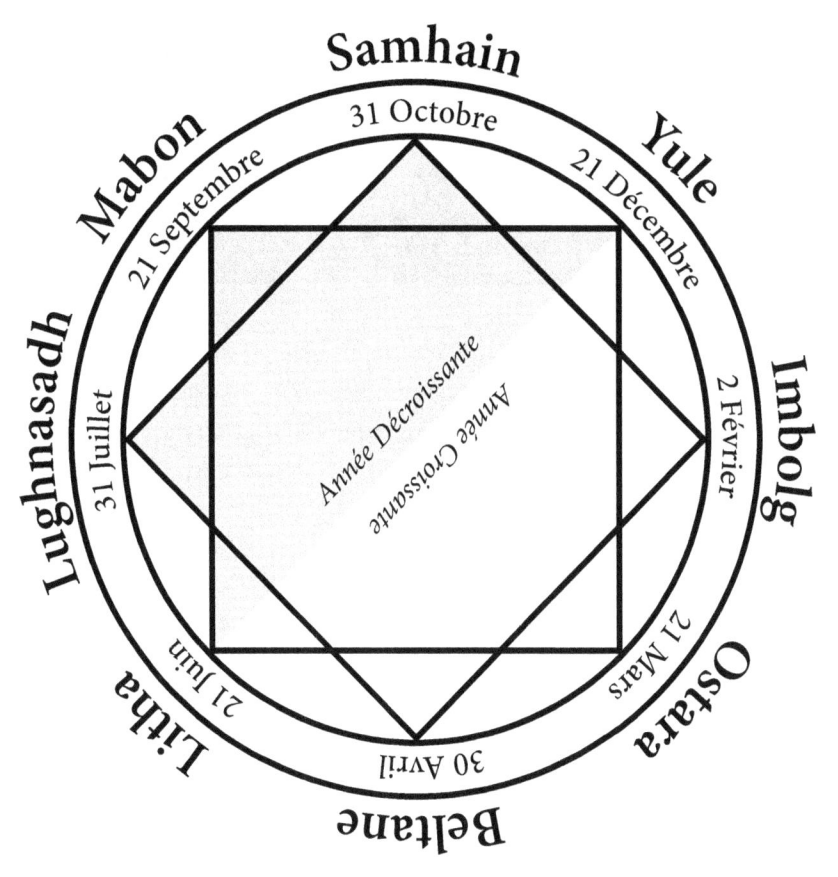

La Roue de l'Année

Samhain
31 octobre

Samhain (qui se prononce '*Sow-ein*') aussi désigné par Hallowe'en ou Toussaint, moment de la troisième moisson, marque le début de la nouvelle année magique et représente également la fête des morts. C'est le début de l'hiver chez les Celtes et l'un des festivals les plus importants (le second étant celui de Beltane marquant le début de l'été). C'est aussi, et surtout, le moment dans l'année où le voile séparant le monde des vivants et l'Autre Monde est le plus ténu ; les humains et les esprits peuvent à leur gré traverser de l'autre côté sans mot de passe car en cette nuit, la porte qui sépare ces plans d'existence est toute grande ouverte. En ce sens, Samhain est reconnu comme un temps pour la divination, pour se souvenir des chers disparus et pour la communication avec les esprits des décédés. Les ancêtres deviennent plus accessibles pendant cette période. On profite également de ce moment pour faire une introspection et revenir sur l'année qui vient de s'achever.

La Roue de l'Année complète maintenant son cycle de vie en ce jour privilégié pour la communion spirite. Samhain est une célébration de l'éternel cycle des incarnations et symbolise du même coup un temps de festivités où la nourriture et la boisson sont à l'honneur en signe de fertilité et de vie, en défiance à la période de noirceur qui surviendra à Yule. Il est également de coutume de préparer un plat pour les âmes désincarnées et les défunts afin qu'ils se nourrissent lors de leur périple dans l'Autre Monde.

Correspondances de ce Sabbat:

Symbolisme: Nouvel an magique, la troisième et dernière moisson, divination, communication spirite, la renaissance au-delà de la mort, la réincarnation, fin de l'été, l'introspection.

Symboles: Lanternes en citrouille, courges, pommes, la noirceur, la mort, feu, masque.

Déesses: Hel, Hécate, Ishtar, Inanna, Kali, Keli-De, Macha, Kalma, Lilith, Morrigan, Pamona, Rhiannon, Perséphone, Sekhmet.

Dieux: Arawn, Cernunnos, Hadès, Loki, Nefertum, Osiris, Pluton, Samana, Am-Heh, Ghede, Heimdall, Woden/Odin, Rangi, Xocatl.

Couleurs: Noir, orange.

Encens/huiles: Oliban, myrrhe, menthe, muscade, pomme, sauge, basilic, millefeuille, lilas, ylang-ylang, camphre, clou de girofle.

Herbes: Citrouille, chrysanthème, armoise, pomme, noix, feuilles de chêne, sauge, cataire.

Pierres: Jais, obsidienne, onyx, cornaline et toutes les pierres noires.

Thés Sabbatiques: (individuels ou mélangés): Cidre de pommes, angélique, cataire, sauge, valériane.

Aliments traditionnels: Pommes, navets, betteraves, noix, tartes à la citrouille, muffins aux canneberges, vin chaud et cidre, volaille, porc.

Décoration de l'autel: Nappe noire, lanternes sculptées dans des citrouilles, photographies de personnes décédées, pommes, feuilles et fleurs automnales, noix, outils de divination tels que le miroir magique, etc.

Yule — Solstice d'Hiver
21 décembre

Yule (se prononce *'You-le'*) signifie 'roue'. Le Solstice d'Hiver marque la mort et la renaissance du Dieu-Soleil ; il indique la victoire du Dieu de l'Année Croissante, le Roi Chêne, sur le Dieu de l'Année Décroissante, le Roi Houx. La Déesse, qui est personnalisée à ce moment-là comme la Reine de la Noirceur Froide, donne maintenant naissance au Dieu qui la fertilisera de nouveau et amènera une fois de plus la lumière et la chaleur. À Yule, les deux thèmes du Dieu coïncident parfaitement.

Yule est le temps de l'année où la nuit est la plus longue, et, à partir de ce moment, les journées commenceront à allonger ; le temps d'ensoleillement augmentera jour après jour. Le cycle Solaire entame un nouveau départ, sa puissance n'est plus en déclin, mais poursuit plutôt sa course vers son zénith qui aura lieu au Solstice d'Été. Symboliquement, l'enfant Dieu grandissant, le Soleil, se fait de plus en plus présent en suivant ce même parcours. Il est donc de coutume d'allumer de grands feux, de faire brûler des chandelles ou une bûche de Yule (symbolisant la réincarnation du Dieu par la Déesse) jusqu'au lever du jour afin d'accueillir et célébrer chaleureusement le retour tant attendu de la lumière solaire sur la Terre-Mère.

Correspondances de ce Sabbat :

Symbolisme : Renaissance du Dieu-Soleil, début de l'Année Croissante, la nuit la plus longue de l'année, Solstice d'Hiver, établissement des plans pour le futur, retour prochain de la vie et de la fertilité.

Symboles : Bûche de Yule, feu, lumière, houx, sapin, gui, poinsettia, roue.

Déesses : Angerona, Fortuna, Gaia, Heket, Isis, Lucina, Albina, Brigitte, Frey, Hannah, Kefa, Ma'at, Nox, Pandora, Thea, Metzli, Tiamat.

Dieux : Apollon, Balder, Hélios, Janus, Lugh, Mitra, Roi Chêne/Houx, Ra, Sol, Aker, Attis, Braggi, Hyperion, Mithras, Odin, Marduk.

Couleurs : Rouge, vert, blanc, argent et or.

Encens/huiles : Oliban, myrrhe, pin, cèdre, cannelle, muscade, romarin, safran, gingembre.

Herbes : Héliotrope, houx, chêne, lierre, gui, laurier, genévrier, romarin, pin, poinsettia.

Pierres : Rubis, grenat, émeraude, diamant.

Thés Sabbatiques : (individuels ou mélangés) : Cannelle, molène, saule, millefeuille.

Aliments traditionnels : Biscuits et gâteaux au cumin, gâteaux de fruits, fruits secs, noix, dinde, porc, cidre épicé, vin, thés au gingembre ou d'hibiscus.

Décoration de l'autel : Nappe verte, bûche de Yule, branches de pin ou de sapin, pommes de pin, feuilles de houx, pommes, laurier, genévrier, plusieurs chandelles pour symboliser le retour de la lumière, etc.

Imbolg
2 février

Imbolg (se prononce *'Im-mol'*), aussi désigné par Imbolc, Oimelc ou Chandeleur signifie 'dans le ventre'. Ce Sabbat, cette fête de la lumière, chevauche approximativement de six semaines après Yule et six semaines avant l'Équinoxe du Printemps. Ce moment de l'année est perçu comme étant l'état fœtal du printemps dans les entrailles de la Terre-Mère car une fois encore, la vie commence peu à peu à germer. Ce Sabbat souligne également le rétablissement de la Déesse après que celle-ci eut enfanté du Dieu à Yule. Imbolc est un dérivé du mot gaélique Oimelc qui signifie 'lait de brebis'. Il symbolise le temps où les troupeaux d'animaux donnent naissance à leurs premières progénitures ou encore que le lait de la vie commence à affluer en eux. Étant un festival du feu, comme tous les autres Grands Sabbats, Imbolg porte cependant l'emphase sur l'étincelle de lumière plutôt que sur la chaleur ; la lumière du Dieu-Soleil qui commence à percer à travers le sombre manteau de l'hiver qui se prépare à faire place à l'éclatante marée de l'été.

On associe ce Sabbat à Brigid (ou Brid), la déesse celtique du feu, dont sa nature triple est aussi exprimée en tant que porteuse de fertilité. Il était coutume de fabriquer des croix de paille en l'honneur de cette Déesse en guise de symbole de protection et de prospérité face à l'année qui venait. Imbolg est le moment propice pour bannir le courant hivernal et accueillir le changement de ce qui est désuet pour le renouveau, de la stérilité à la conception ; on chasse ce qui est vieux pour faire place à la nouveauté. Imbolg est donc considéré un Sabbat de purifications, car grâce au concours des pouvoirs régénérateurs du soleil, le temps est venu de faire le ménage des énergies. Traditionnellement, c'est un moment fort adéquat pour procéder aux rites initiatiques et par conséquent, s'engager personnellement sur une nouvelle voie.

Correspondances de ce Sabbat :

Symbolisme : Purification, la croissance et le renouveau, le rejet de ce qui est vieux pour faire place à la nouveauté, la fertilité, premiers signes du retour à la vie, les engagements personnels, les initiations.

Symboles : Balai, fleurs blanches, croix de paille, chandelle.

Déesses : Aradia, Brigid/Brid, Anu, Arachne, Arianhrod, Athena, Audhumla, Branwen, Dahud, Inanna, Laufey, Selene, Vesta, Arani, Cardea, Februa, Gaia, Kebehut, Lucina, Triduana, Pax.

Dieux : Bannik, Diancecht, Essus, Braggi, Dumuzi, Trusto.

Couleurs : Blanc, jaune, rose.

Encens/huiles : Oliban, myrrhe, basilic, laurier, cannelle, violette, vanille, olive, œillet, jasmin, romarin.

Herbes : Angélique, romarin, saule, trèfle, laurier, chélidoine, tussilage, bruyère, iris, violette, et toutes les fleurs blanches et jaunes.

Pierres : Améthyste, grenat, rubis, onyx, turquoise.

Thés Sabbatiques : (individuels ou mélangés) : Camomille, trèfle rouge, romarin, mûre.

Aliments traditionnels : Graines de citrouille et de tournesol, gâteau aux graines de pavot, pain, miel, tous les produits laitiers, mets épicés, curry, ail, poireaux, vin épicé et tisane, volaille, porc, agneau.

Décoration de l'autel : Nappe blanche, fleurs blanches, neige, semences et graines sur un bol de terre, plusieurs chandelles blanches et vertes.

Ostara — Équinoxe du Printemps
21 mars

Le Soleil s'arme en force à la venue de l'Équinoxe du Printemps ; le Dieu maintenant mature imprègne et fertilise la Terre-Mère. Bien que la lumière et la noirceur soient désormais en parfait équilibre en ce jour de l'année, le jour et la nuit ayant précisément la même durée, la lumière à tout de même le dessus sur les ténèbres et le temps d'ensoleillement continue de se prolonger. Le Dieu-Soleil gagne de plus en plus en puissance.

Ostara est évidemment un festival Solaire qui symbolise la renaissance et le retour de la vie. L'œuf est un symbole associé à ce Sabbat ; il s'agit de l'Œuf du Monde déposé par la Déesse qui fera son éclosion sous les chauds rayons du Dieu-Soleil. Avec le renouvellement de la vie, il est temps de planter les semences de nos jardins spirituels afin que la Terre puisse les fertiliser et les faire croître jusqu'au jour de la récolte.

Correspondances de ce Sabbat :

Symbolisme : Retour du printemps, fertilité de la Terre-Mère, retour à la vie, équilibre, le Dieu devenu un homme, puissance de la lumière, le temps des semailles.

Symboles : Œufs, fleurs printanières, bourgeons, feu, verdures.

Déesses : Eostre, Ostara, Aphrodite, Athéna, Cybèle, Eriu, Gaia, Junon, Dame du Lac, Mélusine, Ova, Renpet, Salamaona, Vesta, Astarte, Coatlicue, Flidais, Garbhog, Ishtar, Isis, Minèrve, Perséphone, Rheda, Vénus.

Dieux : Cernunnos, l'Homme Vert, Attis, Dagda, Dylan, Mithras, Odin, Ovis, Osiris, Pan.

Couleurs : Rose, jaune, vert, bleu, couleurs pastelles.

Encens/huiles : Oliban, myrrhe, jasmin, rose, fraise, lotus, magnolia et tous les types de fleurs.

Herbes : Jonquille, crocus, marjolaine, violette, olive, iris, narcisse, aspérule, ajonc, pivoine et toutes les fleurs printanières.

Pierres : Jaspe, aigue-marine, quartz rose, pierre de lune.

Thés Sabbatiques : (individuels ou mélangés) : Dent-de-lion (pissenlit), hysope, tilleul.

Aliments traditionnels : Légumes verts à feuilles, germinations, luzerne, graines de tournesol et de sésame, produits laitiers, noix, salades, œufs, miel, lait de poule.

Décoration de l'autel : Nappe colorée verte ou blanche, fleurs sur l'autel et/ou autour du cercle magique, le chaudron peut être rempli d'eau et servir de vase à fleurs, des plantes et des bourgeons, plusieurs chandelles, tout ce qui représente la vie et la fertilité, des œufs.

Beltane
30 avril

Beltane ou Bealtaine signifie originairement 'feu-de-Bel', le feu du Dieu celte connu sous le nom de Bel, Beli, Balar ou encore Belenus. Les feux-de-Bel sont allumés au sommet des collines pour célébrer le retour de la vie et de la fertilité sur la Terre. Dans la tradition celtique, Beltane (de même que Samhain) est l'un des deux plus grands festivals et marque le début de l'été.

La veille de mai est un temps de passions, de chasses amoureuses ; le Dieu et la Déesse se courtisent. Le temps est venu pour l'éclosion de la fertilité après un long hiver. Les esprits sont emplis de chaleur et de désirs ; la vie palpite et les appétits sont éveillés. Lors de Beltane, le Dieu devient finalement un homme. Exalté par les énergies de la nature, il désire la Déesse et tous deux tombent amoureux ; ils s'unissent.

De cette union, la Déesse tombera enceinte et cette fertilité omniprésente est une fois encore exprimée et célébrée, car elle apporte une nouvelle vie à la Terre. La végétation symbolise la Déesse, alors que le Dieu est représenté par l'arbre de mai. Beltane signifie donc l'union sacrée, le retour passionnel tant attendu de la vitalité et de l'amour. En guise de symbolique de l'union du Dieu et de la Déesse, des rubans étaient tressés autour d'un mât (l'arbre de mai), ce dernier représentant le Dieu-Soleil, tandis que les rubans symbolisaient l'étreinte amoureuse de la Déesse.

Correspondances de ce Sabbat :

Symbolisme : Fertilité, amour, renouvellement des vœux, croissance personnelle, union de la Déesse et du Dieu, la maternité de la Déesse, mariages sacrés, nouvelles vies.

Symboles : Feu, fleurs, calice ou coupe, amour, union, tous les symboles phalliques.

Déesses : Aphrodite, Artémis, Blodewedd, Cupra, Damara, Diane, Fand, Flora, Hilaria, Mielikki, Prithvi, Rhea, Sarbanda, Skadi, Var, Zochiquitzal, Aima, Ariel, Devana, Erzulie, Flidais, Freya, Lofn, Rhiannon, Shiela-na-gig, Tuulikki, Vénus.

Dieux : Bel/Belanos, Cernunnos, Manwyddan, Orion, Puck, Telipinu, Bael, Beltene, Chors, Faunus, Herne, Odin, Pan.

Couleurs : Rouge, vert, blanc, jaune foncé.

Encens/huiles : Oliban, myrrhe, lilas, rose, fleurs de passion, vanille.

Herbes : Primevère, aubépine, rose, romarin, lilas, bouleau, toutes les fleurs blanches.

Pierres : Émeraude, saphir, quartz rose, pierre de sang.

Thés Sabbatiques : (individuels ou mélangés) : Safran, rose, hibiscus, damiana, bardane.

Aliments traditionnels : Biscuits ou gâteaux d'avoine, tous les produits laitiers comme la crème, le fromage, les laits battus aux fruits et même la crème glacée.

Décoration de l'autel : Nappe blanche, fleurs sur l'autel et/ou autour du cercle magique, le chaudron peut servir de vase à fleurs, rubans blancs et rouges.

Litha — Solstice d'Été
21 juin

Au Solstice d'Été, le Dieu-Soleil atteint son apogée ; il est fort, chaud et au zénith de sa luminosité. Ce Sabbat marque la journée la plus longue de l'année, et, à partir de ce jour, le temps d'ensoleillement commence malheureusement à raccourcir. Le Soleil, au sommet de sa gloire, est honoré et on lui demande d'apporter la fertilité sur la Terre de même que de repousser les influences de la noirceur qui entame un nouveau cycle. À cet effet, on allumait traditionnellement de grands feux composés de sapin et de chêne en guise de célébration du Soleil.

Lorsque survient Litha, le Roi Chêne, Dieu de l'Année Croissante, tombe entre les mains du Roi Houx, Dieu de l'Année Décroissante et cède son règne pour faire place à la progression de la noirceur et de l'avènement de l'hiver. La Déesse, maintenant très féconde, embrasse le Dieu-Soleil et préside également à la mort du Roi Chêne.

Le Solstice d'Été est également un temps de festivités ; la nature est luxuriante, la fertilité de la Déesse, la Terre-Mère et du Dieu bat son plein. Litha est aussi reconnu comme une époque puissante et très favorable pour toutes les pratiques magiques, peu importe leur nature. Jadis, les sorcières s'enduisaient le front à cette période avec les cendres provenant des feux de Beltane pour rehausser leurs pouvoirs magiques.

Correspondances de ce Sabbat :

Symbolisme : Le Dieu à son zénith, approche des récoltes, fin de l'Année Croissante et début de l'Année Décroissante, la Déesse enceinte, retour du Roi Houx.

Symboles : Plantes estivales, fleurs, feu, chêne, soleil, roue.

Déesses : Aestas, Athéna, Aphrodite, Astarté, Ishtar, Damona, Dia Griene, Elat, Erce, Freya, Hathor-Tiamet, Isis, Junon, Nuit, Shekinah, Wurusema, Aine, Artémis, Banba, Dana, Eos, Eriu, Gerd, Grian, Kali, Mabd/Maeve, Mitra, Olwen, Sekhmet, Vesta.

Dieux : Baal, Dagda, Dharme, Hadad, Hyperion, Gwydion, Llew, Ra, Thor, Apollon, Balder, Donnus, El, Hélios, Legba, Lugh, Xiuhtecutli, Roi Chêne/Houx, Prométhée, Sol.

Couleurs : Rouge, vert, bleu, or.

Encens/huiles : Oliban, myrrhe, citron, rose, cannelle, lavande, bois de santal, orange, menthe.

Herbes : Camomille, chêne, gui, citronnier, bois de santal, héliotrope, millepertuis, safran, laurier, lavande, rose, verveine, chèvrefeuille, sureau, thym, marguerite.

Pierres : Émeraude, jade, lapis-lazuli, œil de tigre, diamant.

Thés Sabbatiques : (individuels ou mélangés) : Anis, carotte, citron, orange, ortie.

Aliments traditionnels : Fruits frais et légumes du jardin apprêtés de diverses façons, agrumes, oranges, citrons, citronnade, bière et hydromel.

Décoration de l'autel : Nappe blanche, fleurs d'été sur l'autel et/ou autour du cercle magique, tout élément de la nature qui provient de cette saison.

Lughnasadh
31 juillet

Lughnasadh (se prononce *'Luhg-na-sah'*), aussi désigné par Lammas, signifie 'la commémoration de Lugh'. Lugh est un dieu de feu et de lumière, chef des Tuatha Dé Danann dans les légendes irlandaises. Chez les Anglo-saxons, la messe en l'honneur du dieu Lugh se nomme Lughomass ou hlaf-mass, qui signifie 'messe du pain', en référence à la moisson du maïs et au sacrifice du Roi-Maïs (nul autre que le Roi Houx).

Lughnasadh est le Sabbat de la première moisson. C'est le moment de récolter les graines que laissent tomber les fleurs en vue des prochaines semailles. Le Dieu-Soleil est en décroissance; il se meurt peu à peu tandis que la Déesse, profondément fertile, porte maintenant l'enfant de son consort. C'est un temps pour célébrer et remercier la Terre pour sa généreuse bonté et son abondance.

Correspondances de ce Sabbat :

Symbolisme : La première moisson, vieillissement du Dieu.

Symboles : Poupée de maïs et de paille tressée, corne d'abondance, pain, fruits, grains et céréales, feu.

Déesses : Alphito, Cabria, Cérès, Damia, Frey, Habondia, Ishtar, Perséphone, Tailltiu, Tuaret, Zaramama, Aine, Ashnan, Chicomecoatl, Déméter, Kait, Libera, Nisaba, Taillte, Tea, Zytniamatka.

Dieux : Lugh, Bes, Dagon, Liber, Llew, Neper, Zochipilli, Athtar, Bran, Lono, Odin.

Couleurs : Rouge, or, jaune, vert, orange.

Encens/huiles : Oliban, myrrhe, poivre de Jamaïque, romarin, eucalyptus, carthame.

Herbes : Cumin, fougère, marjolaine, muscade, maïs, riz, blé, ginseng, seigle.

Pierres : Péridot, citrine.

Thés Sabbatiques : (individuels ou mélangés) : Alfalfa, hydraste.

Aliments traditionnels : Miche de pain, céréales, baies, mûres, fruits, gerbes de blé, maïs, orge, avoine, pommes de terre, canneberges, toute la nourriture de la première moisson, cidre.

Décoration de l'autel : Nappe jaune, gerbes de blé, orge, avoine et pain, tout ce qui représente la première récolte, fruits, poupée en épis de maïs.

Mabon — Équinoxe d'Automne
21 septembre

    Mabon est un temps d'équilibre; le jour et la nuit sont une fois de plus égaux. La noirceur prend le dessus sur la lumière; la période d'ensoleillement devient de plus en plus courte. La Déesse somnolente peut maintenant se reposer après avoir été fertile durant toute l'année, car voici le temps de la seconde moisson, les grains et les fruits ont dès lors étés récoltés. Le Soleil, bien qu'il soit de moins en moins fort, est toujours présent, mais ce dernier se prépare à se retirer afin de se régénérer pour renaître de nouveau de la Déesse. La nature se retire doucement et tranquillement pour faire place au calme plat de la saison hivernale.
    L'Équinoxe d'Automne représente l'achèvement des récoltes débutées lors de Lughnasadh et le remerciement pour l'abondance obtenue et celle qui sera à venir. À cette époque, on salue dignement la chaude étreinte du Dieu-Soleil en forte décroissance sachant qu'il mourra bientôt et l'on reconnaît que le Soleil et les moissons, les hommes et les femmes, partagent ce même cycle perpétuel de la renaissance et de la réincarnation.

Correspondances de ce Sabbat :

Symbolisme : Deuxième moisson, l'équilibre, le monde des esprits, noirceur en force sur la lumière, célébration du vin.

Symboles : Vin, courges, pommes de pin, glands, feuilles de chêne, céréales, pommes, vignes, cornes d'abondance, maïs, roues solaires.

Déesses : Cessair, Perséphone, Morgane, Nikkal, Ninkasi, Renenutet, Sura, Epona, Lilitu, Modron, Ningal, Pamona.

Dieux : Dionysus/Bacchus, Haurun, Dieu Cornu, Iacchus, Orcus, Hermès, Mabon, Thoth, Thor.

Couleurs : Brun, orange, violet, roux, jaune foncé.

Encens/huiles : Oliban, myrrhe, benjoin, patchouli, fleurs de pommier, sauge.

Herbes : Gland, noisette, cèdre, lierre, vignes, houblon, tabac, souci.

Pierres : Topaze jaune, saphir, lapis-lazuli, améthyste.

Thés Sabbatiques : (individuels ou mélangés) : Toutes sortes de baies, raisin, bruyère, houblon, sassafras.

Aliments traditionnels : Produits de la seconde récolte, pain de maïs, céréales, courges, légumes tels que pommes de terre, haricots et oignons, bière, vin et cidre de pommes.

Décoration de l'autel : Nappe brune, glands, branches de chêne, feuilles automnales, courges, pommes de pin, fruits saisonniers, épis de maïs, etc.

CINQUIÈME PARTIE

La Conscience Magique

Les Familiers

Vous souvenez-vous de ces vieilles histoires de sorcières et des contes pour effrayer les enfants ? Vous avez sûrement remarqué qu'il était souvent mentionné que celles-ci possédaient des créatures favorites qui les aidaient dans leurs travaux magiques. Ces Êtres, parfois des chats, tantôt des corbeaux ou même des Entités démoniaques étaient des personnages magiques connus sous le nom de *familiers*.

Les familiers étaient reconnus comme de fidèles assistants prêts à exécuter les ordres de la sorcière, lui obéissant au doigt et à l'œil. Bien que les histoires de jadis aient toujours eu tendance à modifier un tant soit peu la réalité, il demeure néanmoins véridique de nos jours qu'un sorcier ou une sorcière ayant préalablement travaillé et aiguisé ses sens psychiques pourra effectivement donner vie et posséder un, voire même plusieurs familiers afin d'obtenir un impressionnant coup de main en magie pratique. Il sera possible, grâce à leur concours, d'effectuer à distance des actions magiques parfois même incroyables. Cependant, il ne s'agira guère ici dans cet ouvrage d'Entités négatives ou de démons, faites attention ! Les familiers avec lesquels vous allez maintenant vous familiariser seront d'une nature beaucoup plus bienveillante et plus faciles à contrôler que les Élémentaux ou les Esprits du bas astral.

Nous verrons donc ensemble, en premier lieu, les familiers du règne animal, les favoris de tous, puis, ensuite, les familiers *synthétiques* résidant sur les plans subtils qui seront bel et bien vivants et créés par vous-même. Dans ce deuxième cas, si vous suivez attentivement mes conseils, tout devrait se dérouler pour le mieux sans aucune embûche et vous pourrez aspirer à l'obtention de résultats occultes bien particuliers et surprenants.

Les Familiers du règne Animal

Possédez-vous un animal domestique ? Si tel est le cas, vous avez peut-être un futur familier sans même vous en être rendu compte. Si vous avez un chat, par exemple, vous remarquerez probablement un jour que ce dernier semblera devenir curieux lorsque vous vous apprêterez à pratiquer un rituel, comme s'il voulait y participer lui aussi. Il est normal de constater cet intérêt chez eux. Sachez que les animaux n'ont pas autant d'entraves au niveau psychique que les humains et ces derniers sont donc beaucoup plus sensibles aux énergies et aux manifestations du monde invisible. Lorsque vous mettez en branle des courants d'énergies et de vibrations lors de pratiques de sorcellerie, ils deviennent soudainement aux aguets, voyant ce qu'il se passe à un niveau de conscience supérieur.

Pour ma part, parmi mes animaux de compagnie, j'ai un chat admirable, *Zeta*, et il possède un comportement exemplaire en guise de familier. Lorsque j'écris un livre, comme tout au long de la rédaction de ce présent ouvrage de magie, il se tient tout juste à mes côtés, comme en ce moment même, et me tient silencieusement compagnie. C'est tout comme s'il savait ce que j'étais en train de faire. Par ailleurs, lorsque je rédige certains passages dans mon grimoire, une fois encore, il est tout près de moi, sinon carrément dans mon chemin alors qu'il se couche directement sur l'encre fraîchement écrite ! Lorsque je pratique des exercices de développement magique ou que je m'étends pour tenter une sortie astrale, il vient plus souvent qu'autrement se coucher aussitôt à côté de moi ou, même encore, directement sur mon ventre, comme le fidèle gardien de son mage et maître. Si je pratique un rituel, il peut venir se coucher dans un coin de mon sanctuaire pour me regarder agir, suivant attentivement de ses gros yeux verts écarquillés chacun de mes mouvements, à l'affût d'une manifestation éthérée ou astrale. Finalement, il ressent également la présence des Entités ou Êtres éthériques, comme celle de mon vieux comparse dragon *Pnfyr*.

Ceci reflète d'une façon juste et générale le comportement d'un familier animal. Certes, il existe d'autres comportements que vous serez à même de découvrir éventuellement, comme la protection qu'un animal peut vous conférer et plus encore.

Il est de mon humble avis qu'on ne peut pas véritablement donner un statut de familier à un animal domestique. Il le devient par lui-même et choisit de le devenir de son propre gré. Pour vous donner un exemple, sachez qu'à l'heure actuelle, je possède trois chats. Et c'est seulement *Zeta*, celui dont je viens tout juste de vous mentionner qui a saisit l'occasion de devenir mon compagnon de magie, les autres ne semblant pas être intéressés à ce type de coopération. Évidemment, je les aime tous et ils me le rendent très bien, mais semble-t-il qu'il y en a seulement un qui a décidé de participer et porter une attention toute particulière à mes travaux magiques. Les autres chats sont plus de nature indépendante et ne me paraissent se soucier aucunement que je pratique un rituel ou que je demeure immobile à méditer à la lueur d'une chandelle.

Ainsi, vous avez peut-être un animal domestique à la maison et celui-ci pourra lui aussi choisir de devenir votre familier animal ou refuser l'occasion qui se présentera. Vous ne pourrez jamais en aucun cas le contraindre à agir contre sa volonté. Il est, pour ainsi dire, prédestiné à cette coopération magique ou il ne l'est pas. Tout comme vous, vous êtes attiré et intéressé à la magie. Peut-être avez-vous des amis ou des collègues de travail qui ne croient pas en l'occultisme et n'y prêtent guère attention. Ainsi en est-il également pour les animaux. Certains verront une occasion à ne pas manquer alors que d'autres n'en feront tout bonnement rien.

Ceci étant dit, vous pourrez toujours tenter d'impliquer votre animal lentement, pas à pas, dans vos rites et travaux magiques. Tout comme un élève, tentez de l'initier graduellement. Prenez-le sur vos genoux alors que vous entraînerez vos pouvoirs de sorcier et sorcière, lors d'une méditation ou lorsque vous pratiquerez la visualisation. Amenez-le peu à peu à pratiquer avec vous. Soyez malin, car au début, vous aurez peut-être à agir avec un peu d'efforts. Par exemple, si votre animal domestique possède un lit ou un panier pour se coucher, placez alors ce panier dans votre sanctuaire de façon à ce qu'il puisse y prendre place lors de votre prochain rituel. De cette manière, il en viendra sûrement à être intrigué par vos actes et développera-t-il éventuellement cette envie de partager d'autres moments identiques.

Soyez ingénieux et impliquez toujours davantage votre compagnon animal dans tout ce que vous ferez qui aura une connotation magique ou occulte. Au bout de quelques semaines d'entraînement, vous verrez si vous possédez un familier potentiel. Si vous n'obtenez aucun résultat, vous devrez vous faire à l'idée que pour le moment, votre animal domestique ne peut ou ne veut devenir votre familier. Aimez-le quand même de tout votre cœur et appréciez toujours sa compagnie... il finira peut-être un beau jour par changer d'avis.

Les familiers du règne animal peuvent vous apporter énormément. Ne serait-ce que de vous tenir compagnie lors d'un rituel quelconque, vous saurez apprécier leur présence. Ils voient et captent les énergies subtiles ; ils fixent un coin de la pièce comme pour vous signaler que quelque chose ou *quelqu'un* s'y trouve ; ils partagent les courants et marées occultes ; ils vous protègent et vous avertissent des dangers imminents ; ils vous accompagnent dans vos travaux et pratiques de développement magique et vous supportent à leur façon pour vous encourager à persévérer, etc. Ce ne sont que des exemples parmi tant d'autres avantages qui feront partie, un jour, je vous le souhaite, de votre quotidien.

Ainsi, il est vrai qu'avoir le loisir de posséder un animal familier est quelque chose de vraiment magnifique, car s'ensuit une collaboration et un partage affectif combien magique ! Si vous avez cette chance, tout comme moi, alors vous connaissez déjà cette sensation et ce précieux lien que j'essaie de vous partager. Dans le cas contraire, ne vous en faites pas. Vous aurez toujours l'option de pratiquer le rituel contenu dans ce chapitre afin de créer vous-même votre propre familier selon vos propres exigences et besoins. Mieux encore, vous pourrez tout aussi bien posséder les deux types de familiers ; un du règne animal et un (ou plusieurs) du monde invisible.

Comment créer ses propres Familiers

Advenant le cas malheureux où vous ne pouvez avoir la chance de posséder un familier du règne animal ou, encore, que vous désirez plutôt porter des actions magiques très spéciales, sachez dès lors que vous pourrez toujours créer magiquement vos propres familiers. Ceux-ci ne seront pas physiques comme un chat ou un oiseau, par contre, ils seront eux aussi tout à fait autonomes et même encore plus puissants que les animaux en raison de leur capacité d'agir directement et à partir du plan invisible.

Cette technique consiste à créer et donner vie à une Entité astrale grâce à la force de la volonté et de la visualisation en suivant le rituel prescrit dans ce chapitre. Si vous avez lu mon livre *La Science des Mages*, vous remarquerez que j'ai déjà expliqué une méthode très précise pour créer un type d'Entité artificielle similaire. Cependant, ce qui suit, même si à certains égards les propriétés seront identiques, vous constaterez que la technique rituelle pour obtenir ce genre de serviteur personnel est quelque peu différente et plus facile à exécuter tout en demeurant néanmoins autant satisfaisante.

Ainsi, une Entité avec un certain degré d'intelligence et d'autonomie pourra être consciemment créée. Cet Être vivra et agira sur le plan astral et sera limité à l'exécution de la tâche qui lui aura été assignée. En d'autres termes, vous pouvez créer un, plusieurs, voire même une armée de familiers qui seront à votre unique service.

Par ailleurs, lorsque vous aurez donné vie à votre familier, sachez que parce qu'il sera autonome et en mesure d'agir selon vos directives, toute faute karmique commise par un tel serviteur personnel sera automatiquement débitée à la main qui le manipule, soit vous-même. Voilà pourquoi il faut savoir être prudent lorsque l'on travaille de concert avec les familiers astraux. Car il est vrai que ces créatures agiront selon les désirs et au nom du sorcier qui les contrôle. En revanche, si ces dernières commettent un faux pas, c'est tout comme si vous étiez vous-même fautif. Redoublez donc de prudence et demeurez vigilant.

Plus vous donnerez de l'énergie à votre familier, plus celui-ci deviendra fort et plus ses actions magiques seront efficaces et directes. Néanmoins, il peut y avoir certaines lacunes avec ces Êtres invisibles ; en effet car plus ils recevront de la force en provenance du praticien qui les a créés, plus leurs actions seront efficaces, d'accord, mais plus ils risqueront, tout aussi, de devenir incontrôlables, dû au fait qu'ils deviendront beaucoup plus puissants et davantage autonomes.

Il existe de nombreuses possibilités au sorcier quant à l'emploi des familiers créé par un acte magique. Comme ces derniers seront créés selon les désirs et les besoins du praticien, ils seront en mesure d'accomplir pratiquement n'importe quelle tâche. Il suffit d'avoir un besoin à satisfaire et le familier aura la possibilité de tout mettre en œuvre pour le concrétiser sur le plan mental, astral ou physique. Évidemment, cela implique que celui-ci ait été formé au préalable selon les Lois Universelles qui régissent les actions magiques.

C'est ainsi que vous pourrez créer un familier pour accomplir différentes tâches. Pour vous donner une idée de départ, je vais vous en nommer quelques-unes :

- Augmenter ou diminuer à volonté les facultés intellectuelles et la capacité d'apprentissage du praticien ou d'une tierce personne.
- Augmenter ou diminuer le courage et la force.
- Augmenter ou diminuer la vitalité et la santé.
- Changer les sentiments en leurs opposés ; la haine en amitié et l'amitié en haine, etc.
- Obtenir la protection contre les influences négatives, étrangères et hostiles.
- Soumettre à sa volonté le mental de tout individu ou animal de son choix.
- Recevoir et transmettre des messages télépathiques.
- Influencer à volonté les pensées d'une personne.
- Etc.

Maintenant, avant de vous lancer dans la pratique de ce rituel hors du commun, prenez le temps d'étudier convenablement les quatre règles suivantes. Le succès et la réussite de cette expérimentation magique en dépendent.

La Forme attribuée au Familier

Selon le but assigné, une forme analogue sera donnée au familier à l'aide de la visualisation. Il n'y a pas véritablement de règle à respecter quant à l'aspect choisi sinon que la forme, ou le corps astral du familier, devrait avoir un lien direct avec le but et les tâches qu'il aura à accomplir. Par exemple, ce dernier pourrait avoir la forme d'un gros chien féroce ou d'un dragon impressionnant s'il était créé pour apporter la protection, monter la garde sur le sorcier et le protéger. Dans un même ordre d'idées, si votre familier a pour mission de voir ce qui se passe dans votre entourage, il pourrait alors posséder la forme d'un aigle, d'un corbeau ou d'un oiseau quelconque prêt à survoler à distance les régions souhaitées. Finalement, celui ou celle qui aimerait avoir comme familier une Entité qui influencera les autres personnes en sa faveur, ce dernier pourrait posséder la forme d'un mage éloquent, d'un serpent sournois ou d'un renard rusé et convaincant.

Peu importe vos motifs personnels, prenez le temps de réfléchir à la mission que devra remplir votre futur serviteur, trouvez le personnage idéal pour mener à terme cette action et donnez-lui la forme physique correspondante. Retenez que votre familier peut être d'apparence humaine, animale ou même extraterrestre si le cœur vous en dit. Il peut être aussi grand qu'un géant ou aussi petit qu'une souris. À vous le familier, à vous le choix.

Le Nom du familier

Pour exister, votre familier doit impérativement posséder un nom. Sans celui-ci, la forme ne saurait exister. Le nom choisi ne devrait jamais correspondre avec le nom d'une personne vivante ou décédée afin qu'aucun lien avec cette dernière ne puisse se faire. C'est pour cette raison qu'un nom inventé uniquement pour le familier est plus que conseillé. Vous utiliserez par la suite ce nom pour appeler votre serviteur afin que ce dernier se manifeste à vous et vous obéisse.

La Tâche à accomplir

Voici un point fort important à ne pas prendre à la légère. Que désirez-vous que votre familier accomplisse ? Que doit-il réaliser pour vous ? La tâche, étant la force nécessaire à l'accomplissement de celle-ci, sera assignée par la puissance de la volonté avec une intense visualisation. Cette tâche doit être claire, nette, très spécifique, positive et formulée au temps présent à voix haute. Par exemple, si vous créez un familier pour la protection, ne lui inculquez pas la tâche en disant ainsi : *'Protège-moi si je suis en danger.'* Vous devriez plutôt lui donner comme fonction spécifique *'Toi, n.n., tu me protèges contre tous les dangers physiques et psychiques, en tout temps de nuit comme de jour, maintenant, et aussi longtemps car tu es à mon service.'*

Le Temps et la durée de vie

La durée de vie de votre familier doit aussi être prise en considération. Vous pouvez par exemple ordonner à votre serviteur astral de se dissoudre une fois que sa tâche sera accomplie. À défaut d'une dissolution préétablie ou manuelle, votre familier continuerait de vivre et d'agir de façon incontrôlée, même après votre mort, lequel vous serait toujours lié karmiquement, indépendamment de ses actions. La durée de vie est donc l'un des points les plus important à considérer.

La Fiche Technique du Familier

Voici à titre d'informations complémentaires l'image et la fiche technique d'un familier très fiable que j'ai créé dans le passé. Il avait une forme humanoïde découpée sans toutefois avoir de traits précis, comme s'il était seulement composé de lumière. SPORASS, de son nom, avait comme fonction d'être imposant, sévère et très convaincant.

Il est recommandé de suivre l'exemple suivant et de concevoir une fiche similaire dans votre grimoire pour tous les familiers afin de garder un bon suivi de chacun de vos serviteurs personnels.

Fiche Technique du Familier

Nom du familier: SPORASS
Date: 31 mars 1999, 22h20
Phase lunaire: Pleine lune
Durée de la création initiale: 20mins.
Temps et durée de vie: Une seule action occulte.

Apparence: Grand être musclé de lumière blanche jaunâtre intense. Les bras croisés. Attitude de force et d'autorité. Il a deux longues cornes courbées vers l'intérieur sur la tête.

But et tâches à accomplir: _____

Gestuelle d'appel: Mains levées, pouces entre les index et majeurs dire 3 fois le nom: *'Sporass! Sporass! Sporass!'*
Gestuelle d'envoi: Donner l'ordre d'un ton sec et à haute voix d'aller agir sur le mental de la personne en poussant avec les mains vers le dehors, puis en les claquant aussitôt, le tout fait très rapidement et avec force.

Action occulte réussie: Oui, avec succès.

Familier **SPORASS**, tel qu'illustré par l'auteur

Rituel du Familier

- Asseyez-vous confortablement et méditez pendant un court moment afin de vider complètement votre esprit de toute pensée errante. Lorsque vous vous sentirez fin prêt à entamer la technique rituelle de la création du familier, poursuivez.

- Visualisez que vous vous tenez devant un immense océan de lumière. Voyez cette lumière vous pénétrer ; elle est brillante dans tous ses éclats et infinie.

- Lorsque vous serez en mesure de très bien vous représenter dans votre esprit cet océan de lumière, commencez à le compresser dans la forme choisie pour votre futur familier. Compressez peu à peu cette lumière et lui donnant l'aspect physique de votre créature. Plus la lumière sera compressée, plus elle s'intensifiera en intensité, comme la puissance de dix mille soleils. Lentement votre familier prend forme.

- Finalement, après une intense visualisation, vous devriez voir se tenir droit devant vous votre familier dûment formé, de la taille et dans les dimensions voulues. À ce stade de votre travail occulte, le familier doit être parfaitement formé, se tenant calme et silencieusement. Prenez votre temps pour le contempler dans tous ses détails.

- Maintenant, chargez et transférez votre puissante volonté à même votre familier ; c'est-à-dire, imprégnez-le fortement et mentalement de la tâche qu'il devra bientôt accomplir pour vous. Cette étape est extrêmement importante. Prenez tout votre temps pour parfaitement inculquer votre volonté à la créature se trouvant devant vous.

- Alors que le familier aura reçu ses instructions par la force de votre mental à propos de ce pour quoi il a été créé, vous lui donnerez son nom en disant à haute voix : *'Tu es n.n. ! Tu es n.n. ! Tu es n.n. !'*

- Il est maintenant temps de déterminer la durée de vie de votre familier. Voulez-vous le voir se dissoudre aussitôt son travail accompli ou désirez-vous qu'il se maintienne en vie de manière à pouvoir vous être de service plusieurs fois au besoin ? Récitez la tâche qui lui a été assignée en mentionnant la durée de l'action qui devra être portée. Par exemple : *'Toi, n.n.,, tu changes en amour la haine qu'éprouve untel envers moi et aussitôt cette tâche accomplie, tu retournes à l'océan de lumière d'où tu proviens.'* Si votre familier doit posséder une vie plus longue, vous pouvez aussi spécifier que ce dernier deviendra toujours plus fort de jour en jour, etc.

- Le nom, la tâche et le temps dûment assignés, sachez que si vous avez pratiqué ce rituel consciemment avec toute la force de votre volonté et visualisation, vous avez véritablement donné naissance à une Entité astrale, laquelle est maintenant prête à obéir à vos ordres. Indiquez à votre familier que lorsque vous prononcerez son nom, le tout accompagné de telle ou telle gestuelle d'appel, celui-ci sera obligé de se présenter à vous afin d'obtenir de nouvelles instructions.

- Lancez votre familier de façon à ce qu'il puisse aussitôt aller s'acquitter de sa tâche.

- Le rituel est maintenant complété. Laissez agir votre familier et ne pensez plus à lui afin qu'il puisse plus facilement travailler et vous servir. N'oubliez pas, dans le cas où la durée de vie spécifiée serait plus longue qu'une seule action, que vous devrez *nourrir* votre familier de votre force vitale de façon à augmenter son pouvoir d'action. Pour ce faire, appelez-le sur une base régulière et lorsqu'il sera devant vous, transmettez-lui une partie de votre énergie par la force de votre volonté et de votre visualisation.

Techniques de Divination

L'un des aspects les plus intéressants en magie, pour ne pas dire des plus attrayants, est sans contredit tout ce qui touche de près ou de loin la divination. Depuis des lunes, magiciens, occultistes, sorciers et sorcières se sont tournés vers les techniques divinatoires afin de pouvoir prédire de façon assez exacte ce que pouvait receler le futur. Parmi ces méthodes, nous retrouvons les plus populaires dont le tarot, le I-Ching, les cristaux et boules de cristal, les runes, les miroirs magiques et j'en passe.

La raison première pourquoi je désire vous enseigner les deux techniques de divination contenues dans ce chapitre est de vous donner un outil supplémentaire en magie pratique. Cet outil vous permettra de voir ou d'obtenir un aperçu de ce que vos travaux occultes pourraient vous apporter comme résultats afin de déceler si un rituel possède bel et bien sa raison d'être. Parfois, vous aurez conscience que de pratiquer tel ou tel rituel pourrait agrémenter considérablement votre sort... mais en sera-t-il véritablement ainsi ? C'est ce que la divination vous permettra de découvrir.

En d'autres mots, comme je sais pertinemment que vous allez vous en donner à cœur joie dans la pratique de vos rituels de sorcellerie, je crois qu'il serait donc préférable, pour votre bien-être (et celui des autres), de pouvoir connaître si les actions que vous désirez poser seront pertinentes, si elles peuvent réellement traduire vos espérances et si ces dernières s'avéreront justes et réfléchies.

Il est bien sûr entendu que vous pourrez toujours aussi pratiquer la divination en d'autres circonstances et non seulement afin de vérifier les résultats possibles de vos rituels. Vous avez probablement des interrogations face à certaines facettes de votre vie. Or, si vous désirez obtenir des réponses, une fois encore la divination pourra s'avérer très utile, et non uniquement pour vous, mais aussi pour vos proches ou toute autre personne qui aura besoin de s'enquérir de vos services.

Par ailleurs, il faut également faire attention à ne pas confondre 'procéder à une divination' et 'prédire la bonne aventure'. Prédire la bonne aventure c'est de dire que telle ou telle chose *va* se produire. Alors qu'à l'opposé, procéder à une divination indiquera qu'une situation donnée *risque* de se produire à la condition que vous poursuiviez sur le même chemin que vous empruntez en ce moment.

Dans cette optique, vous avez toujours le libre arbitre d'attendre que cela se produise ou de le prévenir; de laisser la situation se manifester d'elle-même ou de la contourner en optant pour une autre direction à suivre ou en posant des actions différentes.

Prédire la bonne aventure rimerait à dire, par exemple, que tel jour donné à telle date, vous aurez un malheureux accident d'automobile. Alors que du côté de la divination, on vous indiquerait plutôt que conduire votre automobile en cette période pourrait vous causer certains ennuis, voire même un accident, et qu'il serait conseillé d'éviter de l'utiliser. Vous auriez donc le choix, suite à cet avertissement, d'éviter toute conduite automobile ou de redoubler de prudence sur la route.

Ainsi, contrairement à la bonne aventure qui prône l'avenir en termes de prédestination, la divination, quant à elle, indique ce qui peut se trouver au bout du chemin en termes de probabilités, vous laissant le libre arbitre d'affronter une situation possible ou de l'éviter en prenant action en conséquence de cause.

Il est de mon humble avis que prédire la bonne aventure ne fait aucun sens puisque le futur est constamment en changement. Souvenez-vous : une aiguille ne peut tomber sans en bouleverser tout l'Univers... Une action posée apportera des répercussions, certes, tandis qu'une autre peut produire des effets diamétralement opposés. C'est ainsi que dans cet ouvrage, il ne sera traité que de divination; l'art de voir ce que le futur peut réserver.

La Divination par le Miroir Magique

Le miroir magique agit comme un portail ou une sorte de seuil entre le monde physique et le plan astral. C'est véritablement une fenêtre ouverte sur les autres dimensions. Un tel outil peut donc projeter efficacement ce qui se trouve de l'autre côté du voile subtil. Il vous sera possible avec un miroir magique de voir, autant en termes de clairvoyance, que de procéder à la divination afin de recevoir des informations.

J'ai largement traité le sujet des miroirs magiques et leur mode de fabrication dans *La Science des Mages*. Si vous êtes intéressé à connaître toutes les différentes techniques possibles, allant de la clairvoyance aux voyages astraux, et les emplois que l'on peut en faire en magie, je ne saurais faire autrement alors que de vous en recommander la lecture.

Ceci étant dit, un miroir magique est normalement constitué d'un verre noir. Au lieu de vous indiquer ici comment fabriquer ce type de miroir, je vais plutôt vous inciter à employer l'un de vos outils magiques qui pourra sensiblement être utilisé pour les mêmes fonctions, c'est-à-dire, le chaudron.

Effectivement, si vous utilisez votre chaudron magique ou même à la rigueur, un simple bol de couleur foncée, vous parviendrez à l'obtention d'un miroir de simple facture qui s'avérera efficace pour des fins divinatoires. Pour faire un miroir magique à l'aide de votre chaudron, remplissez-le d'eau pure à pleine capacité et placez-le au centre de votre autel. Allumez deux chandelles et placez-les de chaque côté en faisant attention que la lumière ne se reflète pas sur la surface de l'eau. C'est aussi simple que cela ; vous êtes maintenant prêt.

Prenez place devant votre miroir magique et adoptez une position confortable. Fixez maintenant la surface de l'eau et essayez d'obtenir ce sentiment de profondeur, comme si vous étiez capable de regarder de l'autre côté de cette dimension, au plus profond de cette surface sombre. Sans fatiguer inutilement vos nerfs optiques, c'est-à-dire en contemplant passivement le miroir, pensez fortement à votre question, puis, posez-la à voix haute comme suit :

Quel sera le résultat si j'emploie la magie pour parvenir à... ?

Regardez à la surface de l'eau en demeurant toujours neutre et demeurez très attentif. Laissez les manifestations venir à vous sans jamais les forcer. Généralement au début, vous aurez l'impression que la surface du miroir se couvre subitement d'une sorte de nuage sombre de vapeur gazeuse. Ensuite, vous serez capable d'apercevoir des formes d'énergie, des couleurs et des points lumineux virevoltant et se déplaçant dans toutes les directions de manière fluide et éthérée.

Peu à peu, avec de la pratique et selon le degré de développement de vos sens psychiques, la surface de votre miroir magique en viendra à s'éclaircir et vous commencerez à apercevoir des bouts d'images et des scènes légèrement floues. Ces manifestations seront souvent bizarres et incohérentes, difficiles à comprendre ou à interpréter. Plus vous pratiquerez et plus vos visions deviendront nettes et précises. Vous serez, tôt ou tard, en mesure de comprendre ce que vous aurez vu.

Je ne désire pas approfondir le sujet davantage car ce ne sont pas tous qui auront de la facilité avec cette méthode. Cela demande de l'entraînement et des capacités psychiques développées. Tentez néanmoins vos propres expérimentations et si vous n'obtenez que très peu de succès, passez alors à la prochaine technique divinatoire, laquelle est beaucoup plus facile, en étant tout aussi efficace.

La Divination par le Tarot

La divination par le tarot est un art ancien qui remonte possiblement à l'ancienne Égypte. On retrouve des faits historiques datant aussi loin que du 14e siècle. Pour peu importe ses origines, car là n'est pas le but de cet ouvrage pratique, le tarot demeure encore aujourd'hui une technique divinatoire efficace, simple d'emploi et très populaire.

Il existe sur le marché d'innombrables quantités d'oracles divinatoires et de jeux de tarot des plus diversifiés. Quand viendra le temps de vous en procurer un, vous aurez véritablement l'embarras du choix. Choisissez-le en vous laissant guider par votre intuition et vos goûts personnels. Regardez les cartes et laissez-vous inspirer par elles. Vous trouverez assurément le jeu qui sera fait pour vous et qui vous conviendra.

Un jeu de tarot standard est constitué de 78 cartes. Ces cartes sont divisées en deux arcanes ; l'arcane majeur, composé de 22 cartes, et l'arcane mineur comportant 56 cartes. Dans ce chapitre, je vais vous enseigner une technique divinatoire utilisant uniquement l'arcane majeur. Ces 22 cartes tendent à représenter les forces en perpétuel changement et offrent les grandes lignes directrices des événements à venir, tandis l'arcane mineur indique plutôt les forces statiques et apporte plus de précisions avec des informations complémentaires.

Il est vrai qu'une lecture divinatoire employant toutes les cartes sera plus précise et détaillée, mais l'utilisation seule de l'arcane majeur, sans compter qu'elle est plus aisée, vous apportera plus d'informations sur la façon dont les événements changent ou changeront tôt ou tard dans votre vie.

Nous allons voir à présent comment utiliser le tarot pour des fins divinatoires. Pour faire la lecture de vos tirages, vous allez utiliser la disposition de 'l'hexagramme ouvert', tel qu'illustré sur la figure suivante :

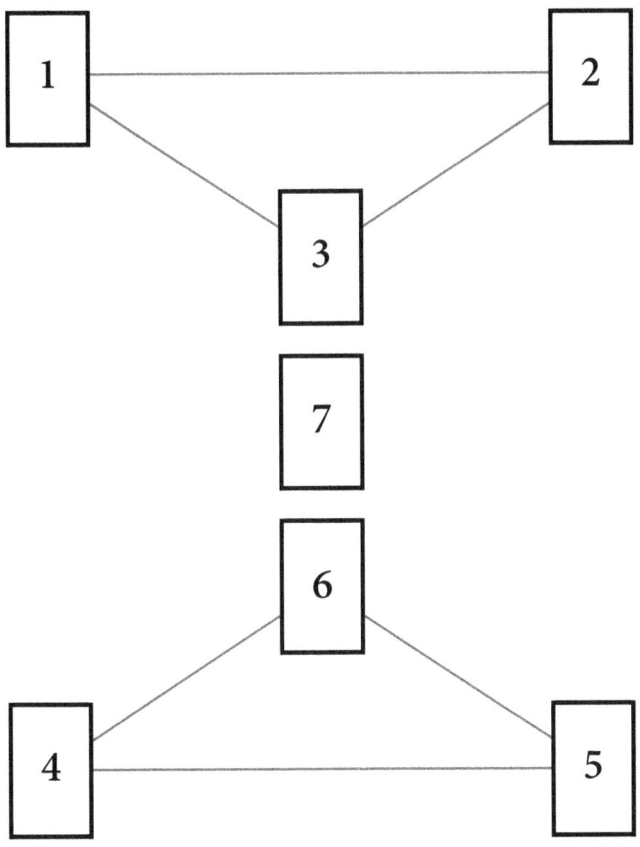

Disposition en Hexagramme Ouvert

Cette disposition démontre deux triangles formés de trois cartes chacun avec une septième carte au centre. Le triangle supérieur représente les forces spirituelles en manifestation sur le plan terrestre. Quant au triangle inférieur, il indique les désirs conscients et inconscients et ce que vous désirez ou avez véritablement de besoin. Finalement, la dernière carte, au centre, représente la réponse à votre question, le verdict de votre divination, le résultat final si vous poursuivez vos démarches dans la même direction.

Pour découvrir les résultats probables de votre magie ou pour tout autre domaine de votre choix demandant des éclaircissements, que cela soit pour vous seul ou pour venir en aide à une tierce personne, utilisez la technique suivante.

Technique Divinatoire par l'Arcane Majeur

- Ayant en main votre jeu de tarot, commencez par retirer l'arcane mineur et laissez-le de côté. Faites un paquet avec les 22 cartes de l'arcane majeur.

- Placez votre paquet de cartes à plat devant vous et posez la main droite dessus. Formulez maintenant votre question à haute voix de manière claire et précise, sans ambiguïté. Par exemple, dans le cas d'une divination pour déceler les résultats d'un rituel magique :

Quel sera le résultat si j'emploie la magie pour parvenir à... ?

- Tout en vous concentrant mentalement et fermement sur votre question, brassez les cartes de la façon de votre choix en faisant en sorte que celles-ci puissent être bien mêlées et que certaines d'entre elles puissent également se retrouver renversées. Vous pouvez, par exemple, les mélanger directement à plat sur votre autel d'une façon circulaire, puis les brasser dans vos mains.

- Reformez le paquet et placez-le une fois de plus devant vous. N'oubliez pas de toujours vous concentrer sur la question pendant tout ce temps. Coupez ensuite les cartes en trois paquets et récupérez-les de droite à gauche.

- Prenez la première carte du dessus et placez-la en position 1, face vers le bas. Continuez ainsi pour former le premier triangle supérieur (cartes 1, 2, 3). Poursuivez en plaçant les cartes pour former le triangle inférieur (cartes 4, 5, 6). Puis, finalement, placez la dernière carte (7) au centre des deux triangles, toujours selon le schéma de l'hexagramme.

- À présent, tournez les cartes 1 et 2. Ces dernières représentent *les influences spirituelles inconnues*. La carte 2 sera plus liée à vous que la première. Son influence est plus près de vous. Interprétez donc les deux premières cartes.

- Tournez la troisième carte (3). Celle-ci représente *l'avis spirituel* dans le cas qui vous concerne, pour la question pour laquelle vous faites cette divination. Une fois de plus, interprétez cette carte.

- Tournez la carte 4. Cette dernière représente votre *désir inconscient*. Cette carte indiquera quel est le véritable motif caché qui vous pousse à agir. Quelle est la raison inconsciente qui se trouve derrière votre raison consciente. Ici, il est possible que vous remarquiez que vos motifs apparents pour pratiquer un rituel puissent ne pas coïncider avec votre désir inconscient. Interprétez cette carte.

- Tournez la carte 5. Elle représente votre *désir conscient*. Ce que vous croyez ou désirez obtenir par votre magie. Interprétez cette dernière carte.

- Tournez maintenant la carte 6. Celle-ci indique *l'avis pratique* en connaissance de cause. Cette carte peut donc vous démontrer ou suggérer de changer d'optique de façon à atteindre le but que vous vous êtes fixé et ce que vous désirez vraiment obtenir. Ou encore, cette sixième carte peut vous aviser de poursuivre sur la même voie ou d'abandonner votre projet encours. Quoi qu'il en soit, ceci n'est qu'un avis, il n'en tient qu'à vous et vous seul de le suivre et d'agir selon votre conscience. Interprétez la carte.

- Tournez finalement la dernière et septième carte (7). Cette carte indique la réponse à votre question, le résultat final si vous poursuivez sur cette même voie. Sachez que même si la lecture de vos cartes précédentes indiquait jusqu'à présent une avenue positive, cette dernière peut toutefois vous aviser que le résultat pourrait quand même s'avérer négatif. Je voudrais vous préciser ici que la divination à l'aide de l'arcane majeur par la disposition de l'hexagramme offre de très bons résultats rapides et efficaces, mais que ceux-ci peuvent toutefois ne pas toujours prendre en considération toutes les implications subtiles impliquées en matière. Voilà pourquoi parfois vous ne pourrez pas saisir immédiatement les réponses à vos questions. Interprétez cette dernière carte.

- Faites un résumé global de votre lecture divinatoire pour obtenir une vue d'ensemble de la réponse que vous avez obtenue.

Exemple de divination

Pour vous donner une bonne idée d'une divination avec l'arcane majeur, voici un exemple concret qui pourra vous venir en aide quant à savoir comment interpréter convenablement un tirage de cartes.

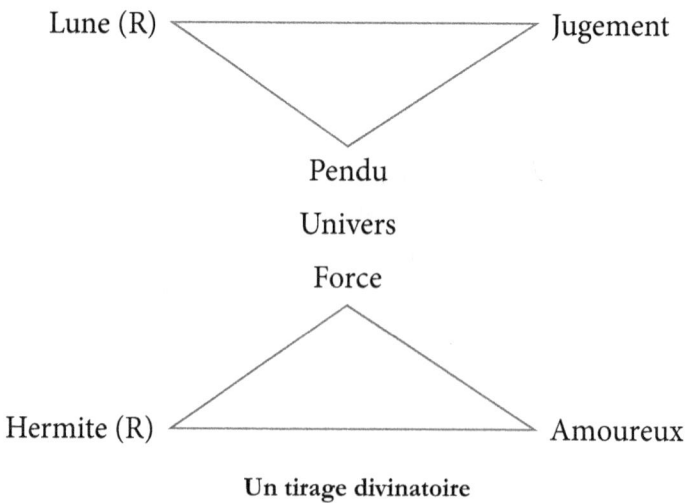

Un tirage divinatoire

Imaginons par exemple que je désire procéder à une divination pour connaître si pratiquer un rituel affectif pour obtenir de l'amour dans ma vie apportera les fruits escomptés. Après avoir brassé et tiré les cartes, j'obtiens ce qui suit :

- Les cartes 1 et 2 m'indiquent que ce rituel magique me mènerait à une période de changement et de renouveau (Jugement) mais que présentement je me bloque à cette venue à cause peut-être d'anciennes déceptions (Lune renversée).

- La carte 3 (Pendu) indique que ce rituel pourrait m'amener à connaître la sagesse si je sais faire preuve de sacrifices personnels.

- La carte 4 (Hermite renversé) démontre qu'inconsciemment, je suis trop prudent et que j'ai des craintes pour obtenir ce que je désire.

- La carte 5 (Amoureux) indique que consciemment, je désire véritablement de l'amour et de l'affection dans ma vie.

- La carte 6 (Force) me donne comme avis pratique d'avoir confiance en mes moyens et de faire preuve de force intérieure pour parvenir à mon but et que je devrai me montrer aimable et à l'écoute.

- Le résultat final indiqué par la carte 7 (Univers) démontre que mon rituel est voué à un succès assuré et que j'obtiendrai pleinement satisfaction.

Exercez-vous en vous adonnant quotidiennement à la divination. Essayez aussi de retenir la signification des cartes. Vous pourrez, par exemple, étudier une carte par jour et, au fil du temps, vous en connaîtrez toute leur signification par cœur. Sachez que vous devrez faire preuve d'un peu de patience avant d'obtenir des résultats concrets et des lectures exactes. Plus vous utiliserez le tarot, plus vous deviendrez expérimenté et familiarisé avec les cartes et leur signification. Plus vous pratiquerez, plus vos lectures s'avéreront justes et précises. Comme pour toute discipline, même en magie, le succès n'est pas instantané. Il vient en travaillant et en s'exerçant. Souvenez-vous ; c'est en forgeant que l'on devient forgeron !

*
**

Signification Divinatoire de l'Arcane Majeur

0- FOU : Insouciance, extravagance, impulsions et spontanéité, imprévisibilité, laisser aller ses émotions, émerveillement. (Renversé) Hésitation, difficulté à laisser aller ses instincts, peur de l'inconnu.

I- MAGICIEN : Aptitudes, volonté et conscience, confiance personnelle, puissance, contrôle, créativité et énergie, concentration, transformation des vieilles situations et avènement de nouveautés. (Renversé) Mauvaise utilisation de la puissance personnelle, manque d'aptitudes, blocage d'énergies, résistance, arrogance.

II- GRANDE PRÊTRESSE : Science, savoir et connaissance, éducation, temps pour la quiétude et le silence, introspection, recherche de la paix, utilisation de l'intuition. (Renversé) Ignorance, connaissances superficielles, un temps pour l'action et les engagements.

III- IMPÉRATRICE : Figure maternelle, abondance, action, créativité, activités joyeuses, passion et sensualité, amour de la nature. (Renversé) Inaction, perte de puissance, blocage des passions, difficulté d'expression.

IV- EMPEREUR : Puissance, efficacité, raison, influence de la société, règles et lois, insensibilité, puissance sexuelle. (Renversé) Émotions immatures, obstructions des plans et des possibilités, développement de la sensibilité.

V- PAPE : Pitié et bonté, une personne qui démontre ces qualités, traditions et système de croyances, enseignements, conformité et groupe. (Renversé) Faiblesse, pressions sociales, doctrines et idées qui ont perdu leur sens, originalité.

VI- AMOUREUX : Amour, amitié, sentiments, relations, un nouvel amour, un test à passer. (Renversé) Un test échoué, un amour perdu, fin ou troubles dans une relation, manque d'amour, insécurité et solitude.

VII- CHARIOT : Triomphe, surmonter les obstacles, volonté et puissance dans la résolution de problèmes, endurance, victoire sur les craintes. (Renversé) Défaite, obstacles insurmontables, manque de volonté, passivité et faiblesse.

VIII- FORCE : Puissance spirituelle, force intérieure, confiance, compassion et amabilité. (Renversé) Blocage de la puissance, incapacité et despotisme, faiblesses, être désemparé.

IX- HERMITE : Gain de sagesse, précautions, avancement spirituel, retrait des intérêts extérieurs et introspection, développement de la personnalité, rêves puissants. (Renversé) Peurs, excès de prudence, manque de sagesse dans les actions posées, peur de la solitude, mauvais rêves, ne pas vouloir grandir.

X- ROUE DE LA FORTUNE : Bonne fortune, succès, chance, changement des circonstances, prendre sa vie en main, foi. (Renversé) Difficultés à s'ajuster aux changements, résistance aux changements, malchance, mauvaise fortune.

XI- JUSTICE : Justice, balance et équilibre, analyses, examiner et corriger sa vie en équilibre. (Renversé) Déséquilibre, agir injustement, tenter d'éviter ou éluder une évaluation honnête.

XII- PENDU : Sagesse résultant d'un sacrifice personnel, attachement, conscience spirituelle profonde, indépendance. (Renversé) Égoïsme, être influencé par les idées extérieures, pression à la conformité et à se fondre dans la foule, manque de buts.

XIII- MORT : Évolution par le changement ou transformation, transition, mort et fin d'un cycle. (Renversé) Résistance aux changements, stagnation, inertie, difficulté à laisser aller.

XIV- TEMPÉRANCE : Tempérance, unions et combinaisons, prendre le contrôle, modération. (Renversé) Agir à l'extrême, comportements excessifs, être hors de contrôle.

XV- DIABLE : Quelque chose doit se produire et éventuellement pour le bien. Quelque chose d'excitant et possiblement dangereux ou interdit, tentations, explorations des sentiments plus sombres. (Renversé) Quelque chose doit se produire et éventuellement pour le mal, résister aux tentations, mauvais temps pour la sensualité, peur de ses propres décisions.

XVI- TOUR : Ruine, catastrophe, destruction, chute, crise, situation qui peut aboutir en désastre si elle continue, pression augmentant, émotions enfouies refaisant surface. (Renversé) Signification identique, mais à un moindre degré.

XVII- ÉTOILE : Espoirs et optimisme, futur prometteur, réalité et sentiment, humilité. (Renversé) Espérances déçues, pessimisme, peur du futur, tensions et anxiété, isolation.

XVIII- LUNE : Déceptions, ennemis cachés, duplicité, imagination, fantaisies, créativité. (Renversé) Déceptions mineures, la pensée consciente bloquant l'inconscient.

XIX- SOLEIL : Illumination, joie et contentement, vie merveilleuse, excitation, optimisme, confiance. (Renversé) Perte de confiance, frustration, signification identique, mais à un moindre degré.

XX- JUGEMENT : Renouveau, renaissance, en vue d'une période de changements, voir les choses différemment. (Renversé) Délais et pertes de temps, changement résistant.

XXI- UNIVERS : Succès assuré, accomplissement, plénitude, satisfaction, rémission des maladies, la vie qui s'ouvre devant nous. (Renversé) Échec, inertie, mauvaise récompense, stagnation et limitations, résistance ou opposition.

Les Rituels en Magie Pratique

La magie est un mode de vie, c'est une façon de voir là l'Univers dans toute sa splendeur avec un œil averti, tout en faisant preuve d'une ouverture spirituelle. La magie est la Science des sciences ; elle est à ce juste titre l'étude et la mise en applications des Lois Cosmiques et occultes de la nature.

Mais plus encore, la magie est également un moyen éminemment pratique de changer le cours des choses en appliquant avec justesse et droiture les préceptes de l'Art Blanc. Je vous avais mentionné au début de cet ouvrage qu'éventuellement, la pratique rituelle ferait partie intégrante de votre vie. Mais pour être apte à mener à bien une opération magique en sorcellerie pratique, il faut être en mesure de connaître le fonctionnement des rituels afin de pouvoir adéquatement les créer puis les mettre en application.

Jusqu'à présent dans ce formulaire de sorcellerie, vous avez vu comment développer certaines de vos capacités et sens psychiques, en plus d'avoir assimilé (je l'espère) un bon nombre d'informations importantes et vitales sur les rouages des Lois Universelles qui régissent notre monde et la magie blanche.

Ceci étant dit, avez-vous déjà remarqué combien il existait de livres de recettes magiques sur le marché ? Combien il était devenu si aisé de se procurer des rituels simplistes afin de survenir à un nombre sans cesse croissant de besoins ? Croyez-vous sincèrement que vous avez besoin d'une trentaine de rituels d'amour différents pour parvenir à l'obtention d'affection ? Que si un rituel ne fonctionne pas, alors au diable j'en ai encore d'autres en réserve ? Pensez-vous qu'il est indispensable d'avoir en sa possession des livres et des livres expliquant comment faire par la magie pour obtenir un surcroît d'argent et l'aisance monétaire ?

Eh bien non, cela n'est aucunement nécessaire !

Réfléchissez attentivement aux propos suivants. Si vous connaissez les Lois Cosmiques et Universelles, si vous savez que notre monde est fait de vibrations et que vous pouvez, grâce à celles-ci, appliquer une pression subtile pour charger cette énergie de manière à l'amener à manifestation sur le plan physique de la matière, si donc par le respect et la mise en application de ces Lois vous savez comment parvenir à manifester un désir pour qu'il se réalise... pensez-vous réellement que vous avez besoin de trente méthodes différentes pour y parvenir ? Absolument pas.

Si vous connaissez le secret, vous n'avez besoin que d'une seule et unique façon pour y arriver ou si vous préférez, que d'un seul et unique rituel.

Si cette méthode est pratiquée correctement, elle ne pourra qu'agir à chaque fois en produisant les mêmes effets escomptés. Voilà qui explique pourquoi cet ouvrage qui se veut complet ne comporte que très peu de rituels magiques. La raison en est toute simple ; vous n'en avez pas besoin davantage.

Ainsi, vous pourrez pratiquer les rituels contenus dans la dernière partie de ce livre aussi souvent que le besoin s'en fera ressentir. Par contre, si vous avez un besoin spécifique que vous aimeriez pouvoir corriger magiquement à l'aide d'un rituel que j'ai omis de vous transmettre, car vous en conviendrez, je ne pouvais tout simplement pas écrire un rituel pour tous les maux de la Terre, alors voilà la raison d'être de ce chapitre. Vous allez apprendre comment construire vos propres rituels en vous basant sur les règles de l'Art. De cette manière, vous serez en mesure de concevoir tous vos rituels en sorcellerie pratique, avec l'assurance que ceux-ci seront parfaitement opérationnels et efficaces, en suivant les mêmes étapes que je vais à présent vous expliquer.

La Dynamique des Rituels

Pratiquer et mener à terme un rituel magique est une chose. Savoir comment fonctionne un rituel en est une autre. On dit des incantations en langage barbare que pour que celles-ci puissent apporter les résultats voulus, il faut impérativement savoir en premier lieu ce que signifient les paroles qui seront proférées. C'est la même chose pour les rituels. Il faut savoir reconnaître les forces en action et par surcroît, comprendre comment ces dernières opéreront lorsqu'elles seront éveillées par un acte de magie. Pour éviter d'alourdir ce chapitre avec des explications trop techniques ou complexes, je vais tenter de vous expliquer les grandes lignes en toute simplicité.

Vous remarquerez que très peu d'ouvrages sur la magie expliquent véritablement le bon fonctionnement des rituels qu'ils présentent. Comme si le simple fait de les mettre en pratique était suffisant pour parvenir à l'obtention de résultats, tout comme si je disais que de mettre de la peinture sur une toile était suffisant pour réaliser une œuvre d'art. Vous êtes-vous déjà questionné à savoir que si vous pratiquiez telle ou telle cérémonie, comment celle-ci pouvait-elle agir sur les plans invisibles ? Comment les effets du rituel finissaient par apporter les fruits de vos labeurs ? Pourquoi telles ou telles couleurs de chandelles ou tels et tels encens, plantes et herbes ? Je suis convaincu que si cette question ne vous a pas déjà traversé l'esprit, qu'elle le fera indubitablement dans un avenir prochain, lorsque votre soif de savoir deviendra plus grande. À partir de ce moment-là, vous commencerez à *déconstruire* les rituels que vous trouverez dans les livres de magie afin d'en découvrir toute la signification, s'il en est une, et le fil conducteur.

Les rituels magiques en sorcellerie sont, en quelque sorte, une façon théâtrale pour dynamiser une force énergétique, une vibration, un courant occulte ou une forme d'énergie-puissance. Ils sont les moyens par lesquels vous vous présentez humblement et pur de corps et d'esprit devant le Dieu et la Déesse dans un lieu sacré voué à la mise en application de votre savoir et de vos connaissances Universelles.

Pratiquer un rituel magique signifie donc travailler avec les énergies et courants terrestres, subtils, planétaires, spirituels et/ou Universels. Tout est interrelié, souvenez-vous-en. Alors comment en vient-on à travailler avec les énergies ? D'une façon générale, nous pourrions dire que le siège d'une idée provient du plan mental. Cette idée germe lentement et tranquillement dans votre esprit. C'est à ce moment où vous vous dites que pratiquer un rituel pour telle ou telle cause serait probablement plus que souhaitable.

Cette pensée poursuit sa route en revenant sans cesse dans votre tête. Vous y pensez et lui donnez du même coup plus d'énergie. Ainsi l'idée prend de plus en plus d'importance et se maintient en survie dans votre mental. Finalement cette idée de départ devient de plus en plus intense.

Vous ressentez maintenant un besoin beaucoup plus précis ; pratiquer un rituel pour parvenir à modifier quelque chose ou une situation très spécifique. Vous vous dites que si vous faites le rituel que votre vie va changer et que tout ira pour le mieux. La force mentale du départ a commencé sa descente dans les plans d'existence. Elle se trouve maintenant renforcée et siège à présent dans le plan astral, le plan des émotions.

De la même façon, en recevant toujours votre énergie par le biais de vos sentiments devenant de plus en plus intenses, cette force entamera éventuellement la dernière phase de sa descente et se concrétisera sur le plan physique de la matière ; vous passez donc à l'exécution du rituel.

Voici qui explique d'une manière rapide et allégée les mécaniques d'une action en prenant en considération les énergies mises en branle dans les plans subtils. Sachez que ceci s'expérimente inconsciemment pour toute action et non seulement en magie.

Maintenant que nous savons un peu mieux comment se déroule la descente énergétique d'une future manifestation chez une personne, nous allons de ce pas porter notre regard sur le fonctionnement des rituels en magie et les points importants à retenir. Comme vous le verrez bientôt, le principe est essentiellement le même dans les deux cas ; tout est, et demeurera toujours une question de courants d'énergies et de vibrations.

Comment créer les Rituels : les Onze Règles à suivre

Je dirais qu'il existe sensiblement autant de façons de pratiquer un rituel qu'il existe de sorciers ou de sorcières en ce monde, chacun ayant développé au fil du temps sa propre méthode de concevoir ses rites. Cependant, il y aura toujours une façon d'opérer qui apportera le succès désiré en magie pratique. Il s'agit d'une ligne directrice qui prendra en considération *l'aspect vibratoire et les analogies* des forces de l'Univers.

Si vous suivez scrupuleusement cette technique d'élaboration des rituels, vous pouvez être convaincu que vos actions magiques, quelles qu'elles soient, seront toujours portées avec efficacité car celles-ci respecteront les Lois occultes de la nature et du Cosmos qui régissent les manifestations, que ces dernières soient d'ordre physique, astrale ou mentale.

Il existe onze règles de base à suivre pour créer et concevoir efficacement un rituel en sorcellerie pratique. Les voici :

1. Le but du rituel
2. Les puissances en jeu
3. La Sphère d'existence ou planétaire
4. La phase lunaire
5. Le jour planétaire
6. L'heure planétaire
7. La couleur des lampes magiques
8. La formule d'encens et de bain magique
9. Le verbe, les incantations et les invocations
10. La préparation du temple magique
11. La préparation personnelle

Portons maintenant notre attention sur chacune de ces règles, individuellement, afin de bien comprendre leurs implications en magie.

1. Le but du rituel

La première considération à prendre ; la force derrière l'action ; la raison d'être du rituel. Prenez le temps de vous pencher sur la question et de réfléchir à ce que vous désirez obtenir. De grâce, soyez toujours raisonnable dans vos demandes ! Si vous désirez pratiquer un rituel pour parvenir à plus d'aisance monétaire, n'essayez pas de devenir riche par la magie. Cela ne fonctionnera jamais.

Le but du rituel doit être quelque chose de possible et réalisable. Vous devrez penser à ce que vous désirez obtenir en termes simples, clairs, précis, et, toujours en respectant le libre arbitre d'autrui. Si par exemple, vous voulez obtenir de l'amour dans votre vie, ne pensez pas à ce qu'untel ou unetelle tombe en amour avec vous. Le but du rituel devrait plutôt être que la personne qui est faite pour vous et qui saura vous apporter son amour se manifeste dans votre vie.

Si vous avez besoin d'un coup de pouce financier, encore une fois, ne demandez pas les richesses des rois. Demandez plutôt à ce que les entraves à l'argent vous soient retirées et que viennent les contrats ou une augmentation en reconnaissance de votre bon travail, par exemple, demandez l'abondance monétaire et ainsi de suite.

Écrivez le but de votre rituel au besoin et réfléchissez si ce dernier a du sens et si cela est juste pour vous. Est-ce un désir purement égocentrique et égoïste ? Bref, pesez les pour et les contre. Lorsque vous aurez clairement fixé le but de ce dernier, le cas échéant, poursuivez avec la seconde règle.

2. Les puissances en jeu

Voici où commence votre travail de recherche sur les vibrations résonnant en sympathie avec votre désir. À quelle force précise votre rituel doit faire appel, s'il y a lieu ? Désirez-vous y impliquer l'énergie-égrégore d'une déité, d'un dieu ou d'une déesse ou encore d'un Élément Cosmique en particulier ? Quel type de force et d'énergie votre rituel est-il supposé éveiller et manifester ?

Trouvez donc quelle force Universelle vibre en parfaite analogie avec votre rituel. Quelle est cette puissance qui exprime le mieux le but que vous vous êtes fixé et que vous désirez ardemment atteindre par l'entremise de la pratique rituelle.

Je ne pourrais malheureusement pas vous donner plusieurs exemples. Vous devrez faire quelques efforts par vous-même pour trouver le type de puissance dont vous souhaitez inonder et charger votre lentille de puissance ; votre cercle magique.

3. La Sphère d'existence ou planétaire

Un rituel devrait toujours s'aligner sur une Sphère d'existence ou un astre. Sachant qu'en reproduisant les vibrations de celles-ci, vous parviendrez à charger votre temple magique d'une force qui sera évidemment liée à votre désir à accomplir. Cette Sphère d'existence peut être Céleste et spirituelle, comme la lumière Universelle ; élémentale comme le Feu, l'Air, l'Eau et la Terre ou encore, planétaire.

Pour toutes ces Sphères, autant comme nous l'avons vu précédemment dans le cas des planètes, ces dernières recèlent de puissantes forces vibratoires bien définies. Chacune possède des influences et des auspices que vous pourrez utiliser afin de créer un canal énergétique et une atmosphère vibratoire en accord avec un rituel magique. En agissant de cette manière, vous augmenterez considérablement la puissance de tous vos rites.

Vous devez donc maintenant poursuivre votre alignement des vibrations spécifiques qui seront en parfaite analogie avec le but du rituel.

Trouvez l'énergie qui exprime ce que vous désirez. Si vous optez pour une Sphère planétaire, rapportez-vous à la quatrième partie de cet ouvrage, au chapitre traitant des *Influences et Correspondances des Sphères Planétaires,* et déterminez celle qui sera la plus appropriée pour générer un flot d'énergies correspondant au but que vous désirez atteindre.

4. La phase lunaire

Tout comme pour la règle numéro 3, vous devriez également surveiller la phase lunaire appropriée pour pratiquer votre rituel. Sachant d'emblée que la lune possède et émet elle aussi un champ d'énergies, déterminez, en consultant le chapitre correspondant, quelle est la phase lunaire idéale favorisant l'obtention des meilleurs résultats possibles.

Certains diront que si l'on respecte seulement les Sphères d'existence, que ceci peut être suffisant pour mener à bien une opération de sorcellerie. Dans certains cas, cela peut s'avérer être juste. Néanmoins, le but de ce chapitre et de vous enseigner à élaborer au mieux possible un rituel en magie pratique. Or, tentez toujours, autant que faire se peut, de vous conformer aux onze règles de base. Plus vous respecterez ces préceptes de l'Art, meilleurs seront vos chances de réussite.

5. Le jour planétaire

Ayant précédemment déterminé la Sphère planétaire qui exprime vibratoirement votre désir, vous pourrez aussitôt connaître quel est le moment idéal de la semaine pour pratiquer votre rituel. Le dimanche pour le Soleil, le lundi pour la Lune, mardi pour Mars, etc.

6. L'heure planétaire

Vous savez maintenant qu'il est possible de décupler la puissance de vos rituels magiques en œuvrant aux bons moments, c'est-à-dire lorsque les planètes analogues à vos désirs seront en force pendant le jour ou la nuit. Ainsi, concernant votre futur rituel, une fois que vous aurez établi la Sphère planétaire dominant le but de votre action occulte, vous devrez déterminer les heures planétaires propices afin de connaître le meilleur moment pour passer à l'action, profitant de ce fait au maximum de ces influences magiques.

Vous remarquerez que vous pourrez œuvrer soit pendant le jour, soit pendant la nuit. Ce choix est très personnel alors à vous de décider le moment le plus convenable.

7. La couleur des lampes magiques

La septième règle à suivre consiste à déterminer de quelle couleur seront vos lampes magiques. Souvenez-vous ce qui a été dit au sujet de la lumière. La lumière joue un rôle d'importance en magie en tant qu'agent émetteur vibratoire. La lumière produite par une ou plusieurs lampes magiques émet un rayonnement énergétique, une fréquence subtile spécifique, qui, selon la couleur de la lumière employée, engendre une vibration particulière qui résonnera en parfaite harmonie, voire en sympathie, avec une Intelligence ou une Sphère d'existence donnée.

Étant conscient que la nature des Sphères Célestes s'exprime par la graduation de l'éclat lumineux, vous devrez employer des lampes ou, à la rigueur, des chandelles de la couleur analogue à votre désir en vous référant au chapitre traitant des correspondances magiques et vibratoires des couleurs. En temps normal, vous utiliserez la même couleur que la Sphère d'existence qui régit votre rituel.

8. La formule d'encens et de bain magique

Vous devriez toujours utiliser une composition d'encens à faire brûler pendant un rituel afin d'ajuster adéquatement l'atmosphère vibratoire de votre temple magique, lieu sacré où vous pratiquerez vos rituels. Mieux encore, utiliser conjointement cette même mixture et pratiquer préalablement un bain magique serait tout indiqué.

À cet effet, vous pourrez employer un encens de base ou un mélange spécifique, voire même, les deux à la fois. Rapportez-vous à la section des *compositions végétales pour bains magiques et encen*s afin de trouver la mixture qui sera la plus appropriée pour votre pratique rituelle.

9. Le verbe, les incantations et les invocations

Bien que cette règle puisse être considérée comme étant facultative, peut-être aimeriez-vous employer la puissance du verbe au cours de votre rituel. En construisant des appels ou des invocations, vos mots consacrés constitueront l'incantation à prononcer lors d'une étape précise du rituel. Qu'il soit question d'invoquer et évoquer la présence d'une Entité ou d'une déité, de déclarer votre volonté ou, encore, comme un mantra, simplement intoxiquer votre mental afin de vous élever à un niveau de conscience supérieur pour vous permettre de vous brancher sur les vibrations requises, vous pourrez alors agir dans l'invisible en ayant à votre portée l'utilisation du verbe créateur.

Méditez consciencieusement sur les paroles à prononcer et alignez-vous convenablement sur la fréquence et l'impact que doivent avoir vos incantations. Vous aurez de ce fait la possibilité de construire un vortex d'énergies qui sera associé à la nature même du rituel en question, lequel manifestera votre volonté en faits concrets.

10. La préparation du temple magique

Cette étape consiste à faire les derniers préparatifs pour mener à bien votre entreprise occulte. La préparation de votre sanctuaire va de l'aménagement de votre autel et des outils magiques, du matériel dont vous aurez besoin si vous devez confectionner des charmes, jusqu'au grand ménage énergétique de votre pièce de travail.

En d'autres mots, commencez toujours par nettoyer et purifier votre temple magique, non seulement physiquement mais également au niveau psychique. Vous pouvez à cet effet pratiquer un rituel de bannissement comme le très efficace RMBP, le *Rituel Mineur de Bannissement du Pentagramme*. Sinon, vous pouvez toujours faire une fumigation d'une composition de purification pendant une quinzaine de minutes (voir les compositions de purification et d'exorcisme). Aménagez ensuite votre sanctuaire correctement, placez vos outils sur votre autel, vos chandeliers, vos accessoires, votre robe cérémonielle afin de ne rien oublier et que tout soit fin prêt pour débuter la cérémonie magique. Il ne vous restera plus qu'à vous purifier vous-même et vous serez apte à procéder à la pratique rituelle proprement dite.

11. La préparation personnelle

La dernière étape et non la moindre. La onzième règle à ne pas négliger ; la purification de l'opérateur. Effectivement, il est plus que conseillé de vous départir des influences et vibrations psychiques négatives que vous avez accumulé au fil de la journée avant de pratiquer un rituel pour ne pas trimbaler avec vous et diffuser toutes sortes d'impuretés dans votre temple sacré.

Or, une immersion purificatrice est donc de mise avant d'entamer tout type de rituel. Si le temps vous manque, une simple douche rapide et consciente fera amplement l'affaire. Respectez le Dieu et la Déesse en tout temps. Présentez-vous à eux pur de corps et d'esprit.

※

Vous avez sûrement remarqué que j'ai fréquemment utilisé des termes correspondant aux *fréquences vibratoires*. Il est aisé de comprendre cette répétition intentionnelle lorsque nous reconnaissons l'importance capitale de cette Loi Universelle d'analogie sur la manifestation au plan terrestre.

Voici donc en quoi consistent les règles de l'Art quant à l'élaboration des rituels en sorcellerie pratique. Appliquez-les dans votre quotidien, à chaque fois que vous voudrez concevoir un rituel. Si vous suivez ces étapes une à une, il est certain et hors de tout doute que vous obtiendrez le succès voulu, tant et aussi longtemps que vous pratiquerez vos rites consciencieusement en utilisant les six piliers de base constituant vos pouvoirs magiques de sorcier ou de sorcière.

Maintenant qu'il a été dévoilé les règles de base à suivre pour l'élaboration des rituels, je vais à présent vous offrir un schéma, une structure ou, si vous préférez, une marche à suivre, question que vous puissiez obtenir une idée générale sur le comment pourrait idéalement se dérouler une opération magique en sorcellerie pratique. Sachez que vous n'êtes pas obligé de vous y conformer en totalité. Il vous sera donc possible d'y apporter vos propres modifications afin de rendre ce schéma un peu plus personnalisé. D'un côté comme de l'autre, si vous croyez avoir besoin d'une certaine structure, alors ce qui suit vous donnera assurément un bon tremplin de départ.

Schéma d'un Rituel en Sorcellerie

Ouverture du Rituel
- Tracé du cercle magique.
- Invocation au Dieu et à la Déesse.
- Appel des Tours de Guet et de leurs Éléments respectifs.

Appel des déités à invoquer & manifestation des Sphères d'existence ou planétaires
- Manifestation et ajustement de l'atmosphère vibratoire par l'emploi des lampes magiques et des fumigations d'encens.
- Emploi du Verbe et des Incantations pour appeler et manifester une Sphère ou une déité en particulier.
- Charge vibratoire du temple magique par la visualisation en se branchant sur la fréquence énergétique désirée.

L'expérimentation occulte
- Emploi du Verbe et des Incantations afin de manifester la volonté pour l'obtention du but du rituel.
- Imagerie mentale en visualisant clairement le but à atteindre comme s'il s'était déjà manifesté.
- Confection des charmes, talismans et autres objets magiques s'il y a lieu.
- Création d'un vortex et accumulation de l'énergie. Augmentation de la puissance mentale, par la visualisation et le chant (emploi du Verbe et des Incantations).
- Condensation et redirection des énergies vers le but à atteindre par une intense visualisation.
- Poursuite de l'imagerie mentale afin de renforcer l'action occulte sur le plan mental et forcer la descente de la forme-pensée sur le plan astral en projetant ses émotions avec intensité. Visualisation du but comme s'il s'était déjà manifesté.

Fermeture du rituel
- Remerciements aux déités, au Dieu et à la Déesse pour leur présence et leur aide.
- Fermeture du cercle magique et bannissement des énergies évoquées par le rite.

SIXIÈME PARTIE

Le Grimoire de la Terre

La Pratique Rituelle

Nous voici arrivés à la partie la plus pratique de cet ouvrage. Ayant expliqué clairement toute la dynamique des rituels en magie, en tenant compte des analogies vibratoires, vous devriez dorénavant être en mesure de composer et de construire vos propres rituels sans avoir davantage recours à mon aide. Toutefois, pour vous donner un tremplin de départ, j'ai composé les neuf rituels suivants afin que vous puissiez pratiquer votre magie sans plus tarder.

Ces rituels tiendront compte de tout ce que nous avons survolé ensemble comme matière tout au long des pages de ce formulaire de sorcellerie. Vous retrouverez également au début, avant la marche à suivre, les correspondances vibratoires magiques utilisées. Si pour une raison ou une autre vous désirez y apporter certaines de vos modifications personnelles, alors je vous engage à le faire.

Retenez que plus vous vous conformerez aux règles indiquées dans les rituels qui suivront, plus vos chances de succès seront élevées et plus rapidement vous serez en mesure d'atteindre vos buts et voir l'accomplissement de vos désirs par la pratique rituelle. Souvenez-vous, cher ami, je ne suis que votre guide et il me revient donc de vous indiquer la voie à suivre. Libre à vous d'emboîter le pas avec moi ou de choisir une tout autre route...

Ceci étant dit, vous possédez à présent tout ce qu'il vous faut pour parvenir à la réussite la plus complète. Je vous souhaite tout le succès que vous méritez.

Rituel de Purification et d'Exorcisme

Ce rituel s'avère très efficace pour toutes les causes de purification, de désenvoûtement et d'exorcisme, afin de purifier l'opérateur des énergies contraires et négatives.

> Sphère d'existence ou planétaire : Saturne
> Jour et heure planétaire : Samedi à l'heure Saturnienne, de préférence de nuit
> Phase Lunaire : Lune décroissante
> Couleur des lampes magiques : Violet sombre ou noir
> Formule d'encens/bain magique : Formule de Purification et d'Exorcisme #3 + oliban

Au jour et à l'heure planétaire, faites couler un bain dont l'eau sera la plus froide possible afin de préparer une immersion magnétique. Contrairement aux immersions purificatrices, vous allez plutôt absorber ici les vibrations Saturniennes afin d'opérer un exorcisme complet.

Disposez trois chandelles de couleur violet foncé, tel que démontré sur la figure suivante, que vous placerez sur une table ou votre autel à proximité de la baignoire.

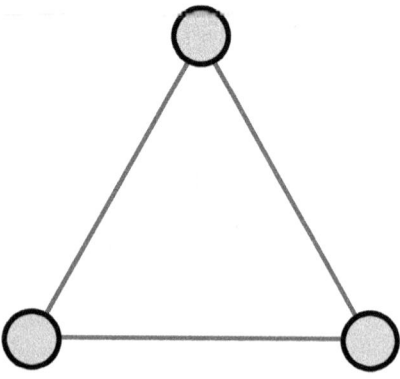

Faites brûler votre composition d'herbes sur une pastille de charbon et placez votre encensoir sur la table. Prenez une poignée des mêmes herbes et jetez-les dans l'eau du bain.

Maintenant, allumez les chandelles, puis, agenouillez-vous devant votre baignoire et apposez les mains au-dessus de la surface de l'eau. Avec une intense concentration et la force de votre visualisation, chargez l'eau de votre désir de purification et d'exorcisme. Voyez l'eau briller d'une aura violette au fur et à mesure que se poursuit la charge.

Suite à ces préliminaires, prenez place dans la baignoire et allongez-vous de façon à être entièrement recouvert d'eau. Concentrez-vous un instant, puis, récitez l'incantation suivante :

'Par l'action vibratoire de la Sphère de Saturne,
J'ouvre un canal aux énergies purificatrices.
Que ce qui est négatif immédiatement se consume,
Je me purifie du mal par cette action d'exorcisme.
Que cette volonté soit faite !'

Visualisez dès maintenant que vos corps subtils absorbent la charge énergétique contenue dans l'eau et soyez convaincu que cela se produit réellement en accord avec votre volonté, laquelle est transmutée et renforcie par la puissance des vibrations émises par l'action de l'encens et des lampes magiques. Sentez l'action Saturnienne s'opérer en vous, dans tout votre corps physique, psychique et mental. Ressentez cette énergie purificatrice et bienfaisante consumer absolument toutes les énergies négatives qui vous assaillent. Imaginez que vous êtes un réceptacle de la vibration Saturnienne ; que votre être tout entier émet un rayonnement lumineux d'une couleur violet sombre. Poursuivez ainsi et maintenez votre concentration. N'oubliez pas d'ajouter de l'encens sur les braises au besoin.

Après environ vingt minutes de visualisation, sortez du bain sans vous sécher. Laissez les chandelles brûler d'elles-mêmes afin que l'action vibratoire perdure le plus longtemps possible. La purification est maintenant terminée.

※

Rituel de Protection

Ce rituel sera pratiqué pour tous les besoins de protection, quels qu'ils soient. Il protégera l'opérateur à tous les niveaux en manifestant de très hautes et extraordinaires vibrations bénéfiques.

> Sphère d'existence ou planétaire : Lumière Universelle et Soleil
> Jour et heure planétaire : Dimanche à l'heure Solaire, préférence de jour
> Phase Lunaire : Lune croissante, pleine lune
> Couleur des lampes magiques : Blanc et or
> Formule d'encens/bain magique : Formule de Protection #1 + oliban

Dans votre sanctuaire, tracez un cercle magique, comme vous avez maintenant habitude de faire. Sur votre autel, au centre, placez six chandelles dorées en forme d'hexagramme tel qu'illustré sur la figure suivante. Finalement, placez une dernière chandelle, blanche, au centre de l'étoile à six branches.

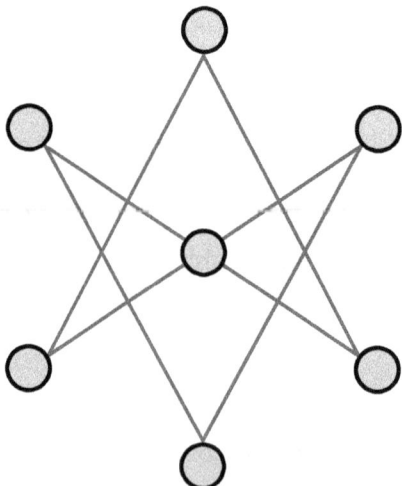

La disposition des chandelles est extrêmement significative. Ce rituel manifestera la lumière Universelle la plus pure (utilisation de la chandelle blanche) cintré par un hexagramme, symbole représentant éminemment les forces vibratoires de la Sphère Solaire (chandelles dorées).

Entamez le rituel en faisant brûler votre composition végétale sur les braises de votre encensoir. Ensuite, allumez la chandelle blanche représentant la lumière Universelle tout en prononçant :

'Que ce symbole lumineux transcende en ce temple sacré,
La Divine Lumière Universelle maintenant évoquée.
Que cette lumière bénéfique illumine cet espace et celui qui l'évoque,
Les couvrants d'un manteau de protection qu'elle provoque.'

Allumez ensuite les six chandelles dorées en commençant par celle du haut et en poursuivant vers la droite. Dites ce faisant :

'J'évoque en ce temple sacré la manifestation de la Sphère Solaire.
À travers celui qui les appelle, puissent ses vibrations rayonner.
Protection vers moi, dans les airs, sur l'eau comme sur la Terre,
Je consume tout ce qui m'est contraire, je suis protégé !'

Procédez à une méditation suivie d'une visualisation très intense. Imaginez qu'un faisceau de lumière blanche descend du ciel comme s'il était attiré par la chandelle au centre de l'hexagramme. Voyez ensuite cette lumière se diffuser à partir de la flamme partout autour de vous et à travers vous. Lorsque vous aurez clairement cette image mentale, faites de même en visualisant une lumière dorée être attirée par les six autres chandelles. En résumé, ce que vous devez faire, c'est de manifester dans un premier temps la lumière Universelle, puis la vibration Solaire. Une fois ce travail accompli, vous devriez être en mesure de voir une énergie puissante rayonner en partance de votre autel partout, dans toutes les directions, comme si vous étiez éclairé, presque aveuglé, par la puissance lumineuse de dix mille soleils.

Laissez-vous baigner dans cette lumière hautement protectrice et bénéfique. Enveloppez-vous dans ce manteau de lumière et de chaleur, chaleur que vous pourriez même être véritablement en mesure de ressentir. Mentalisez le fait que cette lumière vous protège et que même lorsque vous ne la verrez plus, elle demeurera en vous et autour de vous pour vous protéger perpétuellement. N'oubliez pas également de toujours continuer d'alimenter votre encensoir pendant tout ce temps.

Suite à ce travail, qui devrait durer un minimum de vingt minutes, vous pourrez poursuivre le rituel en vous confectionnant un sachet de protection. Bien que le simple fait d'avoir manifesté ces hautes vibrations et visualisé l'action de la lumière soit pleinement suffisant pour parvenir à des résultats fulgurants, si vous ressentez le besoin d'un support protecteur, alors prenez un sachet de tissu blanc ou jaune et versez au centre une quantité de votre composition végétale employée comme encens. Refermez le sachet et nouez-le avec de la ficelle de même couleur et portez-le sur vous. Il sera efficace pour une durée d'environ deux semaines.

Lorsque vous serez prêt à conclure ce rite de protection, posez la main droite sur le cœur et dites pour terminer :

Je remercie la lumière Universelle et Solaire,
Pour la protection qui m'a été accordée.
Je suis à présent un réceptacle empli de lumière,
Que rien ne peut affecter.
Tel en est ma volonté.'

Laissez les chandelles brûler jusqu'au bout par elles-mêmes afin que perdure la manifestation des vibrations Célestes. Ne fermez pas le cercle avant que les chandelles se soient entièrement consumées.

Rituel de Psychisme et Pouvoirs Psychiques

Ce rituel sera pratiqué quotidiennement afin d'aider au développement des facultés psychiques de l'opérateur. Il est composé en deux parties distinctes. La première manifeste les vibrations de la Sphère Lunaire, laquelle préside sur les pouvoirs psychiques. La deuxième partie, quant à elle, emploie une technique pour favoriser le développement de la voyance.

> Sphère d'existence ou planétaire : Lune
> Jour et heure planétaire : Lundi à l'heure Lunaire, préférence de nuit
> Phase Lunaire : Lune croissante, pleine lune
> Couleur des lampes magiques : Argent
> Formule d'encens/bain magique : Formule de Pouvoirs Psychiques #5 + mastic

Première partie : l'immersion psychique

Au moment planétaire opportun pour pratiquer le rituel, préparez votre autel ou une table à proximité de votre baignoire. Placez-y neuf chandelles argentées en forme de ennéagone. Au centre, tel qu'illustré sur la figure suivante, placez votre coupe remplie d'une décoction chaude d'euphraise dans de l'eau distillée que vous aurez préalablement préparée.

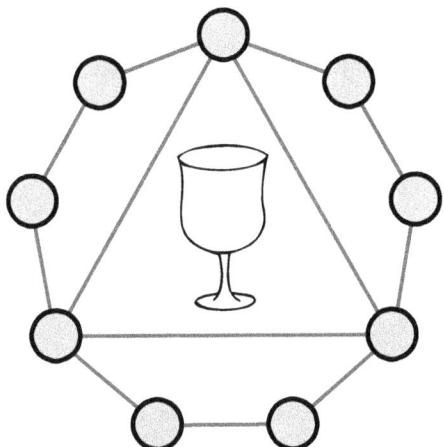

Remplissez votre baignoire d'une eau froide et ajoutez-y une poignée de votre composition végétale. Allumez les chandelles, puis, agenouillez-vous et apposez les mains au-dessus de la surface de l'eau. Avec une intense concentration et la force de votre visualisation, chargez l'eau de votre désir d'augmenter considérablement vos facultés psychiques. Voyez l'eau briller d'une aura argentée au fur et à mesure que se poursuit la charge.

Suite à ces préliminaires, prenez place dans la baignoire et allongez-vous de façon à être entièrement recouvert d'eau. Concentrez-vous un instant, puis, récitez l'appel à la vibration Lunaire :

'J'évoque en ce temple les vibrations Lunaires,
Énergies qui régissent le psychisme et les visions.
Puissent mes centres psychiques êtres désormais ouverts,
Ainsi vibre ce temple et la Lune de la manifestation.'

Visualisez à présent que vos corps subtils absorbent la charge énergétique contenue dans l'eau, laquelle est transmutée et renforcée par la puissance des vibrations émises par l'action de l'encens et des lampes magiques. Sentez l'action Lunaire s'opérer en vous, dans tout votre corps physique, psychique et mental. Ressentez cette énergie ouvrir et activer tous vos sens subtils. Imaginez que vous êtes un réceptacle de la vibration Lunaire et que votre psychisme s'active et se développe ; qu'il devient de plus en plus sensible. Voyez votre être tout entier émettre un rayonnement lumineux d'une couleur argentée.

Poursuivez ainsi et maintenez votre concentration. N'oubliez pas d'ajouter de l'encens sur les braises au besoin. Après une vingtaine de minutes, sortez de la baignoire sans vous sécher. L'action de la Sphère Lunaire est complétée.

Deuxième partie : l'activation de la voyance

Prenez deux cotons d'ouate et plongez-les dans la coupe afin de bien les imbiber de la décoction d'euphraise, laquelle devrait maintenant être tiède. Placez ensuite les cotons sur vos yeux fermés et étendez-vous pendant une période d'environ quinze à trente minutes. Pendant que vous relaxerez, activez votre clairvoyance par la visualisation en suivant la démarche suivante.

Sentez qu'à partir de maintenant, vos yeux acquièrent les propriétés de la voyance, comme il en est de la lumière Universelle. Cette lumière est unique, elle illumine et transperce tout ce qui existe ; elle lève le voile sur tout ce qui est voilé ; ni le temps, ni l'espace ne peuvent faire obstacle à cette lumière grandiose. Ainsi en est-il pour vos yeux. Ils sont désormais en mesure de voir à travers tout.

Lorsque vous aurez terminé cette étape, soit au bout de trente minutes, le rituel sera complété. Laissez les chandelles brûler d'elles-mêmes afin que perdurent les vibrations Lunaires. Vous pourrez répéter ce rituel ou seulement la seconde partie aussi souvent que vous le voudrez.

Rituel d'Argent et d'Abondance Monétaire

Ce rituel sera pratiqué sur une période de sept jours consécutifs afin d'attirer les influences et les vibrations d'ordre monétaire, l'argent, les richesses matérielles ainsi que la prospérité financière.

Sphère d'existence ou planétaire : Jupiter
Jour et heure planétaire : Jeudi à l'heure Jupitérienne
Phase Lunaire : Lune croissante jusqu'à la pleine lune
Couleur des lampes magiques : Bleu-roi
Formule d'encens/bain magique : Formule d'Argent et d'Abondance Monétaire #6

Avant d'entamer le rituel, dressez votre autel avec onze chandelles de couleur bleu-roi, de la façon indiquée sur la figure suivante. Ayez également à portée de main un grand bol d'eau froide ou votre chaudron, ainsi que vos autres outils magiques habituels.

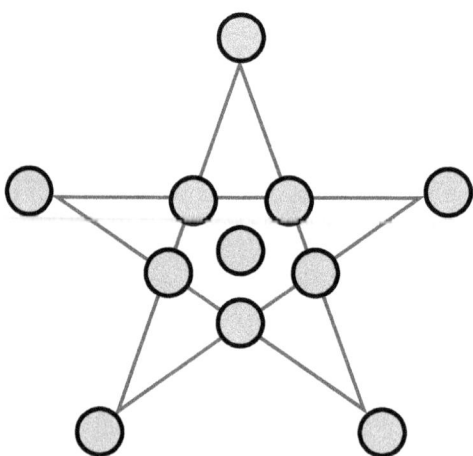

Tracez un cercle magique à l'aide de votre athamé. Ensuite, une fois le cercle consacré, il sera temps de manifester la vibration Jupitérienne dans votre temple à l'aide d'une fumigation et des lampes. Pour ce faire, jetez une bonne quantité d'encens sur les braises de votre encensoir, en vous souvenant de toujours l'alimenter au besoin, tout au long du rituel.

Finalement, allumez les cinq chandelles extérieures, soit celles se trouvant à chaque pointe du pentagramme. Les autres chandelles seront employées ultérieurement dans les jours à venir.

Concentrez-vous sur la fréquence de la Sphère de Jupiter. Par la visualisation, faites descendre une lumière bleutée, qui, au moment de toucher l'eau du chaudron, se diffusera partout à l'intérieur de votre cercle magique. Vous pouvez, par exemple, aspirer cette lumière par la respiration. Imaginez ce flux lumineux devenir chargé de plus en plus de la vibration des richesses matérielles. Sentez que vous baignez dans la prospérité financière.

Après quelques minutes de concentration, posez les mains au-dessus de la surface de l'eau du chaudron. Avec une intense visualisation, chargez l'eau de votre désir d'augmenter votre situation financière et voyez l'eau briller d'une aura bleue au fur et à mesure que se poursuit la charge. Demandez ensuite l'abondance comme suit :

'Par la grâce du Ciel et des influences de Jupiter,
Je demande que me soit accordée l'abondance monétaire.
Par ma volonté je suis maintenant prospère,
Manifeste ! Manifeste ! Les richesses terrestres j'acquiers !'

Plongez les mains dans l'eau et visualisez que vos corps subtils absorbent la charge énergétique, tout comme le ferait un bain magique. Sentez l'action Jupitérienne s'opérer en vous et apporter les changements désirés. Après un court laps de temps, retirez vos mains. Vous pouvez demeurer dans l'énergie contenue dans le cercle aussi longtemps que vous le voudrez. La première phase du rituel est maintenant terminée. Laissez les chandelles se consumer jusqu'au bout.

Le rappel

Pour les six prochains jours, à la même heure planétaire, vous allumerez l'une des six chandelles en place sur votre autel et ferez brûler l'encens. Conservez la chandelle centrale pour le dernier jour. Vous manifesterez ensuite votre volonté et désir par l'incantation suivante :

'Par la grâce du Ciel et des influences de Jupiter,
Je demande que me soit accordée l'abondance monétaire.
Par ma volonté je suis maintenant prospère,
Manifeste! Manifeste! Les richesses terrestres j'acquièrs!
Que la vibration Jupitérienne se manifeste en moi et autour de moi.
Que l'abondance monétaire accoure et me secoure. Tel soit!'

Pendant quelques minutes, visualisez et méditez sur votre but à atteindre, soit obtenir l'abondance monétaire. Visualisez-vous comme si vous viviez déjà dans cette abondance. Voyez et projetez votre désir comme s'il s'était déjà manifesté. Après un laps de temps, laissez la chandelle à elle seule, vous pouvez maintenant laisser l'action s'opérer sans votre présence.

Recommencez le rappel le lendemain et ainsi de suite, à raison d'une chandelle par jour. Tant que le rituel complet ne sera accompli, évitez de déplacer les chandelles sur votre autel.

Rituel de Travail et d'Élévation Sociale

Ce rituel permettra à l'opérateur d'attirer et de manifester des vibrations très bénéfiques et propices pour tous ce qui concerne l'emploi, les relations au travail et l'élévation personnelle à l'échelle sociale.

> Sphère d'existence ou planétaire : Jupiter
> Jour et heure planétaire : Jeudi à l'heure Jupitérienne
> Phase Lunaire : Lune croissante jusqu'à pleine lune
> Couleur des lampes magiques : Bleu-roi
> Formule d'encens/bain magique : Formule de Travail et d'Élévation Sociale #1

Dressez votre autel comme à votre habitude, un jeudi, à l'heure Jupitérienne choisie, et placez quatre chandelles de couleur bleu-roi en forme de carré, tel qu'illustré sur la figure suivante. Vous aurez préalablement divisé celles-ci en sept parties égales que vous ferez brûler à raison d'une partie par jour. Au centre de cette forme, placez-y une assiette contenant une généreuse quantité de vaseline[1]. Cette dernière vous servira à composer un onguent magique que vous utiliserez à la fin du rituel.

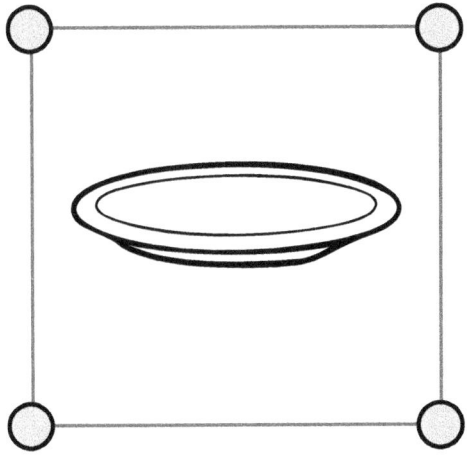

---

[1] La vaseline, facilement disponible dans le commerce, peut être substituée par une base d'onguent cosmétique neutre ou de crème pour la peau naturelle et inodore.

Entamez la cérémonie en traçant un cercle magique à l'aide de votre athamé. Ensuite, évoquez les vibrations Jupitériennes en faisant brûler l'encens et en allumant les chandelles. Concentrez-vous un moment, puis, levez les bras et manifestez votre volonté par ces mots :

'J'appelle et évoque en ce temple la Sphère de Jupiter,
Manifeste ! Manifeste, Jupiter, transcende ta lumière !
Que cette force me soit propice pour (stipulez votre désir),
Telle est ma volonté, puisse-t-elle être exaucée !'

Visualisez maintenant votre désir de façon très intense et projetez-vous dans la situation désirée, comme si cette dernière s'était déjà manifestée. Effectuez ce travail mental pendant plusieurs minutes consécutives. Tout au long de ce processus, continuez de ressentir l'action Jupitérienne en vous, à tous les niveaux, et tout autour de vous... de grands changements sont sur le point de s'opérer !

Ensuite, lorsque vous sentirez le moment opportun, prenez une poignée de vos herbes (réduites préalablement en poudre) servant à la fumigation et jetez-les sur votre assiette contenant la vaseline. À l'aide de vos mains ou d'une cuillère en bois, mélangez le tout pour obtenir une composition la plus homogène possible. Ainsi, préparez votre onguent tout en visualisant et en chargeant intensément celui-ci de votre volonté par votre désir concernant l'emploi ou votre situation sociale (désir qui fut clairement stipulé lors de l'appel précédent aux forces Jupitériennes). Il est très important de charger l'onguent convenablement pour qu'il devienne opérationnel.

L'onguent magique aura pour effet d'harmoniser le flux énergétique en agissant directement sur votre corps éthérique. Ainsi votre aura en deviendra-t-elle chargée et aimantée de la vibration désirée tendant vers l'accomplissement du but souhaité. L'utilisation d'un tel accessoire magique produit des effets admirables et surprenants.

Lorsque votre mixture sera prête à l'emploi, soulevez votre robe rituelle et enduisez vos sept centres énergétiques, soit : à la base de votre sexe ; au niveau du bas-ventre ; au plexus solaire ; au niveau du cœur ; à la gorge ; au troisième œil entre vos arcades sourcilières ; et finalement au-dessus de votre tête. Ressentez aussitôt l'action magique opérer et transmettre la charge à votre corps éthérique. Continuez à visualiser votre désir réalisé jusqu'à ce qu'une section complète de chandelle se soit consumée. Éteignez-les ensuite avec votre pouce et index. La première partie du rituel est maintenant complétée.

Le rappel

Pour les six jours à venir, à l'heure Jupitérienne, rallumez les chandelles à défaut d'une seule section par jour et faites brûler une fumigation du même encens. Concentrez-vous sur le but poursuivi, puis, récitez l'appel une fois de plus :

'J'appelle et évoque en ce temple la Sphère de Jupiter,
Manifeste ! Manifeste, Jupiter, transcende ta lumière !
Que cette force me soit propice pour (stipulez votre désir),
Telle est ma volonté, puisse-t-elle être exaucée !'

Finalement, enduisez-vous de votre onguent magique et poursuivez la visualisation de votre désir jusqu'à ce que la section de chandelle ait entièrement brûlé. Au dernier jour, laissez les chandelles se consumer entièrement.

Rituel d'Amour et de Sentiments

Le rituel suivant sera pratiqué afin de magnétiser considérablement l'aura de l'opérateur de façon à le rendre beaucoup plus magnétique envers le sexe opposé. Il provoquera et attirera l'amour et les désirs sensuels.

Les causes amoureuses et tout ce qui touche les désirs, la sexualité et la sensualité sont intimement reliées à l'Élément Cosmique du Feu. C'est pour cela, en connaissance de cause, que lorsqu'une situation de cet ordre n'aboutit guère à un désir donné, c'est en raison que cet Élément est soit désordonné chez la personne souffrante de ces carences ou qu'il ne se manifeste pas à sa juste valeur, car il existe un déséquilibre élémental dans la structure de l'être. Pour y remédier, ce rituel manifestera et activera chez l'opérateur la vibration ignée afin de charger et magnétiser son corps éthérique, le rendant, de ce fait, aussi magnétique qu'un aimant.

> Sphère d'existence ou planétaire : Élément Feu, Mars ou Vénus
> Jour et heure planétaire : Homme — Mardi à l'heure Martienne
> Jour et heure planétaire : Femme — Vendredi à l'heure Vénusienne
> Phase Lunaire : Lune croissante jusqu'à pleine lune
> Couleur des lampes magiques : Rouge
> Formule d'encens/bain magique : Formule d'Amour et Sentiments #2 pour un homme, Formule #1 pour une femme

Dépendant si vous êtes du sexe masculin ou féminin, vous pratiquerez ce rituel un mardi ou un vendredi, à l'heure planétaire prescrite plus haut. Dressez votre table autel avec vos outils magiques habituels. Ensuite, disposez six chandelles rouges, tel qu'indiqué sur le schéma de la page suivante.

Tracez un cercle magique à l'aide de votre athamé. Activez ensuite la manifestation vibratoire de la force du Feu en jetant de l'encens sur les braises de votre encensoir. Utilisez la formule correspondant à votre sexe. Allumez les trois chandelles constituant le triangle extérieur uniquement. Les autres seront brûlées lors du rappel.

Concentrez-vous à présent sur votre désir de devenir magnétique afin d'attirer à vous l'amour et les désirs sensuels. Visualisez que votre être tout entier est empli d'une lumière rouge et brillante qui irradie dans tous les sens : l'Élément Feu. L'action vibratoire de ce dernier charge votre aura de votre désir le plus intense. Sentez que vous êtes un centre aimanté et aimantant les plaisirs sensuels, les désirs érotiques, les passions amoureuses, etc.

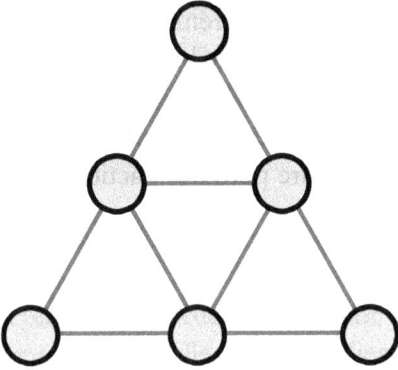

Maintenez votre concentration et visualisez votre but à atteindre pendant une période d'au moins quinze à trente minutes. Lorsque votre concentration commencera à faiblir, évoquez une dernière fois la Sphère de puissance ainsi :

'Par le Feu (Martien ou Vénusien) qui brûle en moi,
Flammes de (Mars ou Vénus) irradiez tout autour de moi !
Par le Feu (Martien ou Vénusien) qui provoque les impulsions,
Flammes de (Mars ou Vénus) irradiez et créez les passions !
Par le Feu (Martien ou Vénusien) qui brûle et attise,
J'irradie et les gens deviennent sous mon emprise !
Je suis irrésistible, on vient vers moi,
Je suis irrésistible, tel soit !'

La première partie du rituel est maintenant terminée. Ajoutez de l'encens sur les braises et laissez les chandelles brûler complètement.

Tracez un cercle magique à l'aide de votre athamé. Ensuite, manifestez dans votre temple la vibration Martienne à l'aide d'une fumigation et des lampes magiques. Pour ce faire, jetez une bonne quantité d'encens sur les braises de votre encensoir, en vous souvenant de toujours l'alimenter au besoin, puis, allumez les chandelles.

Concentrez-vous à présent sur la fréquence de la Sphère Martienne. Par la visualisation, faites descendre une intense lumière rouge qui se diffusera partout à l'intérieur de votre sanctuaire. Vous pouvez, par exemple, aspirer cette lumière par la respiration cutanée consciente. Imaginez ce flux lumineux devenir chargé de plus en plus des qualités de force et de puissance. Sentez-vous devenir presque surchargé d'énergie.

Après quelques minutes de concentration, posez les mains au-dessus de la surface de l'eau du chaudron. Avec une intense visualisation, chargez l'eau de votre désir et voyez l'eau briller d'une aura rougeâtre au fur et à mesure que se poursuit la charge. Demandez ensuite d'acquérir les qualités Martiennes comme suit :

> *'Par le Feu Martien je charge et attire,*
> *La force et la puissance dans mon être en devenir.*
> *Force, puissance, courage vibrent maintenant en moi,*
> *Feu Martien, par ma volonté, manifeste-toi !'*

Plongez les mains dans l'eau et visualisez que votre corps éthérique absorbe la charge énergétique. Sentez l'action s'opérer en vous et apporter les changements désirés. Sachez que le Feu Martien se transmet dans votre corps et vous apporte les qualités demandées. Après un court laps de temps, retirez vos mains. Vous pouvez demeurer dans l'énergie contenue dans le cercle aussi longtemps que vous le voudrez.

Maintenant, prenez une poignée de vos herbes (réduites préalablement en poudre) servant à la fumigation et, à l'aide de vos mains ou d'une cuillère en bois, mélangez-les à une base de vaseline jusqu'à l'obtention d'une composition la plus homogène possible. Ainsi, préparez un onguent magique tout en visualisant et en chargeant intensément celui-ci de votre volonté par votre désir. Il est très important de charger l'onguent convenablement pour qu'il devienne opérationnel.

L'onguent magique aura pour effets d'harmoniser le flux énergétique en agissant directement sur votre corps éthérique. Ainsi votre aura en deviendra-t-elle chargée et aimantée de la vibration Martienne, laquelle manifestera force, courage et puissance.

Lorsque votre mixture sera prête à l'emploi, soulevez votre robe rituelle et enduisez vos sept centres énergétiques, soit: à la base de votre sexe; au niveau du bas-ventre; au plexus solaire; au niveau du cœur; à la gorge; au troisième œil entre vos arcades sourcilières; et finalement au-dessus de votre tête. Ressentez aussitôt l'action magique opérer et transmettre la charge à votre corps éthérique. Laissez les chandelles brûler jusqu'à ce qu'une section complète ait entièrement brûlé. Éteignez-les ensuite avec votre pouce et index. La première partie du rituel est maintenant complétée.

Si vous désirez ne pas employer l'onguent magique, vous pourrez toujours, en guise de substitution, confectionner des sachets de tissu rouge avec les mêmes herbes préalablement chargées de votre volonté. Vous porterez les sachets autour de votre cou pendant une période de deux semaines.

Le rappel

Pour les prochains six jours, à la même heure planétaire, manifestez de nouveau l'action du Feu Martien en reprenant la même procédure, pour le temps d'une nouvelle section de chandelle, et, toujours avec une fumigation du même encens. Au dernier jour, laissez les chandelles se consumer entièrement.

Ensuite, après cette intense imagerie mentale, confectionnez un sachet de tissu doré, jaune ou blanc en y incluant les mêmes herbes utilisées pour la fumigation. Chargez ces herbes de votre volonté en sachant que ce sachet est un parfait aimant naturel qui vibrera la Sphère Solaire et qui attirera la prospérité, chance et succès, etc. Portez ce sachet magique autour de votre cou. Ce dernier sera effectif pendant une durée de deux semaines.

Finalement, remerciez la puissance Solaire pour son action. Laissez les chandelles brûler jusqu'à ce qu'une section complète ait entièrement brûlé. Éteignez-les ensuite avec votre pouce et index. La première partie du rituel est maintenant complétée.

Le rappel

Pour les prochains six jours, à la même heure planétaire, manifestez de nouveau l'action Solaire en reprenant la même procédure, pour le temps d'une nouvelle section de chandelle, et, toujours avec une fumigation du même encens. Au dernier jour, laissez les chandelles se consumer entièrement.

Les Vertus des Herbes, Plantes & Huiles Essentielles

Nous avons vu ensemble tout au long de ce livre l'importance des énergies et combien il était vital de tenir compte de ces fréquences vibratoires pour mener à terme, et avec succès, une opération magique. Nous savons d'autant plus que lorsque nous pratiquons un rituel, qu'il est essentiel de s'aligner sur ces vibrations de façon à créer dans notre sanctuaire magique un canal permettant la manifestation d'une Sphère d'existence donnée. Ainsi, sachez que cette règle vibratoire touche absolument tout ce qui existe, et aussi en est-il pour les herbes, les plantes et tous les végétaux. Chacun émet un signal qui est en accord ou, si vous préférez, en analogie ou en sympathie avec une Sphère planétaire et élémentale. Or, lorsque viendra le temps de composer vos propres compositions végétales d'encens, de poudres et de bains magiques, vous devrez évidemment toujours tenir compte de ces correspondances afin que vos mixtures reflètent et vibrent en parfaite harmonie avec une Sphère supérieure de manière à ce que celles-ci puissent représenter et manifester votre désir et votre volonté.

Voici un tableau exhaustif comportant plus de 175 herbes, plantes et huiles essentielles ainsi que leurs correspondances vibratoires et propriétés magiques. Sans compter le fait que vous pourrez utiliser abondamment les compositions données à la fin de la troisième partie de cet ouvrage, en consultant tous ces simples végétaux, vous serez en mesure d'élaborer de nouvelles mixtures et formules pour tous vos besoins en magie pratique.

Index des Propriétés et Correspondances

Herbes, Plantes & Huiles	Sphères	Éléments	Propriétés Magiques
A			
Abricotier	Vénus	Feu	Favorise l'amour, les désirs et apporte la sensualité
Absinthe	Mars	Feu	Dissous les larves psychiques, exorcisme, purification, protection, communication avec les Esprits, magie de pleine Lune
Acacia	Soleil	Feu/Eau/Air	Protection, santé, guérison, élévation spirituelle, inspiration, haute voyance
Achillée	Vénus	Feu	Exorcisme, désenvoûtement, purification, protection, amour, désirs amoureux, amitié
Aigremoine	Jupiter	Eau	Progrès, prospérité, justice, magie des zombies, reversement
Ail	Mars	Feu	Force et puissance contre l'adversité, purification, exorcismes vibratoires
Airelle	Vénus	Feu	Protection contre les passions amoureuses, paix affective, retour d'affection, désenvoûtement d'amour
Ajonc	Mars	Feu	Force, combat, puissance, protection contre l'adversité et la sorcellerie, élévation sociale, prospérité, concurrence

Alchémille	Lune	Eau/Air	Protège des angoisses, restaure le psychisme, vampirisme, incubes, succubes
Alfalfa	Vénus	Feu	Prospérité dans les matières amoureuses
Aloès	Lune	Eau/Air	Magie noire, bas astral, démons, prospérité, argent, richesses, chance
Alysse	Soleil	Feu/Eau/Air	Liberté et mouvement, joie et gaieté, épanouissement des relations humaines
Amandier	Mercure	Eau	Accentue et facilite le travail mental, prémonitions, sagesse
Amarante	Saturne	Eau	Apporte l'aide aux mourants et défunts, rites funéraires
Ananas	Soleil	Feu/Eau/Air	Procure la chance, la prospérité, la splendeur et l'argent
Ancolie	Vénus	Feu	Aphrodisiaque, attire l'amour, les passions amoureuses, provoque les désirs et l'érotisme
Aneth	Vénus	Feu	Aphrodisiaque, amour, attraction, magnétisme, vitalité, sexualité, rapprochements intimes et rapports amoureux
Angélique	Soleil	Feu/Eau/Air	Garde contre les envoûtements et les passions amoureuses, favorise l'évolution spirituelle, la santé et la guérison, procure l'harmonie et la paix, l'intuition, rompt les sortilèges amoureux
Anis	Lune	Eau/Air	Protège et calme le psychisme, réceptivité psychique, médiumnité, protection contre les cauchemars, mémoire
Arbousier	Lune	Eau/Air	Guérison rapide, restaure à merveille le corps éthérique, femmes enceintes, gestation, sommeil, mourants
Armoise	Soleil	Feu/Eau/Air	Favorise la voyance et les visions claires, projections astrales, inspiration
Aspérule	Mars	Feu	Attaque et défense, victoire, protection et purification
Aubépine	Lune	Eau/Air	Favorise les mariages et protège les couples et le foyer, apporte la fertilité et la gaieté

Avocat	Vénus	Feu	Aphrodisiaque, procure une très forte sexualité et la vitalité, amour, chance amoureuse, rencontres
Avoine	Vénus	Feu	Abondance matérielle, prospérité, force et vitalité
B			
Bardane	Vénus	Feu	Attire l'amour et bannit la négativité dans les couples
Basilic	Soleil Jupiter Mercure	Feu/Eau/Air	L'une des herbes les plus bénéfiques, favorise l'obtention de hautes facultés spirituelles et psychiques, protection, clarté mentale, contre les angoisses
Bergamote	Mercure	Eau	Prospérité financière, attire l'argent
Bouleau	Vénus	Feu	Aide aux mariages, favorise et protège la vie sentimentale, amour, communication avec les fées
Bourdaine	Saturne	Eau	Favorise aux procès et à l'obtention de la justice
Bourse à Pasteur	Lune	Eau/Air	Aide à développer les pouvoirs psychiques
Bruyère	Lune	Eau/Air	Apporte la protection aux enfants et au foyer, pluie, immortalité, beauté
Buis	Soleil	Feu/Eau/Air	Confère une très grande protection, santé et guérison, favorise l'inspiration
C			
Camélia	Lune	Eau/Air	Procure la joie et les richesses
Camomille	Soleil	Feu/Eau/Air	Guérison et santé, procure l'inspiration et la protection, purification, méditation et tranquillité
Camphre	Lune Mercure Neptune	Eau	Grand agent purificateur, purifie le psychisme et les lieux

Les Vertus des Herbes, Plantes et Huiles Essentielles | 303

Cannelle	Vénus	Feu	Apporte les sentiments élevés, favorise l'art et la créativité, attraction, amour, sexualité
Cardamome	Vénus	Feu	Apporte les sentiments élevés, favorise l'art et la créativité, attraction et amour, sexualité
Caroube	Mars	Feu	Procure la protection, le courage et la puissance
Carvi	Mercure	Eau	Accroît l'intellect et protège des passions amoureuses
Cascara Sagrada	Soleil	Feu/Eau/Air	Apporte la prospérité financière
Cataire (herbe-aux-chats)	Vénus	Feu	Contre la malchance, magie féline, familiers, bonheur
Cèdre	Soleil	Feu/Eau/Air	Protection, purification, santé et guérison, inspiration et harmonie
Céleri	Saturne	Eau	Protège et purifie, procure la sagesse
Chardon Bénit	Mars	Feu	Contre les pertes monétaires, procure la puissance, brise les mauvais sorts, concrétise les souhaits
Chêne	Terre	4 Éléments	Richesse, procure la santé, guérison et vitalité, protection, magie druidique, sagesse, fertilité
Chèvrefeuille	Jupiter	Eau	Protection et élévation sociale, favorise l'emploi
Chicorée	Mars	Feu	Éloigne les ennemis, procure la force et le courage
Chiendent	Jupiter	Eau	Richesse, respect dans les causes sociales
Chou	Lune	Eau/Air	Agent purificateur du psychisme
Citron	Lune	Eau/Air	Excellent agent de protection et purification
Clou de Girofle	Vénus	Feu	Purifie les émotions et apaise les conflits, exorcisme, enlève les sorts, contrecarre les attaques

Concombre	Lune	Eau	À utiliser pour contrer la stérilité
Coriandre	Mars	Feu	Désirs sexuels, confère la force et le courage
Consoude	Saturne	Eau	Voyages, sécurité
Cumin	Mars	Feu	Désirs sexuels, confère la force et le courage
Curcuma	Soleil	Feu/Eau/Air	Procure la protection, l'harmonie et la paix, santé et guérison
Cyclamen	Lune	Eau	Apaise les passions et protège le foyer
Cyprès	Saturne	Eau	Apporte de l'aide aux mourants et aux défunts, favorise la remise des dettes karmiques
D			
Damiana	Vénus	Feu	Attire l'amour, les passions et les relations amoureuses, favorise la sexualité
E			
Échinacée	Soleil	Feu/Eau/Air	Guérison et santé, purification, renforce les sortilèges
Érable	Jupiter	Eau	Richesses, argent, travail et sociabilité
Estragon	Vénus	Feu	Attire l'amour, les passions et les relations amoureuses
Eucalyptus	Soleil	Feu/Eau/Air	Protection, purification, guérison et santé, harmonie, succès, chance, inspiration
Euphraise	Soleil	Feu/Eau/Air	Confère la voyance pure, protection, guérison et santé, succès, inspiration, sagesse, pouvoirs mentaux
F			
Fenouil	Mercure	Eau	Attire l'abondance monétaire et l'argent

Fenugrec	Lune	Eau/Air	Confère la prospérité matérielle
Fougère	Soleil	Feu/Eau/Air	Apporte le succès, la victoire, la gloire et la renommée
Fraisier	Lune	Eau/Air	Procure la protection au foyer et la fertilité
Framboisier	Lune	Eau/Air	Procure la protection au foyer et la fertilité
Frêne	Terre	4 Éléments	Attire l'argent et les richesses matérielles
Fumeterre	Saturne	Eau	Exorcise et désenvoûtement, protection et purification
G			
Galangal	Mars	Feu	Brise les mauvais sorts, procure la force et la protection
Gardénia	Soleil	Feu/Eau/Air	Santé et guérison, apporte les sentiments élevés et l'inspiration
Genévrier	Soleil	Feu/Eau/Air	Procure la protection, favorise la chance et l'inspiration, guérison, sécurité, purification
Gentiane	Vénus	Feu	Contre les passions amoureuses et affectives, favorise les sentiments honnêtes
Géranium	Vénus	Feu	Contre les passions amoureuses et affectives, favorise les sentiments honnêtes
Gingembre	Mars	Feu	Puissance sexuelle, vitalité, force et protection
Ginko	Terre	4 Éléments	Prospérité et richesses sur le plan matériel, vitalité, concentration, clarté mentale, équilibre intérieur
Ginseng	Terre	4 Éléments	Prospérité et richesses, puissance sexuelle et vitalité
Griffe du Diable	Mars	Feu	Exorcisme, amour, chance, protection contre le Diable
Gui	Soleil	Feu/Eau/Air	Protection, purification, chance, santé et guérison

Guimauve	Lune	Eau/Air	Aide à développer la voyance, protège le foyer, psychisme, protection, confort
H			
Hamamélis	Saturne	Eau	Chasteté, protection, chance
Hédéoma	Vénus	Feu	Paix, protection contre le mauvais œil, tranquillité
Héliotrope	Soleil	Feu/Eau/Air	Inspiration, chance, santé et guérison, protection
Hêtre	Saturne	Eau	Apporte de l'aide aux mourants et aux défunts, favorise la remise des dettes karmiques
Hibiscus	Soleil	Feu/Eau/Air	Sentiments élevés, divination
Houblon	Mars	Feu	Protection, visions et guérison
Hysope	Soleil	Feu/Eau/Air	Voyance très élevée, protection, purification, chance
I			
Iris	Lune	Eau/Air	Favorise le développement de la voyance, divination et rêves, purifie le psychisme
J			
Jacinthe	Jupiter	Eau	Favorise l'argent, le travail et l'élévation sociale
Jasmin	Vénus	Feu	Amour et passions, développe les pouvoirs psychiques
L			
Lacets du diable	Jupiter	Eau	Chance dans les jeux de hasard, aide à trouver un emploi
Laurier	Soleil	Feu/Eau/Air	Protection, santé et guérison, inspiration, renverse la malchance

Lavande	Lune	Eau/Air	Extrême protection du psychisme, procure la protection, développe la voyance, bonheur, paix, purification
Lin	Soleil	Feu/Eau/Air	Haute voyance, pouvoirs psychiques, chance, protection, santé et guérison
Lotier Corniculé	Lune	Eau/Air	Développe la voyance, calme et purifie le psychisme
Lys	Lune Mercure Vénus	Feu/Eau/Air	Confère un très grand pouvoir sur le plan terrestre, procure la protection et purifie les vibrations
M			
Mandragore	Mercure Saturne	Eau	La plante mystique par excellence ; protection, guérison et santé, argent, fertilité, divination, relations amoureuses et sociales, amour éternel
Marguerite	Soleil	Feu/Eau/Air	Favorise les sentiments profonds et l'inspiration
Marjolaine	Lune	Eau/Air	Purifie et protège le psychisme, favorise la paix et la détente mentale
Matricaire	Soleil	Feu/Eau/Air	Attire les vibrations extrêmement bénéfiques
Mauve	Lune	Eau/Air	Purification et protection du psychisme, favorise la paix mentale et le détachement
Mélisse	Lune	Eau/Air	Protège le psychisme et la maisonnée
Menthe	Mercure	Eau	Développe les pouvoirs psychiques et l'activité mentale, sagesse
Millefeuille	Vénus	Feu	Exorcisme, psychisme, courage, amour, force, clairvoyance
Millepertuis	Soleil	Feu/Eau/Air	Protection, santé et guérison, chance et inspiration
Molène	Saturne	Eau	Apporte les rêves, santé, exorcisme, force, sommeil
Mouron des oiseaux	Lune	Eau/Air	Charmes d'illusions et d'invisibilité

Moutarde	Mars	Feu	Attaque et défense, écarte les ennemis et confère la protection
Muguet	Mercure	Eau	Attire l'argent et stimule les facultés intellectuelles
Myrtille	Vénus	Feu	Confère la protection contre les passions amoureuses et instaure la paix affective dans les relations
N			
Noisetier	Mercure	Eau	Favorise l'activité mentale, calme et apaise, paix, détente
O			
Oignon	Mars	Feu	Procure la protection et purifie les vibrations
Olivier	Soleil	Feu/Eau/Air	Apporte la sagesse, confère la protection, la santé et la guérison, la chance et l'inspiration
Oranger	Soleil	Feu/Eau/Air	Attire les hautes vibrations bénéfiques, procure la chance
Orchidée	Vénus	Feu	Favorise l'amour, les passions amoureuses et l'érotisme
Origan	Mercure	Eau	Fortifie le mental, apporte la chance et la liberté, protège des passions amoureuses
Orme	Saturne	Eau	Favorable pour l'obtention de la justice et de la vérité, cesse les rumeurs et médisances
Ortie	Mars	Feu	Éloigne les ennemis, confère la protection et la force
P			
Passiflore (fleur de passion)	Vénus	Feu	Procure la paix et la tranquillité, amitié et amour
Patience	Jupiter	Eau	Procure la prospérité financière et attire l'argent

Pavot	Lune	Eau/Air	Fertilité, sommeil, invisibilité
Pensée	Lune	Eau/Air	Protection, purification, favorise les sentiments élevés
Persil	Mercure	Eau	Chance et prospérité
Pervenche	Lune	Eau/Air	Amour et mariages et protège ces derniers
Peuplier	Soleil	Feu/Eau/Air	Illumine le mental et favorise l'activité de ce dernier
Piment	Mars	Feu	Attaque et défense, protection, puissance, force et virilité
Pin	Mars	Feu	Attaque et défense, protection, puissance, force et virilité
Pissenlit (dent-de-lion)	Mercure	Eau	Procure la chance sur le plan matériel et attire l'argent, appelle les Esprits
Pistachier	Mercure	Eau	Procure la chance sur le plan matériel et attire l'argent
Plantain	Vénus	Feu	Protection et force
Poirier	Vénus	Feu	Amour et relations amoureuses, favorise l'expression des sentiments élevés et profonds
Poivre de la Jamaïque	Mars	Feu	Attaque et défense, protection, puissance, force et virilité
Poivrier	Mars	Feu	Attaque et défense, protection, puissance, force et virilité
Pommier	Soleil	Feu/Eau/Air	Santé et guérison, paix et harmonie, chance
Potentille	Mars	Feu	Activité et protection mentale, protège des idées noires et négatives
Prêle	Saturne	Eau	Charme-serpent, apporte la fertilité
Primevère	Vénus	Feu	Amour, procure de grandes passions torrides

Q

Quintefeuille	Mars	Feu	Activité et protection mentale, protège des idées noires et négatives

R

Réglisse	Vénus	Feu	Amour, relations amoureuses et sentiments sincères, sexualité, fidélité, charmes de liens
Rhubarbe	Vénus	Feu	Amour, relations amoureuses et sentiments sincères
Rhue	Mercure	Eau	Calme et apaise la nervosité, attire l'argent, sagesse, pouvoirs mentaux
Romarin	Soleil	Feu/Eau/Air	Protection, purification, lucidité, chance et paix, jeunesse, guérison
Rose	Soleil	Feu/Eau/Air	L'une des herbes les plus merveilleuses, attire les hautes vibrations très bénéfiques, amour, harmonie et sentiments élevés, pureté et purification

S

Safran	Soleil	Feu/Eau/Air	Richesses, succès, gloire, chance, santé et guérison
Salsepareille	Jupiter	Eau	Travail et emploi, richesse, élévation sociale
Sanguinaire	Mars	Feu	Protection contre les voleurs, renverse les sorts, défense et purification
Santal	Soleil	Feu/Eau/Air	Purification et sainteté, apporte l'harmonie et la paix, spiritualité, souhaits, protection
Sarriette	Soleil	Feu/Eau/Air	Longévité, santé et guérison, chance et protection
Sassafras	Lune	Eau/Air	Confère un coup de chance rapide mais de courte durée
Sauge	Soleil	Feu/Eau/Air	Protection, santé et guérison, prospérité et chance, sagesse, souhaits, endurance, protection contre les Esprits, immortalité
Saule	Lune	Eau/Air	Divination, rêves, psychisme, guérison, protection

Scabieuse	Vénus	Feu	Attise l'amour et les passions amoureuses, sentiments
Sceau de Salomon	Saturne	Eau	Apporte la stabilité à différents niveaux, invocation des Esprits
Scutellaire	Saturne	Eau	Fidélité, paix
Séné	Mercure	Eau	Bon pour les charmes d'amour
Sésame	Soleil	Feu/Eau/Air	Engendre des vibrations très positives et bénéfiques
Sorbier	Soleil	Feu/Eau/Air	Engendre des vibrations très positives et bénéfiques
Souci	Soleil	Feu/Eau/Air	Apaise les passions, procure le calme et l'harmonie, popularité
Sureau	Vénus	Feu	Protège contre les envoûtements d'amour et les causes passionnelles de l'amour
T			
Théier	Soleil	Feu/Eau/Air	Accentue l'activité mentale et procure la chance
Thym	Soleil	Feu/Eau/Air	Attire l'argent, les richesses, finances, protection, santé et guérison, purification
Tilleul	Jupiter	Eau	Chasse la mélancolie et procure la joie et la béatitude
Trèfle	Saturne	Eau	Éloigne les épreuves pénibles et purifie les vibrations
Tulipe	Mercure	Eau	Calme et détend la vie affective et protège contre les passions amoureuses
V			
Valériane	Soleil	Feu/Eau/Air	Contre les dépressions, calme, détend, relaxation santé et guérison, purification, contrainte
Vanillier	Vénus	Feu	Attise les désirs sensuels et attire l'amour et l'érotisme

Verveine	Vénus	Feu	Amour, calme et purifie les émotions, hausse les sentiments et la créativité, jeunesse, purification
Vétiver	Mars	Feu	Attirance et désirs sexuels, puissance, vitalité et force
Violette	Vénus	Feu	Attise les désirs sensuels, attire l'amour, les passions amoureuses et l'érotisme
Y			
Yerba Santa	Mars	Feu	Beauté, protection, pouvoir, puissance et force
Yohimbe	Mars	Feu	Aphrodisiaque, désirs sexuels, attise les passions et désirs
Yucca	Mars	Feu	Beauté, guérison, protection, pouvoirs psychiques

www.ingramcontent.com/pod-product-compliance
Lightning Source LLC
Chambersburg PA
CBHW071511160426
43196CB00010B/1486